U0935893

国家教育体制改革领导小组办公室组织编写

素质教育新探索

总 主 编　袁贵仁

本册主编　高　洪

人民教育出版社

中国教育改革发展丛书·序

教育是民族振兴、社会进步的基石，是提高国民素质、促进人的全面发展的根本途径，寄托着亿万家庭对美好生活的期盼。党和国家历来高度重视教育。经过新中国成立六十多年特别是改革开放三十多年的不懈努力，我国建成了世界最大规模的教育体系，保障了亿万人民群众受教育的权利。教育事业的发展，极大提高了全民族素质，有力地促进了科技创新、经济发展、民生改善和文化繁荣，为实现我国从人口大国向人力资源大国的转变作出了不可替代的重大贡献。

纵观我国教育事业发展的实践历程，根本经验在于探索和走出了一条中国特色社会主义教育发展道路。这条道路，是中国特色社会主义道路的重要组成部分，凝结了中国共产党领导人民发展教育事业的基本经验，体现了中国国情和时代特征，反映了世界教育发展规律，继承了我国教育的优良传统，从根本上明确了“培养什么样的人、怎样培养人”“办什么样的教育、怎样办教育”等重大理论和实践问题。

2010年7月，党中央、国务院召开了新世纪第一次全国教育工作会议，颁布了《国家中长期教育改革和发展规划纲要（2010—2020年）》，确定了“优先发展、育人为本、改革创新、促进公平、提高质量”的方针，描绘了我国未来教育改革发展的宏伟蓝图，指明了教育事业科学发展的新方向，开启了我国从教育大国向教育强国、从人力资源大国向人力资源强国迈进的历史新征程。《教育规划纲要》的颁布，统一了思想，明确了任务。各级党委政府狠抓落实，社会各界关心支持，各级各类学校改革创新，广大教育工作者锐意进取，贯彻落实工作开局良好、进展顺利。两年来，教育优先发展的战略地位进一步落实，教育投入大幅增加，育人为本观念深入人心，教育改革有序推进，教育质量稳步提高，教育公平迈出更大步伐。全社会对教育的理论思考和实践探索不断深入，新思想、新经验、新成果不断涌现，教育事业进入了最好的发展时期，中国特色社会主义教育发展道路充满生机与活力。

组织编写出版中国教育改革发展丛书，集中展示近年来中国教育改革发展的重要成就，总结推广教育改革发展的成功经验，广泛汇集国内各方面专家学者关于教育改革发展的思想智慧，有利于全党全社会更好地了解教育、关心教育、支持教育，有利于深化教育改革、激发教育活力，有利于更好地凝聚共识，形成合力，推动《教育规划纲要》贯彻落实，促进教育事业科学发展。相信丛书的出版，必将进一步丰富和发展中国特色社会主义教育理论，为开创教育事业科学发展新局面，为全面建设小康社会和中华民族伟大复兴作出更大贡献！

刘延东

二〇一二年七月

目 录

前 言 1

上编 省域推进

育人为本 机制创新 科学减负 全面实施素质教育
——北京市科学减轻中小学生课业负担的探索与实践 9

全面实施素质教育 扎实推进基础教育转型发展
——上海市基础教育内涵发展和多样发展的探索与实践 43

政府主导 省级统筹 整体推进素质教育
——山东省省域整体推进素质教育的探索与实践 77

实施南粤减负行动 推动素质教育向纵深发展
——广东省减负助推素质教育的探索与实践 105

增强选择性 创造适合学生发展的教育
——浙江省深化普通高中课程改革探索与实践 143

下编 市县实施

加快制度改革 为全面素质教育实施提供原动力
——山东省潍坊市教育管理制度改革的探索与实践 163

从教育原点出发 走减负提质之路
——湖南省株洲市减轻中小学生过重课业负担的探索与实践.... 196

推进课程改革 打造农村素质教育样本
——重庆市綦江区基础教育课程改革的探索与实践 234

务本求实　多措并举　深入实施素质教育
——吉林省通榆县县域实施素质教育的探索与实践 257
改革创新　稳步推进素质教育　成就学生健康成长
——四川省成都市青羊区创新素质教育方式方法的探索与实践... 282

后　记 313

前　　言

全面推进素质教育，是我国教育事业的深刻革命，是教育思想和人才培养模式的创新和进步。实施素质教育是贯彻党的教育方针的时代要求，其核心是解决好培养什么人、怎样培养人的重大问题，重点是面向全体学生、促进学生全面发展，着力提高学生服务国家、服务人民的社会责任感、勇于探索的创新精神和善于解决问题的实践能力。近年来，在各级党委和政府高度重视和大力支持下，在教育部门精心部署和深入推进下，在广大教育工作者的辛勤耕耘和共同努力下，素质教育取得了积极的成果。

一是素质教育已经提升为党和国家的重大决策和法律规定，进入了一个新的发展阶段。《国家中长期教育改革和发展规划纲要（2010—2020年）》（以下简称《教育规划纲要》）中指出“坚持以人为本、全面实施素质教育是教育改革发展的战略主题”。2006年修订的《义务教育法》对实施素质教育也作了明确的规定。这些年来，在毛泽东思想、邓小平理论、“三个代表”重要思想和科学发展观的指导下，素质教育理论与政策不断丰富、完善和创新，特别是科学发展观的以人为本、促进人的全面发展的思想，进一步明确了实施素质教育的本质目的和基本要求。可以说，实施素质教育已经成为国家意志的体现，并正在成为全民族的广泛共识。

二是素质教育观念日益深入人心，正在逐步转化为各地各部门的积极探索和生动实践。越来越多的地方把素质教育摆上了重要的议事日程，因地制宜积极推进改革探索，不断推进教学改革，取得了初步成效。素质教育逐步由点上实验到全面铺开，从中小学范围扩大到整个教育领域，从人才培养模式到教育结构、教育体制、教育政策等各个方面。各部门齐抓共管的工作机制正在逐步形成。

三是素质教育在关键环节上开始突破，学校教育正在发生一些积极而重要的变化。学校德育工作得到进一步的加强，基础教育课程改革取得了重要进展，教育督导制度和质量监测体系基本确立，招生考试和学生评价制度改革正在逐步推进，教师实施素质教育的能力和水平正在逐步提高，制约素质教育发展的一些热点、难点问题正在得到逐步缓解。

四是素质教育促进全民族科学文化素质大幅度提高，为社会主义现代化建设奠定了坚实的基础。素质教育促进了各地师资力量和资源配置更趋科学合理，教育教学质量进一步普遍提高，社会正在向“人人有学上”到“人人上好学”迈进。实施素质教育提高了青少年学生的思想道德素质、科学文化素质和身心素质，当代青少年总体上呈现出积极健康向上的精神风貌。

总体上看，虽然素质教育取得了一定的进展，产生了积极的影响，在一些重点环节上有所突破，在一些先进地区中取得明显成效，但素质教育的推进仍然面临新旧矛盾交织，体制性障碍与政策性问题并存，教育内部与社会环境相互影响的情况。社会经济文化多种因素综合形成了强大的升学竞争压力，社会、学校和家庭片面追求升学率的倾向仍然相当普遍。当代青少年成长环境发生变化，学校教育以及传统的教育方法还需进一步适应和改进。教育总体水平有待提高，体系结构调整相对滞后，在宏观上制约了素质教育的推进。实施素质教育的相关制度建设还不完善，各项政策措施的推进面临诸多体制性障碍。一些地方对教育工作的领导方式有待改进，新闻媒体的正面宣传导向作用有待加强。在经济全球化、信息网络化、文化价值多元化的新形势下，这些问题更加复杂，解决起来更加困难。

这些问题表明，全面推进素质教育依然任重道远，而且有着极大的紧迫性。令人欣慰的是，在实施素质教育的探索与实践中，各地因地制宜，改革创新，涌现出了一大批被实践证明行之有效的好经验、好做法，概括起来主要有以下几点。

一是坚持政府主导，切实落实各级政府实施素质教育的领导责任。在领导干部中树立科学的教育发展观和正确的教育政绩观，加大对教育行政领导干部在教育法律和相关政策方面的培训，提高贯彻党的教育方针、实施素质教育的自觉性。加大财政投入，建立科学的投入保障机制，为持续提高教育质量、实施素质教育提供了有力支持。完善实施素质教育的支持服务体系，广泛依靠专家学者和社会各界为实施素质教育过程中的重大决策提供决策参考和智力支持。

二是努力构建有利于人才多样化成长的教育结构。各地根据人才成长的规律和现代化建设的要求，合理规划普通教育与职业教育、基础教育与高等教育、学校教育与终身学习的结构，促进城乡和不同区域教育的协调发展，不断促进和扩大教育公平，更加注重提供适应每个学生需要的多样化教育，让学生获得更多自主选择的发展空间。

三是坚持育人为本、德育为先，加强和改进青少年思想道德建设。完善全党全社会共同关心和支持青少年思想道德建设的工作机制，促进家庭、学校、社区教育结合，整合各种教育资源，形成全面覆盖的育人网络。将社会主义核心价值体系融入中小学教育的全过程，实现全程育人、全员育人、全方位育人。发挥教育、公安、工商等各部门合力，加强校园安全和周边环境整治，构建有利于青少年健康成长的社会环境。

四是贯彻落实“健康第一”的要求，提高学生身体素质。建立检查机制，开足国家规定的体育课程，落实每天锻炼一小时的要求，普遍开展群体性的体育竞赛活动。切实保障学生的休息和睡眠时间。改善学校公共卫生，提高学生的营养状况。

五是加大考试评价制度和用人制度改革的力度。探索建立符合素质教育要求和人的全面发展要求的学生综合素质评价和考核评价机制。推进高中阶段招生考试制度改革，形成多元化的考试评价录取方式。加快高等教育招生考试制度改革的步伐，扩大高校的招生自主权，进行不同院校分类考试、自主招生、多元录取的改革探索。

六是全面推进基础教育课程改革。加快基础教育课程改革步伐，提高课堂教学的质量和效率，培养学生独立思考和创新思维，提高学生综合素质。采取多种方式，探索拔尖创新人才培养的多种模式和途径。完善课程改革的支持、服务体系。加强学校管理，努力促进学校整体性变革，提高学校教育教学水平。

七是大力提高教师实施素质教育的能力。通过建立有效的管理模式和教师激励机制，在教育改革实践中锻炼一支高素质教师、校长队伍。通过开展各级教师培训，建立和完善网络化、开放式的教育平台等方式，加强和改革教师教育。创新教师补充机制，完善教师资格制度，加大教育人事制度改革力度，完善教师的职务制度、聘任制度，推动城乡教师对口支援、交流的制度化与规范化，以适应教育事业不断发展和实施素质教育的要求。

八是加强教育督导和教育质量保障体系建设。加强督学队伍建设，制定督导办法，建立督学责任区，逐步形成实施素质教育的专业督导体系。建立动态监测机制和评价、公布制度，构建以素质教育理念为核心的教育质量标准体系。逐步建立面向地方政府、教育行政部门、学校、校长和教师的教育工作评价标准，形成以素质教育为导向的教育工作评价体系。

为了展示近年来全国各地素质教育改革发展的成果和亮点，总结经验，更好地推动《教育规划纲要》的贯彻落实，教育部基础教育一司、基础教育二司遴选了十个素质教育推进实施的典型案例，供各地教育部门和广大的教育工作者探讨和学习。

所选的十个案例分成“省域推进”和“市县实施”两个部分，分别从不同角度、不同方面阐述了当地在推进素质教育方面的探索与实践。

纵览全书，展现在我们面前的是一幅幅气势磅礴、波澜壮阔的绚丽画卷，也是一篇篇科学发展、施惠于民的动人诗篇。

在省域推进层面，北京市以课堂为核心、以评价为导向、以项目为抓手、以政策为保障，采取多项措施科学减轻中小学生课业负担，助推素质教育深入实施；上海市坚持走基础教育内涵发展和多样发展的道路，通过开展新优质学校项目、提升课堂教学有效性和实行中小学学业质量绿色指标等措施，扎实推进基础教育转型发展；山东省坚持以政府为主导，强化政府责任，坚持省级统筹、整体推进的基本策略，以依法治教、高中突破作为基本切入点，以课程改革和提高质量为着力点，综合治理，标本兼治，全面推进素质教育；广东省在实施素质教育过程中，以减负政策为导向规范办学行为，以教育督导为手段加大监督力度，以高效课堂为途径提高教学效率，以课程改革为契机提升教育质量，以考评改革为抓手营造素质教育的宽松环境，以特色教育为载休促进学生全面发展；浙江省提出“调结构、减总量、优方法、改评价、创条件”的改革思路，进一步深化普通高中课程改革，逐步解决在理念更新、师资队伍建设、育人模式变革和课程资源开发等方面的困难，确保课程改革扎实推进、取得实效。

在市县实施层面，山东省潍坊市积极推进教育管理制度改革，通过中考改革开辟了素质教育新天地，推行中小学校长职级制让专家办学成为现实，创新社会参与的规范办学机制为素质教育实施创造了良好的社会环境；湖南省株洲市遵循教育规律，从减负这个难点上切入，通过规范办学行为、减轻学生心理负担、加强督学责任区建设、成立“四名”工作室、开展“三育”教育等措施，减负提质，深化素质教育；重庆市綦江区在城乡教育发展不均衡、教育软硬件条件相对落后的情况下，坚持政府主导，完善“以县为主”的教育管理体制，充分发挥人大、政协的监督评议功能，开展课程建设行动、区域推进课程教学改革行动、评价制度改革行动、构建区域教研体系行动四大行动，形成了经济欠发达农村区县深入推进实施素质教育的新经验；吉林省通榆县按照国家要求，结合自身实际，在教育实践中确立了“深化教育改革、实施素质教育”的总体战略和“1234”的工作思路，立足学生全面发展，以深化课程改革和规范办学行为为重点，推进实施素质教育；四川省成都市青羊区因地制宜，制定了教育发展的“四大战略”和“九大工程”，以解决实际问题为出发点，通过促进教育均衡，加强校园文化建设，建设“现代课堂”，发展“新星少年俱乐部”等做法，区域整体推进素质教育，实现了素质教育从“学校推动”到“区域联动”的转变，取得了良好的效果。

他山之石，可以攻玉，这次遴选的十个案例为我们深入实施素质教育提供了宝贵的经验。我们坚信，在全国上下大力推进素质教育的伟大征程中，还将不断涌现更多的先进经验和先进典型，引领我们的教育事业科学发展。我们坚信，有国家的政策指导，有各方力量的强力支持，只要各地充分发挥主动性、积极性、创造性，锐意改革，勇于开拓，素质教育必将开辟出一片新天地！

编　者

2012 年 9 月

上　编

省域推进

育人为本　机制创新　科学减负
全面实施素质教育

——北京市科学减轻中小学生课业负担的探索与实践

【引言】当前，首都教育在质量提升、内涵发展、优质均衡方面面临着更高要求，在实现教育现代化目标的关键时期，中小学课业负担过重仍然是困扰首都教育科学发展的顽疾，是家长和社会高度关注的教育发展热点问题之一。北京市深入贯彻落实国家和北京市教育规划纲要精神，全面推进素质教育，以课堂为核心，以评价为导向，以项目为抓手，以政策为保障，努力进行机制创新，积极推动科学减负，取得了积极成效。

一、域情与教情

北京市共辖 14 个市辖区、2 个县，面积 16 410.54 平方千米。截至 2010 年年末，全市常住人口 1 961.2 万人，常住人口密度为 1 195 人 / 平方千米。全市常住人口出生率 7.48‰，常住人口死亡率 4.41‰，常住人口自然增长率 3.07‰。在常住人口中，其中 0—18 岁人口 240.1 万人。居住半年以上的外省市来京人口 704.5 万人，占常住人口的 35.9%。在外省市来京人口中，其中 0—18 岁人口 76.7 万人。

2011 年，全市地区生产总值达到 1.6 万亿元，比上年增长 8.1%；地方公共财政预算收入达到 3 006.3 亿元，增长 27.7%；城镇居民人均可支配收入 32 903 元，农村居民人均纯收入 14 736 元，分别实际增长 7.2% 和 7.6%。

北京是首都，是四个直辖市之一，是全国政治、文化和国际交流中心。北京历史悠久，文化底蕴深厚，拥有众多的文物古迹，故宫、长城、周口店猿人遗址、天坛、颐和园、明十三陵等，被联合国列入世界文化遗产。近年来，全市上下坚持以邓小平理论和“三个代表”重要思想为指导，深入贯彻落实科学发展观，围绕建设繁荣、文明、和谐、宜居首善之区的目标，解放思想、开拓创新，提出了建设中国特色世界城市的宏伟目标，总结提炼了“爱国　创新　厚德　包容”的北京精神，在加快转变经济发展方式上迈出了坚实步伐。

在成功实现“新北京、新奥运”的战略构想之后，北京开始步入新的发展阶段。当前，北京市进一步明确了要以科学发展为主题，以加快转变经济发展方式为主线，实施“人文北京、科技北京、绿色北京”战略，在建设中国特色世界城市上迈出坚实的步伐。率先形成创新驱动的发展格局，率先形成城乡经济社会发展一体化的新格局，提高“四个服务”水平，努力打造“五个之都”，推动经济发展方式深度转变，走高端引领、创新驱动、绿色发展，走技术含量高、经济效益好、资源消耗低、环境污染少、人力资源优势得到充分发挥的科学发展道路，要在推动科学发展、加快转变经济发展方式中当好标杆和火炬手，走在全国最前面。实现这样的目标，关键在人才，基础在教育。

多年来，北京市坚持教育优先发展，不断凸显教育在经济社会发展中的先导性、基础性、全局性作用，北京教育基本完成了教育普及任务，现代化程度日益提高，形成了历史悠久、体系完备、形式日趋多样化、手段日趋现代化的特点，发展水平位于全国前列。

目前，北京市共有独立法人的幼儿园 1 305 所，在园幼儿 31.14 万人；共有小学 1 090 所，在校生 68.05 万人；普通中学 632 所，其中，高中290所（示范性普通高中68所），普通高中在校生19.51万人，初中342所，在校生30.23万人。中等职业学校137所，在校生21.38万人。普通高等学校89所，普通本专科在校生57.86万人，其中市属普通高校53所（含民办高校），普通本专科在校生28.34万人。全市普通高校本专科招生15.75万人，高考录取比例达到80%以上。北京市共有52所普通高校和78个科研机构培养研究生，共有在学研究生24.07万人，其中博士生6.52万人，硕士生17.55万人。共有独立设置成人高校19所，成人高等学历教育在校生26.41万人（含普通高校举办的函授、夜大学、成人脱产班的学生23.86万人）。北京市共有民办普通高校15所，民办高等教育机构68所，民办中学72所，民办中等职业学校20所，民办小学21所，民办幼儿园508所。北京市共有小学教职工5.48万人，其中专任教师4.57万人，生师比为13.4∶1；普通中学教职工7.73万人，其中专任教师5.6万人，生师比为9.8∶1。普通高校教职工13.01万人，其中专任教师5.87万人，生师比17.14∶1。2010年，北京市地方国家财政性教育经费513.13亿元，占全市国内生产总值的3.72%。2010年财政支出2 717.32亿元，预算内教育经费505.78亿元（含教育费附加）。

改革开放以来，在党中央、国务院的正确领导下，北京市全面贯彻党的教育方针，实施以“内涵发展、人才强教、资源统筹、开放创新”为核心的首都教育发展战略，取得了率先普及义务教育、高中阶段教育和高等教育的历史性成就，首都教育现代化水平明显提高，教育在首都发展中的基础性、先导性、全局性作用更加凸显。教育投入持续增加，办学条件显著改善，教育体系更加完善，高等教育毛入学率接近60%，高考录取率超过80%，教育普及程度已经基本达到世界发达国家平均水平；不断创新人才培养模式，学生综合素质得到全面提升；全面实施免费义务教育，不断完善学习资助体系，初步实现了基本公共教育服务均等化；不断强化教师队伍建设，加强培训，改善条件，提高素质，适应教育现代化要求的高素质教师队伍正在形成；不断拓展教育功能，深化教育教学改革，学习型城市建设稳步推进，教育活力明显增强。首都教育事业的持续发展，为推动首都科学发展、促进社会和谐、提升市民素质作出了重大贡献，北京成为中国教育与人力资源发展水平较高的地区之一，教育资源已经成为北京最珍贵的资源，人才优势业已成为北京最突出的优势。

站在新的发展起点上，北京市将深入贯彻落实国家和北京市教育规划纲要精神，坚持育人为本，以优先发展为保障，以统筹协调为重点，以优质育人为核心，以改革创新为动力，全面实施素质教育，集中财力和精力办大事，在解决社会关注问题上有突破，在促进教育教学质量提高方面下功夫，在改善办学条件方面做实事，在党建和思想政治工作方面有成效，着力推进首都教育事业科学发展，提高教育现代化水平，努力建成公平、优质、创新、开放的首都教育体系，满足人民群众对教育的需求，推进创新型城市建设，为建设“人文北京、科技北京、绿色北京”和中国特色世界城市作出更大贡献。

二、亮点与成效

根据调查，北京市中小学课业负担过重的现象在一定程度、一定范围上仍然客观存在，主要表现在：学生校内外学习时间过长，课程难度大，学校考试频繁，家庭作业形式单一、完成时间长，学生参加校外补课现象普遍存在，挤占学生自主活动时间，等等，根据最近一次的全市中小学课业负担状况抽测数据显示，五年级有 40.4% 的学生每天完成家庭作业时间超过 1 小时，八年级有 56.4% 的学生每天完成家庭作业时间超过 1.5 小时；五年级每周参加至少一种科目校外课外补习的学生比例占 63.7%，八年级每周参加至少一种科目校内补习的学生比例占 52.6%。

中小学生过重课业负担带来的危害也在实践中不断显现出来。生理上，由于青少年睡眠不足，体育锻炼时间不足导致体质下降，肥胖率、近视率上升；心理上，会出现情绪紧张、信心不足、兴趣缺失，从而产生厌学情绪甚至酿成悲剧。进而，带来的是学生素质的“畸形”发展，严重阻碍着少年儿童的健康幸福成长。由于中小学过重课业负担的存在，损害了政府和教育的形象，也加剧了家长和教师之间、家长和学校之间、教师和学生之间的矛盾，不利于社会和谐。

针对中小学生课业负担过重的问题，党和国家提出了明确的要求，《义务教育法》明确规定：“义务教育必须贯彻国家的教育方针，实施素质教育，提高教育质量。”《教育规划纲要》进一步明确指出，过重的课业负担严重损害儿童少年身心健康，各级政府要把减负作为教育工作重要任务，学校要把减负落实到教育教学各环节。教育部明确要求“对人民群众普遍关心、社会反响强烈的减负问题，要切实认真加以解决”。首都特殊的战略地位和区位，要求我们在落实《教育规划纲要》中，要发挥率先和引导作用，在高标准、高质量实现包括减负在内的各项教育改革发展任务中走在前列、作出表率。

一直以来，北京市坚持育人为本，着眼于促进每一名中小学生的健康幸福成长，从促进教育内涵发展、满足人民群众强烈需求的高度来推动减负工作，把切实减轻学生过重课业负担作为实现首都教育改革创新发展的关键环节来突破，在全面实施素质教育的总目标下，明确了把减下来的压力转化为学生自主学习的动力，把省下来的时间用于提高学生综合素质、促进学生健康发展的指导思想，以切实提高教育质量为核心，更新教育观念，转变育人方式，规范学校办学行为，拓宽育人渠道，通过现状调研、政策制定、项目推动、交流展示和督导检查等多种方式和措施，加大减负工作的力度，通过“三个结合”，促进减负工作取得明显进展。

一是把减负与增效相结合，重在增效，深化课程改革，提高教学效益。把提高课堂教学效益作为减轻学生课业负担的治本之策，把研究和实施“办学条件标准、教师基本功标准、学科学业质量标准”作为提高教育质量的有力保障，引导区县和学校开展高效课堂、有效教学的研究与实践，激发学生兴趣、培养其良好习惯、提高其学习能力，转变教学方式。

二是把调查研究与实践改进相结合，科学指导减负工作取得实效。采取边调研、边研究、边实验、边指导的方式，组成了市、区（县）行政部门、科研部门和学校三力合一的研究共同体，通过项目研究与实验，总结规律、提炼经验，发挥项目学校的带动作用，以点带面，提高减负工作的科学性和实效性。

三是把规范管理与积极引导相结合，树立典型，营造良好的教育发展环境。通过发布一系列有关减负的规范性文件，有效指导了全市中小学减负工作，规范中小学管理，建立健全了减负工作的各项制度和机制。同时，注重发现和培育典型，搭建展示交流平台，积极营造有利于学生健康成长的教育发展环境。

通过近年来的努力，减负工作取得了明显的进展，实现了“四个转变”：观念上从过度关注考试成绩向更加关注学生幸福感、良好的健康状况和学业成绩协调发展转变；育人资源上从单一关注狭义课程资源向更加注重建设有利于学生社会实践和动手能力培养的教育资源转变；质量提升途径上从过度依赖补课、作业与考试提升教育质量向依靠提高教师素质和提高课堂教学的有效性提升教育质量转变；工作力量从主要依靠教育系统内部和学校作为向学校、社会、家庭合力推进转变。学生的综合素质全面提升，学校通过推进减负工作实现了内涵发展、特色发展。

三、探索与措施

减负是一个“想做好”，又“难做好”，但又“不得不做好”的老问题，是社会各界、人民群众十分关注的热点问题。它在表面上体现为学生作业过多、学习时间过长、学习负担过重等具体现象，背后直接推手是学校和家长乃至教育决策者对教育的急功近利，根子却是整个教育体制乃至整个社会的人才培养体制、用人机制的问题。因此，我们以课堂为核心，以评价为导向，以项目为抓手，以政策为保障，努力进行机制创新，积极推动科学减负。

（一）以课堂为核心，提质增效，科学减负

课堂是教育教学的主阵地，也是减轻学生过重课业负担的落脚点和突破口。我们以深化课程改革、提高课堂教学实效为着力点，构建高效课堂、智慧课堂、和谐课堂，向课堂教学要质量、要效益。

1. 完善教师专业发展机制，提升教师对课程教材和课堂教学的实施能力

教师的教育理念，对课程标准的理解，教学方法的选择，课堂氛围的创设以及对作业的管理，对中小学生的课业负担形成是最直接的因素，因此，教师队伍素质的整体提升对实现减负至关重要。北京市建立教师专业发展机制，加大培训力度，强化教师学科教学基本功，切实提高教师专业化水平和实施素质教育的能力，提高学生在课堂上吸收知识、完成学业的效率。

近年来，北京市教委面向全体学科教师积极组织开展教师基本功培训与展示活动。2007 年启动全市初中教师新课程教学基本功培训与展示活动，成为推动北京市初中校建设工程，注重学校内涵发展，提升初中教师专业化成长的重要举措，在全市 19 个区县的 600 多所初中校的 3 万名初中教师的积极参与下，圆满结束，至今已经举办两届。2010 年启动全市首届高中教师新课程基本功培训与展示活动。教师教学基本功培训和展示活动的开展，有力地引导了全市教师积极参与到学习和提高教学基本功的活动中，在全体教师中掀起了关注基本功、研究基本功、训练

基本功、提高基本功的教学专业发展氛围，有效地促进了全体教师的内涵发展。

北京市按照“面向全体、突出骨干、倾斜农村、服务急需”的培训思路，建立市级负责重点培训工程、区县实施全员培训，分层分岗、研训结合的城乡一体化教师培训体系，满足了不同学科、不同群体的教师专业发展需求。

在开展全员培训的基础上，实施了一些教师培训重大项目。为了加快农村教师成长发展，采取一系列重点倾斜政策和扶持措施，大力加强农村教师培训。投入近 6 000 万元实施面向农村义务教育教师的“绿色耕耘行动”计划，从 2004 年开始启动此培训计划以来，累计培训农村中小学骨干教师 25 000 余名，受到远郊区县教育行政部门、农村中小学家长及教师的一致好评，中央政治局委员、北京原市委书记刘淇曾经三次批示，充分肯定了“绿色耕耘”行动。投入近 3 000 万元实施农村中小学教师城镇研修工作，在城镇优质学校设立 42 个研修工作站，选派农村骨干教师到工作站脱产学习半年，培训教师 2 000 余名；投入近 4 000 万元，依托首都高校优势资源，采取送教上门、在农村设立实验基地等方式对口支持郊区县开展各种教师培训；投入近 500 万元实施“歆语工程”，每年对 200 名左右农村中小学英语教师进行脱产培训。

为提高校长管理学校的水平和教师实施教育教学的能力，形成支持城近郊区校长、教师专业发展的新机制，实施了针对城区义务教育骨干教师、干部的培训行动计划——“春风化雨”，自 2006 年初开展此培训计划以来，累计培训校长、教师 5 000 余人。

实施了针对教研员的“金色种子”行动计划，全面提高教研业务水平，进一步了解基础教育的现状和改革发展的趋势，提高教学研究和教学管理水平，自 2006 年初开展以来，累计培训各区县专兼职教研员 2 000 余名。得到了广大教研员的一致认可，满足了他们的学习需求，为他们搭建了学习与交流的平台，提高了他们的工作效率。

从 2005 年起，利用现代信息技术模式对远郊区县小学英语教师进行为期一年的培训，到目前为止，累计培训人数 1 500 余人；另外，针对小学英语教师口语能力低，听说水平不高的状况，2005 年始，利用北京广播电视大学的网络优势，在全市小学英语教师中开展口语专项培训，目前已经累计培训小学英语教师 10 000 余人及小学非英语教师 30 000 余人。利用北京外国语大学的学科优势，每年在寒暑假相对集中 15 天左右，对远郊区县的中小学英语教师进行封闭式培训，全面提升他们的听说读写水平和英语教育才学能力。目前已经培训了 800 余名英语教师。

着力推进首都名师培养工程，采用导师制、名校研修制、名师工作室、名师教育教学研究等“合作反思下的专题研修”模式，每年对 800 名左右市级学科教学带头人和骨干教师进行为期半年的培训，培训中为教师提供与国内基础教育领域顶尖教师、领军人物面对面交流的机会，通过高水平专家讲座、同伴交流、专题研究、教学观摩反思、科研指导等形式多样的课程，帮助骨干教师跳出固有经验的束缚，鼓励其开展个性化研究，促使其逐步形成独具特色的教学风格，使他们在教育改革发展中更好地发挥示范、引领作用。

通过切实有效的培训，北京市中小学教师整体素质得到了明显提高，形成了一支结构比较合理、基本适应首都基础教育改革与发展要求的教师队伍。

2. 建立三级课程整合机制，整体推进课程建设

2009 年，北京市教委印发了《关于加强义务教育课程管理推进课程整体建设的意见》，就加强义务教育课程管理、推进课程整体建设提出了四方面的明确意见：一是强化课程领导责任，严格落实课程计划；二是完善地方课程建设规划，规范地方课程与校本课程管理；三是提高学校课程管理与实施水平，逐步形成学校课程特色；四是建立健全课程评价机制，有效推进国家课程、地方课程和校本课程整体建设。要求各区县根据全市统一部署和要求，切实采取有效措施，加强课程管理，整合优化课程内容，提高课程实施效益，减轻学生课业负担，全面推进素质教育。

在国家课程的框架下，做好地方课程的统筹规划。将现有的环境与可持续发展专题教育、毒品预防专题教育、预防艾滋病专题教育、安全应急与人民防空专题教育、健康教育和写字等课程与相关的首都人文、首都高科技、首都生态、首都商贸、生命教育、社会大课堂等课程类别进行整合，启动新一轮的地方课程开发研究。加强国家、地方、校本课程之间关系的研究。对已开发的地方与校本课程从课程目标、课程内容、实施方式上进行必要的梳理，研究和探索它们之间的不同点和衔接点，特别对相同或相近的内容、方法，以不缺失达到培养目标所必须的知识与能力为原则，以达到国家课程标准为基准，进行必要的衔接和整合。按照“实事求是、分层推进、共同发展”的原则，对学校课程建设现状进行诊断和分析，寻找到适合学校校本课程建设的发展策略，使学校的课程建设在原有水平上逐步发展。

兼顾课程的统一性、基础性和多样化、选择性，分阶段、分层次鼓励和支持学校走以课程建设为核心的内涵式发展道路。北京市始终把基础教育课程视为国家意志和核心价值观的直接体现，是将核心价值体系内化成学生价值观的重要载体，承载着教育思想、教育目标和教育内容，这是课程统一性和基础性的基本要求，同时还要不断满足不同层次、不同区域、不同学生的需求，这是课程多样化和选择性的要求。因地制宜，增强适宜性，分阶段、分层次推动三级课程整体建设，已经使一批学校将教育目标、办学目标与教学管理逐步统一，真正落实推进素质教育。

3. 建立完善社会大课堂常态化机制，积极引导学生走出课堂、走出校园

过重的课业负担、单一的以知识教授为主的育人方式，会造成中小学生创新精神和实践能力不足，背离了素质教育的宗旨。2008 年 9 月，北京市在全国率先启动中小学生社会大课堂，就是充分整合社会资源、强化实践育人渠道的创新之举，是把减负“省下来的时间用于提高学生综合素质、促进学生健康发展”的具体体现。

社会大课堂是指教育、文化、文物等部门以及行业管理机构，整合利用北京丰富的社会、经济、历史、文化、教育、科技等资源，搭建的学校教育与社会教育、学生校园生活与社会生活相连接的桥梁和平台，能够为学生提供广阔的校外教育活动场所，满足学生多样化的社会实践活动需求，为学校课程改革提供教学实践的课程资源，有利于发挥北京丰富的历史、文化、科技等资源优势，满足社会单位实现教育功能的需求，形成全社会共同育人机制，拓宽培养学生综合素质的有效途径。在完成基础建设任务之后，北京市通过探索社会大课堂常态化应用机制，不断深化社会大课堂培养学生实践综合能力的功能和作用。

一是不断拓展社会大课堂资源。2008 年社会大课堂启动，在首批推出 481 家资源单位的基础上，不断拓展大课堂资源，目前，全市共协调整合市、区两级资源 1 276 家，其中市级整合 561 家，区域自主开发 715 家。纳入的资源单位类型多样，内容丰富，覆盖各类教育场馆、科研院所、校外机构、工厂企业、街道社区、新农村资源等，学生选择空间大。这些丰富的资源通过市、区两级社会大课堂管理办公室的调度和协调，有的单位免费向学生开放，有的推出学生优惠活动，充分满足了学生学科拓展、主题教育、社会实践、社区服务等多方面的需求。在不断拓展资源单位的同时，北京市加大资源统筹力度，通过市级统筹、区县管理、学校实施的有效管理方式，把跨部门、跨行业、跨领域、隶属关系多样复杂的各级各类资源统起来，确保管好、用好，全市构成了一幅市、区两级的社会大课堂资源地图。

二是加大课程开发力度。在教研部门的指导下，300 家社会大课堂教学实验基地推出千余门类课程的社会大课堂课表，形成覆盖不同学段、不同学科的社会大课堂学生活动序列，逐步形成爱国主义教育课程、京味文化课程、博物馆课程、学科拓展类课程等八大系列课程。所有市级资源单位均开发“社会大课堂教学实施要点”，16 个区县和燕山地区均开发形成“社会大课堂教学案例”，依托社会活动场所开发课例 2 000 余节，涵盖中小学 27 个学科，2012 年在 50 家市级资源单位进一步深入推动实施“学生教育计划书”，为学校有目的、有计划地组织学生多种形式开展社会主义核心价值体系教育提供了指导。

三是强化保障机制。建设了社会大课堂信息管理平台，在 94% 的市级资源单位安装 1 500 台刷卡机，对学生卡进行升级增设社会大课堂活动专区，建设市和区县两级社会大课堂网站，实现并网运行，上千家资源单位信息实时呈现，学生走进社会大课堂信息实时记录。此外，还建设 10 个有代表性且教学功能很强的网上数字博物馆，作为学生实地参加社会大课堂的有益补充。2010 年启动实施“牵手计划”，向远郊区县农村、弱势群体倾斜，市级财政给予近 2 000 万元的专项补贴，满足农村学生和打工子弟开阔视野、走进城市社会大课堂交通补贴的需要。2012 年全面实施“中小学生综合素质提升工程”，按城区生均每年 100 元、郊区生均每年 150 元标准，每年投入约 2 亿元，为学生走进社会大课堂建立相对稳定的经费投入保障机制。截至 2011 年年底，市、区县财政已累计投入 1 亿多元的专项资金用于课程开发、信息平台建设、刷卡机配备、学生参加社会大课堂活动车费补贴等，为学生走进社会大课堂提供了有力的经费保障。

四是强化社会大课堂的实践育人功能，推进常态化应用。通过推进资源单位实施“学生教育计划”、引导学校把社会大课堂课程资源纳入课程体系、将保证每生每年至少参加 4 次学生社会实践活动纳入学校教育教学计划，进而推进社会大课堂常态化应用。目前，形成了课程结合、校本研发、就近就便、挖掘资源、社区互动、家校结合等多样化的学校社会大课堂活动模式。自推出之日起，社会大课堂就受到了全市中小学师生、家长的普遍欢迎，到目前全市共有 700 余万人次的中小学生走进社会大课堂，在丰富多彩的社会实践活动中，中小学生陶冶情操，提高素质，培养和展现了当代首都中小学生朝气蓬勃、昂扬向上的精神风貌。

社会大课堂为中小学生开辟了广阔的成长天地，使“农村孩子到城市博物馆进行研究性学习、城市孩子到农村感受新农村建设成就”成为现实。对此，区县、学校、教师和学生都有深切的体会和思考。一直走在教育改革前沿的海淀区认为，社会大课堂是实施大教育、大课程的一次成功尝试，触动了基础教育的资源构成、课程结构、教学方式和互动共享模式，直接关注到素质教育和创新人才培养等核心问题。而最为偏远的延庆县认为，社会大课堂打破了农村教育的时空和地域界限，使农村教育初步融入了首都教育的大环境，让身处远郊区县的农村学生走进城市各类场馆和基地，享受到同城市学生一样的待遇。作为最直接的组织者和参与者，教师们认为社会大课堂活动提高了教学的实效性，树立了大课堂观。孩子们说，社会大课堂创设了没有围墙的校园，为他们插上了隐形的翅膀。《来自社会大课堂学生的报告》记录和收集了中小学生走进社会大课堂开展实践研究的过程与成果，从中可以欣喜地看到学生在大课堂中的成长。

（二）以评价为导向，科学引导，创新减负

评价是教育教学的风向标，也是减轻学生课业负担过重的重要环节。我们充分发挥评价在推动课程教学改革、减轻学生课业负担、促进学生全面发展中的杠杆作用。转变政绩观，不唯升学率和分数论，继续推进小学、小升初免试就近入学，推动高考社会化报名，把对区县和学校教育工作的考核更多地放在育人成效上和促进学生全面发展上。树立科学的教育观、人才观，推进学生综合素质评价，对学生的评价更多地采用个性化的、自主的、发展性评价。

1. 建立完善学生综合素质评价机制，促进学生全面发展

从 1997 年起，北京市就开始探索学生综合素质评价，当年修订了小

学生综合素质评价手册，2006年开始推进初中阶段学生综合素质评价，2007年全面实施高中阶段学生综合素质评价。目前，北京市研发了初中和高中两个阶段“学生综合素质评价电子平台”和小学生综合素质发展评价手册，全市所有小学、初中、普通高中学校全面开展了综合素质评价，逐步建立并完善了具有首都特色的学生综合素质评价机制。推行中小学生综合素质评价，转变了唯升学率和分数论的观念，对学生的评价更多地采用个性化的、自主的、发展性评价，有利于树立科学的教育观、人才观。

北京市综合素质评价的根本目的在于通过评价指标导向和评价信息反馈，引导学生实现自我认识、自我教育，明确发展方向，促进每个学生在原有基础上的全面、和谐、可持续发展。实践中综合素质评价分为形成性评价和终结性评价两种类型，二者并存并发挥各自不同功能。形成性评价是在日常教育教学活动过程中对学生综合素质所进行的评价，它强调过程性和激励性，及时发现并积极肯定每个人在原有基础上的成长和进步，终结性评价是毕业时对学生综合素质进行的具有鉴定性的评价，二者结合起来综合反映学生的发展情况，促进每个学生生动、活泼地发展。

北京市按照《教育部关于积极推进中小学评价与考试制度改革的通知》的要求，依据国家现代化建设对人才的需要和学生自身发展的需要，结合北京市的实际，研究制定了北京市中小学生综合素质评价指标体系。该评价指标体系是由基础指标和发展指标两部分构成。基础指标体现对学生全面发展的要求，它是对中小学生提出的基本要求，它立足于学生走入社会后的生存和生活能力，其中，小学生评价指标包括思想道德、学业成就、身体健康、心理健康四方面，初中生评价指标包括思想道德、学业成就、交流与合作、运动与健康、审美与表现五方面；发展指标体现对学生个性发展的要求，是学生在共性发展的基础上，体现个人与众不同的个性发展目标，即学生根据自身的生理、心理、知识、能力发展的特点自主选择发展的内容，立足于走入社会后的竞争能力。小学生包括个性发展特长、有新意的劳动和活动成果等，初中生包括个性特长、有新意的成果。北京市中小学生综合素质评价指标体系摒弃了传统的以学业成绩分数高低衡量学生素质高低的做法，从系统思想出发，将每个学生的素质视为一个整体，从整体出发，根据综合素质的组成要素设计出多因素、多层次的评价指标，力求多角度、多侧面、全面地反映学生的实际。

评价标准上采用了个体内差异标准、相对标准和绝对标准三类标准。个体内差异评价是将评价对象——学生自身为参照点。它是将评价对象的现在与过去进行比较，或者将评价对象的若干侧面进行比较，充分考虑了评价者的个性差异，注重目标激励及行为强化，更符合学生的实际。相对评价指以某一集合中（如班集、学校、地区等）的平均状况为基准，然后把各个评价对象与评价基准进行比较，评价每一个学生在这个集合中所处的相对位置。绝对评价指在评价标准对象的集合之外，以某预定目标作为客观标准，在评价时，把评价对象与客观标准进行比较，评价每一个学生的到达程度。正因为选择了多元标准，绝大部分学生综合素质评价结果在个体之间是不具备可比性的，而且也根本没必要可比，特别是形成性评价结果，这是十分明确的。

在评价主体上强调多元性，学生本人、同学、班主任、任课教师和家长等都是综合素质评价的主体，并根据评价主体对评价对象的了解程度，科学、合理地设计不同评价主体的评价内容，保证评价结果的有效性。在小学生综合素质评价中，主要采用学科成绩考试、日常观察记录方法、情境测验方法、问卷调查、使用测量器材、作品分析六种方法。初中学生综合素质评价采用纸笔测验、观察、访谈、论文式测验、情境测验、社会实践、实际操作等多种方法。

综合素质评价实施以来，减少了等级的评价，更多地指向了学生成长轨迹的记录，记录每个学生的个性发展历程，对于引导学生更好地认识自我、教师实施针对性的教学、学校教学改进，家长更加全面地了解学生，更加理性和合理地确定进一步发展目标和方向提供了重要的参考依据。

2. 健全完善学生体质健康考评机制，落实“健康第一”的指导思想

过重课业负担挤占了中小学生体育运动、休息的时间，导致青少年睡眠不足，体质健康水平下降，近年来快速增长的中小学生肥胖率、近视率就是这一危害的直接表现，已经引起了社会对青少年体质健康状况的高度关注。北京市牢牢树立健康第一的思想，着眼促进中小学生的全面健康成长，通过健全完善学生体质健康考评机制，切实提高每一名学生的健康素质。

2008 年 4 月 8 日，北京市以市委市政府名义印发了《关于加强青少年体育增强青少年体质的实施意见》，建立了青少年体育卫生工作局际联席会议制度，形成了定期研究青少年体育卫生工作的机制；各区县也参照市政府有关部门的协调和运转机制，对青少年体育卫生工作中的重要问题，多部门相互协调解决。通过局际联席会议，北京市连续出台了一系列体育卫生工作的政策措施。据统计，近 5 年，出台涉及青少年体育卫生工作的地方性政策法规 20 多个、指导性文件 20 多个，推进日常管理工作的行政性文件 40 多个，内容涉及每天锻炼一小时、体育考试、《国家学生体质健康标准》、三好学生评选标准等，逐步完善了对学校体育的考评要求。

一是在全国最早建立学生体质健康测试制度。从 2007 年起，全市中小学实行新的《国家学生体质健康标准》，并开始每年在中小学中举办一次学生体质健康测试赛。按照新标准的要求，不仅从学生的身体形态、身体机能等方面进行考查，还增加了跳绳、篮球等备选运动项目，以考查学生的运动能力，对学生的体质健康水平综合评定。每年测试赛后，测试结果将反馈给区县和学校，为参加测试的每一位学生开具“运动处方”，指导学生有针对性地进行科学锻炼。同时建立《国家学生体质健康标准》测试公告制度，及时向社会和媒体公布测试结果。

二是加大体质健康在市级“三好学生”评选中的比重。2009 年，修改后的市级“三好学生”评选办法明确规定，将《国家学生体质健康标准》测试达到优秀（85 分）作为参加市级“三好学生”评选的硬性指标之一，实行一票否决，不断强化社会、家庭和学校对学生健康的重视程度。

三是对学校是否落实体育锻炼一小时要求实行一票否决。教育部关于《切实保证中小学生每天一小时校园体育活动的规定》（以下简称《规定》）下发后，北京市制定了实施细则，并与市人民政府教育督导室联合转发了《规定》，实施细则从高度重视、细化要求、建章立制和加强督导四个方面对北京市各区县和中小学校落实《规定》提出了明确的要求。一直以来，北京市严格按照教育部的规定，要求所有学校必须保证“两操一课”，切实保证中小学生每天一小时体育活动时间，力求一小时的实效性。将组织开展中小学生每天一小时校园体育活动的情况作为年度考核区县教育的重要指标，并与业绩考评、评先评优直接挂钩，在各种评先评优活动中实行“一票否决”。

四是加大对中小学体育教师的考评。北京市建立了全员参与的中小学体育教师专业技能基本功测试长效机制，从 2008 年起，开展面向全体中小学体育教师的专业技能基本功测试，切实提高中小学体育师资队伍水平。并连续举办了四届测试工作。目前，全市共有 1 148 名中学体育教师参加市级考核，合格率 91.91%；1 040 名小学体育教师参加考核，合格率为 95.78%。对考核不合格者，由区县教研部门和师资培训部门进行专门培训，并继续参加考核。加上区县教育行政部门举行的考核，北京市中小学体育教师在过去的四年中每人都接受过专业技能培训与考核工作。此项措施对提高体育教师基本功和专业技能发挥了积极作用。

根据体质健康测试的结果显示，北京市学生肥胖检出率快速上升趋势已被遏制，目前学生超重率、肥胖率与 2005 年基本持平；大部分中小学生握力水平有所上升；肺活量水平有所改善；爆发力、力量耐力和耐力素质水平有所提高。

3. 建立义务教育教学质量监测机制，促进教育教学质量提高

学业成绩是衡量和反映学生综合素质和发展水平的重要指标，对提高学业成绩的过度需求也是形成过重课业负担的主要因素，北京市建立完善教学质量监控反馈机制，通过对全市教育质量的监控和分析，不仅全面掌握全市的教育教学水平，通过对不同主体进行个别化的反馈，也提高了学生学业成绩改进的针对性。

随着北京市课程改革的不断深化，出台一套具有北京特点、体现首都教育发展水平的质量标准和评价系统显得尤为必要而迫切。2003 年，北京市教委与研究部门组成项目组联合攻关，研制义务教育教学质量监控与评价系统。项目研究队伍依据国家课程标准与北京市义务教育教学的实际情况，采用科学的、国际通用的程序和方法，创建了具有北京基础教育课改特色的监测和评价系统。经过对教师教学过程的监控，对学生学业水平的测试，以及对校本教研的调研等多种方法和途径，每年对北京市义务教育阶段教学质量进行一次全面体检、诊断，并将教学质量状况向社会公布。在多年的实践中，已经形成了一套完整的具有北京特色的义务教育质量分析与评价反馈系统，目前，全国仅北京市拥有省级监测与评价报告单。

每年，项目组都会在三、五、八年级分层随机抽取学生参与测评，并对部分学生、教师及校长进行问卷调查。在技术路线上，北京市在定量研究的基础上增加了质性研究，评价方式方面，测试工具不仅有学业水平测验，还有与之相配套的问卷调查和现场观察量表。在纸笔测验的基础上增加了实践类测试。在抽测项目方面，在语文、数学、英语的基础上增加了历史、地理、生物、信息技术、科学、社会、音乐、美术和体育，实现了学科的全覆盖。

每年进行完测评之后，项目组都会形成多层面、多方式、立体化的结果反馈系统，向北京市、区县、学校、班级及学生个人发布测评报告，并对各区县的教学改进提供分区县、分学科的有针对性的反馈和指导。

借助这些评价报告，教育管理部门可以获得更为科学和准确的信息去合理地评价学校工作，调整工作策略，改进管理工作；教研机构利用相关数据可以改变仅凭经验指导学校学科教学工作的既有局限，提高教学指导的科学性。学校可以根据反馈信息改进自身的教学与管理；任课教师和班主任则可以通过班级报告单了解班级全体学生的水平，并可根据报告单进行教学工作的适当调整。

作为测试的主体，参与测试的每个学生测试后将得到一本“个人学业水平报告单”，测试结果分析与反馈将不再只是简单计算各题和全卷的平均分与及格率，而是一份该学科学习状况的“诊断书”。“报告单”包括本人在学科内容领域和能力领域所达到的水平，本人学习习惯、学习方法方面的特点，以及改进学习的具体建议。通过这份报告单，学生自己和家长可以更全面地了解学习状况，为学生改进自己的学习提供准确、详细的诊断和建议。

作为一套评价系统，北京市义务教育质量分析与评价反馈系统被定位于以教学改进为目的的教学评价，而不是选拔和甄别学生。通过学业水平测验、问卷调查、现场观察，可以为各级教育部门提供科学、详细的教学反馈信息，帮助改进教育教学工作；而通过数据管理和相关软件的控制，又有效地避免了各区县、学校进行任何形式的分数公布与排队。把过去的单纯检验成绩的“尺子”，变为给每一名学生学业状况进行全面反馈的“镜子”，为各级教育行政部门、教研部门、学校和学生提供了大量诊断性信息，有效地促进了北京市义务教育阶段教学质量的稳步提高。

自 2010 年起，北京市义务教育质量分析与评价反馈系统将逐年增加监测学科，内容扩大到数学、语文、英语、科学（初中为理、化、生综合）4 门主要学科；测试年级逐步向高年级过渡，最终涵盖三、五、八三个年级；测试范围从部分区县逐步扩大，从而涵盖全市所有区县和学校。

纵观 9 年来的监测情况，可以看到，学生在各测试学科上的学业水平有稳步提高。如，五年级语文学科在 2006 年、2008 年、2010 年三个测试年度，合格率和优秀率均呈现逐年上升的趋势。八年级语文学科在这三个测试年度，合格率呈现逐年上升的趋势，优秀率在2008年达到最高，2010年有所降低。五年级数学学科在2006年、2008年、2011年三个测试年度，合格率和优秀率均呈现逐年上升的趋势。八年级数学学科在这三个测试年度，合格率呈现逐年上升的趋势，优秀率在2008年有所降低，在2011年达到最高。

通过每年向社会公布教学质量监测结果，再加上积极、客观、科学的宣传和引导，将会逐渐在全社会形成比较统一的、正确的义务教育的教学观、质量观，为落实素质教育，减轻学生过重课业负担形成良好的社会环境。

（三）以项目为抓手，示范推动，系统减负

切实减轻学生过重课业负担是一项艰巨而复杂的任务，必须进行系统、科学的研究，并形成项目实验研究引导实践探索的机制，以理论指导实践，从实践总结经验，实现育人为本、科学减负的工作目标。

1. 健全完善研究实验项目引导机制，破解教育发展难题

自2011年以来，北京市教委先后确立了“减轻学生过重课业负担，促进学生健康成长”、“减轻小学生课业负担的对策系统研究”等专题研究项目，引入北京教育学院、北京市教育科学研究院等专业研究力量，从理论研究、工作实践等不同角度开展项目实验，带动一批项目试验学校，以点带面地在全市范围推广实验成果，并努力使这些研究成果最终转化为科学、系统减负的推动力。

“减轻学生过重课业负担，促进学生健康成长”研究项目旨在从政策、法规角度，探究减轻北京市义务教育阶段学生过重课业负担、促进学生健康成长的体制、机制，研究学生过重课业负担监测指标及实测工具。调研、总结、提炼北京市中小学科学减负，促进学生健康成长的成功经验，总结推广区县和学校在减负方面的典型经验，树立和宣传一批

“轻负担高质量”典型学校，并在部分学校开展促进学生积极、主动学习的教育教学实验研究。

项目的实验研究建立在实证的基础上开展，对小学生课业负担过重的程度进行监测，结合北京市义务教育教学质量监测形成监测报告。监测工作注重将科研成果与区县工作实际、学校教育教学实践相结合，专注于学生的主体性发展，努力满足学生多样化发展需求，达到了教学瘦身和减负的目的。同时，项目组组织了十余次下校调研，在对学校教育教学一线工作的观察、诊断、分析的基础上，总结出了在探索减负实施策略方面的有效经验和措施，主要体现在科研引领减负、丰富课程设置、创新管理模式、提高课堂效能、激发自主学习动力、改革作业方式与内容等方面，并将这些好的经验和措施加以归纳提炼，使之转化为可推广、易借鉴的减负工作策略。项目组在全市范围内按照城区、近郊、远郊结合的原则先后两批确定了20所项目实验学校，从不同侧重点进行重点指导，挖掘成果，引领示范。

减负是教育界的一个老话题，是个热点、难点问题，正确认识学生学业负担问题，真正把负担减下来，需要深入系统的理论和对策研究，“减轻小学生课业负担的对策系统研究”项目就是要对这一问题进行探讨，从理论研究层面得出一些有价值的成果。一是基本理论研究，是基于对实际情况的考察，对负担及其原因开展理论研究；二是对策政策研究，是基于理论分析的结论，提出合理有效的对策体系和实施的管理体系。由此深化对小学生课业负担的认识，揭示负担形成的原因及减负成败的原因，提出负担形成的因素模型以及减负的实际运行模型，对减负提出更科学合理的长期、系统、分类的对策设计，并将部分对策在学校进行试验和检验，通过实践检验后供行政决策参考。

在实验项目研究的引领下，北京市不断寻找破解减负工作难题的思路与对策，逐渐探索出了一些有针对性的减负工作举措。

一是抓住关键环节，增强减负的针对性和实效性。不断深化课堂教学改革，提高常态课教学的实效性。采取多种方式激发学生学习兴趣和学习动机，注重学生学习体验和课堂教学的参与度。要注重发现、培育、总结和推广“减负增效”的课堂教学典型经验，引导、激励教师增强课堂教学改革的主动性和自觉性。加强学生作业研究与管理，减轻学生课业负担。教师要精心设计学科作业，把作业研究作为教研备课活动的重要内容；精选作业内容，创新作业形式，分层布置作业，满足学生的不同学习需求。探索建立作业总量调控机制，对作业量及学生完成作业的时间进行跟踪监测，提高作业的质量和实效。

二是转变管理方式，细化教学过程管理，提高管理的规范化、科学化、现代化水平。任课教师要结合学生实际和教学条件，创造性地使用教材，对课前预习、课堂学习、课后作业练习等进行系统思考，整体设计。教学目标的设置要做到明确具体，课堂提问和练习的设计要有针对性，教学手段的运用要适时、恰当，有利于提高课堂教学效率。精心辅导学生课后、课外学习。根据不同学生的学习基础和发展潜能，帮助学生采用适合的学习方法，促进每一位学生在原有基础上得到最大限度的发展。特别要关注学习困难学生的学习指导，建立学习困难学生个别化辅导档案，关心他们的学习、生活和身心健康，加强与学生家长的沟通，帮助他们树立自信，不断提高学业水平。

三是加强课程建设，开发课程资源，促进学生全面发展、个性成长。加强课程建设，整合课程资源，充分发挥课程的育人功能，提高课程实施的质量。严格按照国家新课程标准和市级教育行政部门课程计划，开展教育教学活动，开齐课程，开足课时，保证科学、艺术、体育、综合实践活动课及地方、校本课程的课时；学校充分利用校内外各种课程资源，开发校本课程；采取多种形式，组织学生参加综合实践活动，为学生提供创新、探索和表达的空间，着力提高学生的社会责任感、创新精神和实践能力。坚持育人为本，转变育人方式，实施素质教育。要树立全面、科学的教育质量观，要高度关注学生的健康快乐成长，树立“健康第一”的指导思想，加强中小学生心理健康教育与辅导，采取切实有效的措施控制学生近视新发率和肥胖率，提高学生的身心健康水平；加大校园文化建设力度，加强学校各类学生社团建设，组织开展丰富多彩的课内外、校内外学生活动；充分利用社会大课堂丰富、生动的课程资源，注重实践育人，满足学生自主、多元、个性发展的需求，切实“把减负落实到中小学教育全过程，促进学生生动活泼学习、健康快乐成长”。

四是加强师德建设，提高教师实施素质教育的专业能力。要引导教师自觉践行《中小学教师职业道德规范》，提高教师专业精神和育人水平；积极搭建教师成长平台，持续开展以教师教学基本功为重点的教师专业能力建设；通过区县教研、联片教研、校本教研等方式，加强减轻学生课业负担，提高教育质量的专题研究；学校要科学评价教师工作，保障教师自主开展教育教学活动；不断完善和健全名优教师培养与管理制度，大力培养高素质的教师团队，整体提升教师专业化水平。

2. 健全完善交流展示宣传激励机制，发挥典型带动作用

北京市积极搭建平台，交流展示区县、学校典型经验，引导区县、学校积极减负、主动减负。先后组织召开了两次经验交流研讨会、举办了两次主题论坛、印发了两本经验材料汇编，进一步动员教育战线的广大干部、教师，转变观念，凝聚共识，积极作为，科学减负，深入推进素质教育，全面提高教育质量。

2011 年 11 月 23 日，北京市教委联合北京教育科学研究院召开了“北京市小学减轻学生过重课业负担、促进学生健康成长交流研讨会”。2012 年 5 月 25 日，市教委组织召开了“北京市义务教育阶段减轻学生过重课业负担、全面提高教育质量工作经验交流会”。通过经验交流研讨会宣传了区县在减轻学生过重课业负担、全面提高教育质量方面的典型经验。西城区教委把减负作为教育的系统工程来抓。统筹规划整体推进，通过构建和谐高效课堂、促进教师专业成长、开展多元评价等举措，真正把学生从过重的课业负担中解放出来。海淀区教委通过从调查研究入手，明确减负工作重点和步骤，建立了教育行政、教研、科研、督导等多部门联动的工作机制，组建联合工作组，通过加强对学生作业的研究和管理，加强常态课研究，促进教师专业成长等方面，提高减负增效的针对性和实效性。顺义区教委，以遵循教育教学规律和儿童身心发展规律为基础，通过创新评价标准，引导减负；建立制度规范和监督机制，保障减负；提高课堂效益，激发学习兴趣，科学减负。大兴区教委通过优化三级课程、开展课题研究、建立多元评价监控，来解决学生课业负担问题，让所有的孩子都健康快乐成长，实现区域教育均衡、优质、特色发展。

2011 年 10 月 12 日，北京市教委联合北京市教育学会小学教育研究分会组织了“关注每位学生快乐健康成长”主题论坛。2011 年 11 月 23 日，分别组织了“高效课堂与科学减负”、“优化课程与科学减负”、“创新管理与科学减负”分论坛。通过论坛活动，进一步研讨了学校在科学减负方面的所思所为。东城区史家胡同小学面向未来，把“促进学生健康成长作为学校一切工作的出发点和落脚点”，回归教育本然，播撒健康的种子，让学校成为孩子健康成长的乐园。西城区北京小学始终坚守基础教育的本真，通过加强课程建设、改革评价方式，让每一个学生获得主动、生动、全面的个性发展。朝阳区白家庄小学建立“学生课业负担监测机制和公告制度”，形成尊重学生个性发展的引导机制，有效促进教师珍惜课堂的每一分钟，研究课堂上每位学生的表现，促进每位学生健康快乐成长。北京大学附属小学秉承“尊重个体差异　享受快乐教育”这一理念，通过开设丰富多彩的课程和德育活动，让学生们在健康快乐中成长。

通过印发“减轻学生过重课业负担　全面提高教育质量”经验材料汇编广泛宣传学校在减负方面的典型做法。北京二中分校以促成学生的“全面发展、个性发展、可持续发展”为办学目标，根据学生终身发展需要，从教师队伍建设、课程建设、构建有效课堂、规范教学过程、注重人才培养、教科研引领等全方位地系统规划学校减负工作，真正做到在切实减轻学生课业负担的同时，确保教学实效性，提高教学质量。文汇中学通过改革教学方法，聚焦课堂、研究教材、改革作业、分层指导、规范管理等措施有效落实减负工作。京源中学通过构建多元课堂教学模式和建立多元评价机制，提升减负增效的实施力。西城外国语学校秉承“为了孩子一生幸福”的教育理念，以学校文化为引领，以科学制度为保障，以提高课堂教学质量为手段，以心理健康教育为疏导，全方位落实减负工作。

除了重视在全市范围内搭建区县、学校交流展示机制外，北京市还尤其重视利用多种媒体面向社会宣传北京市推动减负工作的成果。组织了“实施素质教育，减轻学生负担”的专题报道，在《中国教育报》、《现代教育报》策划推出减负的专版报道，全面回顾减负的历史，介绍全市减负工作的思路，同时，从2012年5月26日起，在市教委官方微博上每天推出两所减负工作典型。通过整合多种媒体的力量，加大了对舆论的正面引导，从而形成了有利于推动减负工作的良好社会氛围。

（四）以政策为保障，规范管理，主动减负

1. 健全完善规范办学行为管理机制，加大减负工作力度

北京市高度重视减负工作，先后下发系列文件推动减负工作：2007年，市委、市政府下发《关于进一步推进义务教育均衡发展的意见》，强调通过办好每一所学校来促进均衡、缓解择校、减轻负担。2008年，市教委专门印发《关于进一步提高中小学教学质量切实减轻学生课业负担的意见》，就减负工作提出八项意见。2010年，市政府印发《关于进一步深化基础教育改革提高教育质量和办学水平的意见》，从深化课程改革、完善课程设置、加强教材建设、改进课堂教学、激发学习兴趣等方面切实减轻学生过重课业负担。一系列文件的出台为全市各区县和中小学校推动减负工作指明了方向。

北京市从规范和引导两方面入手，加大对学校办学行为的管理，促使学校依法规范办学，建立良好的办学秩序，夯实减负工作的基础。

（1）以规范学校日常管理为基本，制定相关刚性的要求，把减负的要求融入到学校的常规运行中

一是严格控制作业量。中小学生课业负担过重的一个最普遍的表现是家庭作业量大，北京市要求学校针对学生差异，精心选择和设计作业，严格控制课外作业量，小学1—2年级一般不布置书面作业；3—6年级语文和数学可适量布置书面作业，总量不得超过1小时；其他学科一般不布置书面作业。初中各学科书面作业总量一般不得超过一个1.5小时。高中各学科书面作业总量一般不得超过2小时。

二是合理安排中小学生作息时间。针对中小学生课业负担过重占用休息时间的问题，北京市明确要求从2008—2009学年起，全市中小学校不得早于8点安排集体教育教学活动。各区县和学校必须保证小学生在校学习时间不超过6小时，中学生在校学习时间不超过8小时，从而保证学生充分的休息和睡眠。学校的课程安排计划和作息时间表应向学生和家长公布。

三是严格禁止补课。要求学校不得利用寒、暑假和其他法定节假日组织学生补课或变相补课。严格禁止学校通过组织补习、辅导向学生收取费用。严格禁止学校、教研机构、校外教育机构等以各种名义组织在校中小学生全员补习文化课程，教师不得以任何方式组织宣传或介绍在校学生到校外补习班、辅导班学习。各个区县和学校必须选用列入市教委公布的《普通中小学教学用书目录》的教材和学习辅助资源，不得统一或变相统一推销、征订教学辅助资料。学校可结合特色教育和学生兴趣需要，适量编写校本课程教材，但不得向学生出售。

四是下力气解决义务教育阶段择校乱收费问题。坚持义务教育阶段就近、免试入学的原则，科学规划义务教育学校服务范围，按照区域内适龄儿童、少年数量和学校分布情况，合理确定本区县内每所公办中小

学校的义务教育服务范围，每所公办中小学校都必须承担服务区内就近入学的任务。任何学校不得以创办特色学校、开展实验研究等各种名义，举办或变相举办重点班，并以此测试、选拔学生。严禁在义务教育阶段以任何名义收取择校费、报名费和借读费。严格执行关于捐资助学的有关规定，严禁捐资助学与学生入学和招生录取挂钩，严禁向学生收取与入学挂钩的任何费用。

（2）引导学校关注教学管理，从提高教育教学质量这个根本环节上给予指导和要求

首先，确保学校按照要求开足开齐课程。要根据教育部和北京市教委的有关规定，确定课程安排，严格控制周课时总量，不得随意增减课时，尤其要严格执行国家体育课时规定，确保中小学生每天 1 小时体育锻炼时间。学校应保证中小学生按规定全面修习国家课程。任何部门不得任意增减科目和各科目的周课时数。合理安排综合实践活动与地方课程、校本课程课时，课程安排要充分体现知识的综合、学生的自主实践、教学过程的开放，以及学生对课程门类和研究内容的选择，务求实效。

其次，是引导学校、教师、教研部门按照确定的教学内容和课程设置开展教学活动，保证全体学生的学业水平都能达到课程标准所规定的基本要求。教师要明确三维课程目标，在实现知识与技能目标的过程中有机地融合、渗透过程与方法目标、情感态度与价值观目标的达成，狠抓教学常规，优化教学过程。备课环节认真学习课程标准，充分把握课程的性质、基本理念、整体设计思路和应达成的总目标，确定教学的基本内容、教学重点和难点、教学进度和教学计划。深入钻研、灵活处理教材，针对学生的不同特点和差异，确定有层次的教学目标、有效的教学方式和方法。教师要编制详细的教案或学案。课堂上要积极创设师生平等的氛围，引导全体学生积极参与学习。合理安排教学环节，增强教学内容呈现的逻辑性、教学环节过渡的衔接性、教学语言表达和媒体演示的合理性。要为不同层次的学生设计不同的问题，对学生的答问应及

时给予评价和鼓励。同时，要加强对作业的批改和教学的及时反馈。对有困难的学生进行面批，及时了解学生的学习效果，不得盲目从教辅资料中指定作业和用简单对答案的方法批改作业。提倡教师结合课程标准和学生实际自己编制试题。

教研部门和学校要加强综合实践课程等新型课程建设的研究，推进课堂知识学习与实践学习的结合；要进一步推进信息技术和其他教学技术与学科教学的整合，采用启发式等教学方法，使学生按照自己的兴趣、爱好和发展潜力有不同程度的发展。市、区县教学研究机构要定期对中小学进行教学视导，及时发现、评估和解决中小学教学中存在的问题，总结基层教师行之有效的教学经验，并提出可行的政策与改进建议。探索多种有效形式培养教师掌握学生身心发展规律和学习特点的能力，提高教师分析教材、设计教学、有效运用现代化教学技术等方面的能力，提高课堂教学的质量和效率，切实做到减负增效。

2. 健全完善课业负担监测公告机制，引导有效减负

北京市通过探索建立市、区两级教育行政部门对学生课业负担的全面性、常态性监测公告制度机制，全面掌握北京市中小学生课业负担的现状和成因，不断提高减负工作的科学性和针对性。

北京市中小学生课业负担监测遵循导向性、发展性、综合性、可行性的原则，力求对学生课业负担全面地覆盖课业负担的涉及范围，多角度地反映学生课业负担的现状，并从不同监测对象的调查中获得全方位的监测结果，从而综合地反映学生课业负担的现状。在结果的应用上不仅强调监测的问责职能，更强调监测的发展性功能，把监测结果作为对区县、学校的工作现状诊断、改进工作的重要依据，作为教育行政部门减轻学生课业负担的决策依据，并成为中小学减轻学生课业负担、促进学生健康成长的行动指南。在监测实施各环节上力求具有可操作性，监测内容是监测对象所熟悉和能够准确把握的；监测指标、监测工具易于理解；监测的方法、组织与实施、结果呈现清晰明了，易于操作。

北京市选取了课业负担的主观感受、客观表现以及影响因素为 3 个一级指标，下设课业负担总体感受、课业负担的具体感受等 10 个二级指标，在校学习时间、睡眠时间等 27 个评价要素，从学生在校学习、家庭作业、参加课外辅导以及自主活动状况等多个方面全面反映中小学生课业负担情况。在监测方法上，采取了定量的问卷调查和定性的访谈、座谈相结合，调查对象涉及全市各区县基础教育阶段的学校领导、教师、学生、家长等，均以《中小学生课业负担监测指标体系》为基础，制定不同对象的调查问卷和访谈提纲。

北京市每年面向全市 17 个区县，通过采用分层整群抽样方式确定调查样本，在样本量范围内，各区县兼顾好、较好、一般各层面确定调查的中小学校，每所学校分别抽取四年级、六年级、八年级、十一年级各两个班的学生（兼顾普通班与实验班）；家长样本与学生样本一致；教师样本为所抽取年级的所有任课教师；学校干部样本为所抽取学校的所有中层以上干部。

在监测结果的发布与运用上，建立了北京市中小学生课业负担监测的数据库，在各类调研数据基础上建立北京市中小学生课业负担监测的数据库以及各项监测内容的常模，为多角度、常态性地监测、分析北京市中小学生课业负担变化情况提供数据支撑，并为探索建立监测预警和危机干预机制提供基础信息，每年撰写《中小学生课业负担督导监测结果报告》。

重视监测结果的公告和反馈。每年 12 月召开北京市中小学生课业负担监测情况通告大会，同时结合网上舆情调研平台、新闻媒体就北京市课业负担监测情况进行总体通告，向社会发布，在坚持教育信息公开、接受社会监督的同时加强舆论引导力度，引导家长与社会树立正确教育观念。同时在教育系统内部，面向市、区县、学校不同层面进行有针对性的分层反馈，促进各区县和学校有针对性地进一步整改、提升减负工作。

通过建立课业负担监测机制，全面、科学、准确地了解北京市中小学课业负担情况，为北京市和区县政府及教育行政部门制定切实可行的教育政策提供了事实依据；为学校制定学校发展规划和开展有效的教育教学实践提供了重要参考；为学生家长和社会开展科学的家庭教育与社会教育提供了信息；保障并推动首都基础教育朝着公平、优质、创新、开放的方向发展。

以 2011 年的小学生课业负担监测为例，结果显示，北京小学生总体上处于积极乐观、奋发向上的状态，对课业负担过重的主观感受显现不强烈，与学校教师、干部形成较大反差；同时，小学生课业负担过重问题确实存在，有随年级升高而趋于严重的趋势，在小学生校内外学习时间、课业学习方式、自主发展空间方面表现比较严重；在课业容量、难度、学生睡眠、体育锻炼方面等方面均不同程度存在过重现象。并且小学生课业负担过重问题的危害性开始体现，尤其在近视问题上显现明显。在分析了社会根源、教育内部制度性原因、学业设置原因、家长原因、市场原因、学校原因、教师原因七个方面因素后，报告认为，就当前的影响看，家长、市场、学校和教师这些外源驱动基本都要围绕这些制度原因而动，因此，制度原因是第一位的。这就为北京市下一步推动小学科学、率先减负提高了针对性，当前学生课业负担过重主根源难以有大改变的条件下，以制度设计和改革为着力点更有利于减负工作实现突破。

四、经验与启示

中小学生过重课业负担的来源是多方面的：一是来源于教材编写不尽科学、课程门类过多过泛、教师专业能力不足、课堂教学效率低下等显性因素，导致学生过多地依靠延长学习时间、大量重复训练等方式提高学习成绩；二是来源于就业竞争激烈、成才通道狭窄等社会深层次因素，以好分数上好大学，以好大学找好工作的就业竞争压力传导前移，形成了单纯追求考试分数的价值观，忽视了学生全面健康成长，育人为本的理念和素质教育在实践中并没有完全落实，学校、家长、学生“不得不”把更多的精力投入到学业中去；三是来源于媒体炒作、社会舆论偏差等外部因素，由于校外培训机构利益链条的存在以及现存的根深蒂固的片面质量观、成才观，加剧了优质教育资源稀缺的矛盾，加剧了择校的压力，而正面的宣传引导不足，导致中小学生除了承担正常的校内课业负担，还要承受参加大量课外辅导形成的负担。多种因素综合在一起，造成了目前中小学课业负担过重仍然存在的事实，因此，切实减轻学生过重课业负担是一项系统工程，也不仅仅是教育系统内部的事。

在深刻分析了影响中小学课业负担的成因之后，北京市推动减负工作形成了这样的共识，即推动减负工作的根本目的是让教育回归到育人的功能，回归到以关注每一个学生的个体成长的落脚点。因此，北京市减负工作的核心任务是提高教育质量，为每一个学生提供优质的、多元的、适合的教育，这既符合实施素质教育的要求，也符合当前北京基础教育发展的阶段性要求。在工作推进层面，减负工作有其综合性、复杂性和紧迫性，要确保减负工作常抓不懈，必须抓住机制建设这个根本，通过制度、规范、机制的建立和完善，确保减负工作的长效性和常规性。

实践中，北京市的减负工作遵循“标本兼治、疏堵结合、内外联动、整体推进、重点突破”的工作思路和坚持“育人为本、尊重规律、标本兼治、实事求是、依法适度、促进发展”的工作原则，围绕着三个层面展开机制建设。一是抓住核心，建立促进学生全面健康发展的机制。通过教学质量监控反馈机制，保证学生的学业质量达标；通过学生体质健康考评机制，提升学生的身体素质；通过社会大课堂常态化应用机制，拓展育人平台，锻炼学生的综合实践能力，从而确保了学生学习、身体、综合素质全面提升。二是夯实基础，建立提高减负工作科学性的机制。通过规范办学行为管理机制，确保学校依法依规落实减负工作相关要求；通过教师专业发展机制，改善课堂教学；通过负担监测公告机制，为减负工作的决策和推进提供客观事实依据。三是加强引导，建立多部门协同推进的机制。通过学生综合素质评价机制，发挥评价的导向作用，引导学校、教师、家长树立正确的质量观；通过研究实验项目引导机制，发挥科研的引领作用，不断指导实践改进；通过交流展示宣传激励机制，引导学校加深对减负工作的认识，加大宣传力度，形成良好的舆论氛围。

总体来说，北京市推动减负工作的最大特点是，把减负作为全面实施素质教育的应有之义，充分尊重教育发展规律和学生成长规律，通过建立推进减负工作的长效机制，使减负的目标和任务有机融入到教育行政管理、学校日常管理、教师教育教学行为，融入到教育科研、舆论引导等各个方面中，在首都教育事业的科学健康发展过程中实现减负的必然结果。

五、结　语

北京市在推进减负工作的过程中，通过一系列机制的建设，形成了市级统筹，区县和学校联动的系统减负局面，从市、区县各有关部门到学校都做了大量的工作，在九项机制的统筹下，区县、学校根据实际情况，进行了富有成效的实践探索，形成了一批鲜活的经验和先进典型。

北京二中分校校长钮小桦认为，减轻学生课业负担，一方面，是尊重学生发展规律，遵循学生的认知水平，合理安排教学内容，防止超出学生的认知能力和水平的课业；另一方面，是遵从育人为本的教育理念，转变育人模式，促进学生全面、可持续发展。学校从立足学生全面成长、整体规划学生学习内容和尊重差异、加强教学研究两方面入手，从教师队伍建设、课程建设、构建有效课堂、规范教学过程、注重人才培养、教科研引领等全方位，系统规划学校减负工作，近年来在切实减轻学生课业负担的同时，实现了学校教学质量的提高。

北京小学校长李明新认为切实减轻学生过重课业负担，必须要坚守基础教育的基础性，让小学教育回归基础，回归儿童，回归全体，学校提出“实与活”的教学思想，激发课堂活力，研制学本，免费发放给每名学生，改革作业的内容和形式，既提高了作业的有效性，也避免了家长和学生盲目选择教辅材料，学校在加强教学和作业的同时，积极实施综合素质评价，着重于增值性评价，引导学生的自主发展和个性成长。

北京昌平区城关小学基于对教育的责任感，2007 年推行了学生、教师和家长三位一体的“减负计划”，城关小学副校长刘忠武认为，减负减的是课业负担而不是课程质量，学校提出了“不变相体罚”、“不机械抄写”等“八不”要求，把教师加班补课、题海战术、反复抄写、占用其他课时的路子统统堵死，唯一的出路就是向四十分钟要质量，提高课堂教学的效率，教师必须在备课、讲课上下功夫。

不论是市区教育行政管理部门还是学校，所有的这些努力最终都是作用在中小学生身上，希望中小学生能够获得健康快乐的成长体验，城关小学六年级学生高潼在二年级的时候，学校开始实行减负计划，对于实施效果的对比，他表示，课业负担少了，课余时间多了，这些时间可以多看些书增长知识，或者做一些课余的运动，比如击剑，篮球、足球，还可以多看一会电视，多了解一些国家大事。高潼的同学路颐卿说，实施减负计划后，老师会用一些有趣的方式让你记住知识点，比如这个汉字像什么，让你在课堂时间就能记住，课后也不会留一些机械的、抄写类的作业，一小时以内基本就可以完成了。老师在课上讲得很明白，所以知识掌握得很牢固。课余时间我喜欢看一些小说，比如《哈利波特》、《红楼梦》、《西游记》，电视剧和评书连播我也看。

对于这种变化，家长的感受也是最深的，城关小学的学生家长王霞说起他家孩子的变化，作息特别规律，每天晚上八点半睡觉六点半起床，作业很少，确实很少，而且是以思考类的为主，时间超过 40 分钟的几乎没有。

通过校长、家长、学生的这些感受可以看出，北京市中小学推进减负的工作在实践中切实起到了一定的作用，然而推进素质教育，减轻学生过重课业负担是一项长期而艰巨的任务，我们将以对学生和家长，对国家和民族未来高度负责的精神，真正做到以人为本、育人为本，努力透过学生课业负担过重的表象，从根子上改革教育体制中存在的弊端，通过机制的建设、完善和创新来破解教育发展难题，切实解决好学生课业负担过重这一教育“老大难”问题，真正办好让人民满意的教育，推动首都教育事业内涵发展、科学发展。

全面实施素质教育
扎实推进基础教育转型发展

——上海市基础教育内涵发展和多样发展的探索与实践

【引言】改革开放三十多年来，上海基础教育的硬件建设不断提升。在教育优先发展的大旗下，上海基础教育的经费投入、师资队伍的学历层次、教学设施设备相对于三十多年前，发生了质的变化。特别是自20世纪90年代以来，上海实施了学校标准化建设计划、薄弱学校改进计划、加强初中建设计划、大型寄宿制高中建设工程、学校信息化计划等，教育环境和设施得到极大改善，有的达到甚至超过了发达国家的配置水平。上海的基础教育与时俱进，全面实施素质教育，扎实推进基础教育转型发展，从外延发展转向内涵发展，从单纯的提高质量转变为优质和多样发展，加快了内涵发展和多样发展的步伐。

一、域情与教情

上海，简称“沪”，别称“申”，地处太平洋西岸，亚洲大陆东沿，长江三角洲前缘，东濒东海，南临杭州湾，西接江苏、浙江两省，北界长江入海口，交通便利，腹地广阔，地理位置优越。上海现有16个区、1个县。全市土地面积为6 340.5平方千米，占全国总面积的0.06%。

2010年年底，全市常住人口达2 302万人，其中户籍人口1 404万人，外来常住人口898万人。

“十二五”时期，既是长三角区域一体化发展取得实质性进展的关键时期，也是建设具有较强国际竞争力的长三角世界级城市群的重要阶段。上海将紧紧围绕“创新驱动，转型发展”的城市发展战略，继续深化改革，扩大开放，朝着建设“四个中心”（国际经济、金融、贸易和航运中心）和实现“四个率先”（率先转变经济发展方式、率先提高自主创新能力、率先推进改革开放、率先构建社会主义和谐社会）的伟大目标迈进，规划到2020年，把上海基本建成国际经济、金融、贸易、航运中心之一和社会主义现代化国际大都市。

2011学年，全市共有独立幼儿园1 337所，在园幼儿44.42万人。学前教育在校教职工约4.7万人，其中专任教师2.9万人（本科及以上学历占50.82%）。3—6岁户籍适龄幼儿入园率在99%以上。上海共有民办三级幼儿园163所，规范学前教育看护点450余所。对户籍适龄幼儿，学前教育已实现全覆盖和多样有效的服务，基本满足了适龄幼儿接受学前教育的需求。对随迁幼儿，已基本形成了学前教育或看护服务全覆盖的服务体系。

近年来，上海义务教育阶段的入学率始终保持在99.9%。2011学年，全市中小学校共1 518所，其中小学764所，中学（含完全中学、高级中学、初级中学、一贯制学校）754所。在校小学生73.11万人，在校初中学生43.6万人。小学教职工4.8万人，其中专任教师4.6万人（本科及以上学历占62.88%），初中专任教师3.4万人（研究生毕业3.68%，本科毕业91.87%）。义务教育的均衡化程度处于全国领先水平，向适龄儿童少年提供了基本均衡和优质的服务。

2011学年，上海市高中阶段入学率达到99.7%。2011学年，全市高中学校247所（含完全中学、高级中学和十二年一贯制学校），在校高中学生16.1万人，普通高中专任教师1.7万人（研究生9.13%，本科

90.59%）。全市共有55所市实验性示范性高中，77所区县实验性示范性高中，在市和区县实验性示范性高中就读的学生有11.8万人，约占全市普通高中学生数的73%。上海高中阶段教育的普及程度已达到发达国家的同等水平，普通高中教育已初步形成了优质、多样、开放的办学格局。

上海基础教育的学业质量不断攀升。特别是近几年，始终在一个高位水平上保持平稳发展。经济合作与发展组织（OECD）的国际学生评估项目（PISA）2009年测试结果于2010年12月公布，上海15岁在校生在阅读素养、数学素养和科学素养三项测评中，均取得了第一名的佳绩。在这一轮测试的主项阅读素养上，OECD平均成绩为493分，上海为556分。而且成绩比较均衡，成绩分布差异比较小。上海高端学生（第95百分位）平均成绩比紧随之后的新西兰、新加坡相比只差1分和3分，但是在低端（第5百分位）平均成绩却比新西兰和新加坡分别高73分、60分。在阅读素养等级表现方面，PISA把学生阅读素养分为7个精熟度等级，最高等级（包括6级和5级）预示着国家或地区未来的高端竞争力，上海5级和6级合计比例为19.4%，是所有65个参与国家和地区中最高的。

从总体上看，在当前阶段，办学硬件资源和经费投入已经不再是上海基础教育发展的主要矛盾；教育质量已不再是传统的以分数为主的单一的质量。老百姓关心的不再是学校的硬件和“应试”的分数，而是适合学生的教育，他们的孩子在学校获得的实实在在的变化。他们对作业时间长、睡眠时间少、周末补课多、体育锻炼少等有着强烈的反应，他们对“应试教育”带来的孩子们的“强智弱德”、“眼高手低”、“模仿强而创造弱”、“有知识没文化”有着强烈的担忧，他们最希望看到的是适合学生发展的学校课程改革的深入推进、内涵发展的突破、学生精神面貌的改观。今天，上海的基础教育必须从外延发展转向内涵发展，从单纯的提高质量转变为优质和多样发展，走内涵发展和多样发展的道路，满足老百姓对基础教育的需求。

二、亮点与成效

上海在推进实施素质教育，促进基础教育转型发展的进程中，主要抓了三个方面的工作：一是抓住学校这一责任主体，开展新优质学校项目，提倡教育回归到促进人的发展的本原价值，办好每一所市民家门口的学校；二是抓住评价改革这一牛鼻子，在借鉴 PISA 评价理念和基数的基础上，推出中小学学业质量绿色指标体系，引导区县教育行政主管部门、学校和社会逐步树立全面的教育质量观；三是持续深入推进课程改革，提高教学有效性，改善学生作业品质。

（一）开展新优质学校项目，树立新的教育价值理念

我们要通过树立“新优质学校”价值标杆，来引导大家重新认识什么是优质的教育，什么是好的学校。这些市民身边的好学校，虽然生源一般，但在日常教育教学中关注每一个学生成长，立足学校实际有针对性地开展课程与教学改革，努力提升内涵质量并取得成效。走进这些学校，条件不一定优越，但校园处处充满阳光，处处蕴含着丰富的教育元素，处处都渗透着人文关怀和校长教师对教育的理解。孩子们在这样的环境里学习，健康快乐成长，每天都在进步。我们树立“新优质”学校价值标杆，就是要通过大力宣传这些学校的办学经验，告诉每一所学校，只要在教育教学中真正做到关注每一个学生的成长，根据学校实际潜心挖掘学校内涵发展空间，也可以成为“优质学校”。只有办好市民身边的每一所学校，让普通老百姓感受到实实在在的教育进步，得到实实在在的教育利益，才能真正实现上海市教育的均衡优质发展。作为一项引领性工作，我们要进一步深化基础教育“新优质学校”项目，力求形成一批“轻负担、有特色、高质量”的典型学校并推广相关经验，使这一项目成为引领素质教育深入落实的排头兵。

（二）持续深入推进课程改革，切实提升教学有效性

素质教育和转型发展的基本含义，在于让每一个学生都找到自己个性才能充分发展的独特领域和生长点，最终实现人的全面而自由发展的最高价值。课程是学生全部校园生活的总和，实现学生素质教育，关键要从研究学生出发，创设适合学生的课程，关注学生内心世界的成长与发展。

素质教育和转型发展主导下的课程改革，要注意以下几个方面。

一是关注对学生精神世界的关怀。学校课程的创设，要使每一位学生在充盈着精神关怀的环境中，真实地感受到精神关怀的存在，体味着精神关怀，践行着精神关怀，形成关怀精神。精神关怀是个性化课程设计的核心要求，它的实质是育人，是促进学生的精神发展。要把对学生精神世界的关怀体现在课程目标、课程内容、课程实施方式等各个环节和各个方面。

二是尊重学生的个性。尊重学生和学生的个性是个性化课程设计的最基本理念。每个人都有着他人所不能替代的独特性，性格、气质、思维方式、想象力、观察力的不同，造成了人们在接受教育时的种种差异。因此，在个性化课程的创设中，要对每个人的种种差异予以应有的重视，顺乎每个人的个性，使之能够自发地、积极主动地、持续地得到成长和发展，使每个人的个性得以自由成长。

三是发挥学生的主体性。个性化课程的创设，要能促进学生个性潜能的最大限度的开发，让学生找到一条适合个体自身的创造性发挥的最适宜的道路，丰富自我、完善自我、展现自我，彰显人格魅力、人生价值、生命意义。

四是促使学生全面发展。个性化基础教育在使学生个性充分发展的同时，也促进了其他素质的全面发展，加速了个性社会化的进程，从而培养了学生适应社会的能力。因此，我们倡导的个性化教育是与全面发展的精神相一致的，只不过这个全面发展并不是各种素质的平均或者划

一的发展，而是在认同个体差异下的综合能力的提高。个性化基础教育课程创设，要以学生的个性潜能开发为前提，统筹考虑学生发展的各个方面，促使他们全面发展。

（三）推出中小学学业质量绿色指标，树立全面的教育质量观

上海在连续5年参加教育部中小学生学业质量测试及2009年首次参加经合组织PISA测试的基础上，2011年率先启动评价改革。借鉴国际教育评价改革经验，初步建立义务教育教学质量综合评价体系，构建义务教育教学质量综合评价体系——中小学生学业质量绿色指标（10项指标），通过对学生学业水平、学生学习动力、学生学业负担、教师教学方法、师生关系、校长教学管理能力等方面的研究加强对教学质量的评价的引导，引导全社会树立全面的教育质量观。将通过实施绿色指标，进一步引导区县建立基于实证数据的教育决策方式，下移教学管理重心，把更多的精力放在教育质量的监测和评价上；引导教研人员摆脱对个人教育经验的依赖，基于数据分析和学生实际开展教学研究；引导学校和教师关注学生学习过程中表现出的兴趣、态度、学习品质；引导社会全面看待教育质量，为学生终身发展营造良好的社会舆论。

三、探索与措施

（一）推进新优质学校行动，办好每一所家门口的学校

按照上海市基础教育工作会议关于“当前和今后一段时间特别要注重实现基础教育从过度追求现实功利转向追求教育对人的发展的价值”的要求，2011年3月，上海成立“新优质学校推进项目”，重点研究一批生源一般的公办学校面对校内外的诸多不利因素，从学生的实际情况和

发展需要出发，推进学校内涵建设和转型发展的实践探索。新优质学校推进项目以“办好每一所家门口的学校”为目标，进一步明确上海基础教育所处的历史方位和阶段特征，积极回应社会的热点、难点，深入推动教育系统内部的主动作为和专业自觉。期望通过项目学校引领和经验辐射，推动上海涌现出一批新的名校，新的名校不是靠学业成绩排名和升学率成名，而是靠育人质量过硬成名，包括对困难学生、农民工子女教育取得卓有成效的学校，也能够成为上海教育的新名校。

截至目前，项目学校共有 43 所，它们都有着共同的特质，即不挑选生源、不争抢排名、不集聚资源，体现了“转型”方向。这些项目学校有着负责任地接纳就近入学全体儿童的全纳性态度，促进每一个孩子良好成长的价值追求，尽可能满足学生发展需求的办学思路和教育措施。近年来取得了显著的办学实效，学校综合办学水平、育人质量明显提高，且较为稳定，通过具有实际针对性和一定创造性的研究探索过程，形成个性特色较为鲜明的办学经验，这些经验在上海市基础教育均衡发展和教育转型中能产生积极的示范作用。

【链接】上海有洵阳路小学等一批学校，它周边的环境曾经是上海最知名的最大的棚户区，现在有 40% 的外来务工子弟和 60% 的生活在最底层的本地子女，家庭经济状况拮据。政府在这样的地区办的学校是怎样的：整个校园环境充满阳光，每一层楼面和区角都有丰富的教育元素，每一个功能教室都全天候开放供学生动手实践，丰富的可选择的课程又为学生提供了“不是学校，可能一辈子都不会有机会去体验的经历”。学校虽不豪华，但处处渗透着人文关怀和校长、教师对教育的理解。这样的办学已经超出了区域内老百姓的期待，它给予了暂时还没有较强经济能力家庭的孩子一个高层次的文化环境。

因区域和发展阶段不同，43 所学校又可以分成 4 种不同的发展类型：第一类，学校发展水平较高，目前已经成为当地具有较高社会声誉的学校；第二类，近年来在教育改革探索中取得明显成效，其成果已产生较为广泛的影响；第三类，数年前办学基础较差，近年来学校办学水平提升明显，且形成了有一定特点的成功经验；第四类，学校办学中取得一定成绩，总体看尚未达到区域内中等层次，但目前主动发展的积极性很高。无论哪一类学校，在项目组的推进过程中都实现了在原有基础上的进步。

1. 推进“育人为本”在项目学校实施，建立“育人为本”评价和导向机制，让每一类学校都能获得持续发展的信心和动力

“新优质学校”不再把学业成绩、分数排名作为衡量学校优质与否的唯一标准，取而代之的是回归教育的原点——真正关注到人的发展，关注如何让教育过程更丰富、师生关系更和谐、多样化学习需求得到更充分的满足。要求学校对人作为生命个体的重新打量和深度审视，把人的发展作为一所学校关注的起点和终点，关注到每一个学生的内心世界，进而通过课程的浸润丰富其内心。

项目组认为，单一的分数指标已无法反映出学校对孩子的关注程度，无法反映学校对改变孩子内心世界过程中所作出的贡献。如果一所学校能真正对不同起点的孩子通过不同的教育方式对其不同的发展路径起到推动作用，那就可以判定这是一所优质的学校。尽管每个孩子的家庭背景、生活经历各异，学习基础、学习习惯不同，学校如果能够促进其内心世界的发展和良好学习习惯的养成、学习能力的形成，当他走出学校面对社会的时候，能够充满自信，这就是一所优质的学校。

【链接】育人为本在新优质项目学校得到全面的贯彻与落实。如虹口区柳营路小学。学校主要招收外来务工人员子女。老师们发现全班学生交来的作业本，有的油渍斑斑，有的残缺不全，有的沾着烂水果的浆汁，经过家访发现是因为孩子是趴在父母炸油条的摊子上写作业。于是老师就主动提出“放学后为学生保留一张书桌”，为他们提供一个良好的学习环境。老师们认真研究学生的学习特点，分辨出来自不同省份孩子英语发音的差异，并有针对性地一一加以矫正。老师们还集体观察孩子们受环境影响形成的不良习惯，细分出 81 种“天天好习惯”，开展养成教育，引导孩子成长为文明的城市公民。柳营路小学的老师们用最质朴而充满人文关怀的教育，让学生丰富了精神世界，形成了健全人格，养成了文明习惯，也让教育回归对人生命价值的追问。

项目学校在“新优质学校”的推进过程中找到了科学的理念和发展的信心。虹口实验中学提出了“把百姓的孩子高高举起”，徐汇教育学院附中践行“让课程关照每一个学生的成长”，平南小学深化了“爱满平南，一个都不能少，和谐发展，一样也不能放”的“零缺陷”理念等，深入贯彻落实育人为本。新优质学校的推进，让学校在不断梳理提炼中发现了自身蕴藏着的无限发展可能性。

2. 帮助每一所学校重新认识发展突破点，焕发从突破点转向引领点的研究意识

“新优质学校”的意义已经远远超越了传统概念上的改变薄弱学校。这其中最大的区别在于，改变薄弱学校的评价标准是以学生学业质量（也就是分数）的提升为标志的，而“新优质学校”所指向的彼岸是全面而绿色的质量、对每一个学生发展可能性的关注，它在尊重和研究差异的过程中，让每一个学生都能看到自身健康成长进步的轨迹。这项工作要求项目组不是替代学校思考，不是指导学校照搬模仿何种路径，不是锦上添花式的总结提炼，而是和学校一起，结合学校实际发现自己的“最近发展区”。

项目组在开展多种多样展示活动的同时，进行启动式的培训活动，所有项目学校的校长齐聚一堂共同寻找学校的“最近发展区”。项目组通过培训前的学校定位调研、同主题分学段头脑风暴、核心组成员设计的打破思维框框的案例分析以及小组合作式的汇报展示等形式，帮助学校寻找“最近发展区”。这些展示和研讨，让学校重新审视眼前的学生，重新认识教师的状态，重新体味教育的意义，重新思考学校发展的突破口和增长点。通过这样的交流研讨，越来越多的学校渐渐明晰了自身的定位，并找到了近期的参照学校和中长期的目标学校，寻找到了进一步发展的突破口和增长点。

新优质学校项目提升了学校的内驱力，改变了以往依据自上而下的指令性要求被动执行的状态。学校对内外需求保持敏锐洞察和积极适应，采取有效应对措施，给学校“生命机体”注入了持续动力。学校的教育质量是由校长和他的教师团队共同努力、通过作用在每一个学生身上的专业服务质量来评判的，以往自上而下的改革策略的局限是：变革不易成为校长和教师们“自己的事”。而在新优质学校项目推进过程中，提升校长和教师的文化自觉成为必然。高水平办学和高质量教学的责任心和使命感根植于一线教育工作者的心灵，变革的理念成为内生的动机，这也使得教育充满想象力和创造力。

3. **总结和辐射共性经验，推动更多的区县和学校关注每一个学生的发展，办好家门口的好学校**

项目组总结了43所项目学校的实践案例提供的走向新优质的共性经验：一是鲜明的“平民教育”意识，让教育关怀公平地惠及来自不同社会群体的所有学生；二是满足学生个性化需求，尊重学生的差异，重视其原有基础上的良好发展，重视学生个性的丰满与人格的健全；三是对内外需求的积极适应，不抱怨客观上的不利条件，看清形势、抓住机会、主动行动，以适应社会、教育、学生长远发展的需求为目标，定位学校发展方向；四是以课程改革为核心谋求新发展；五是以特色建设带动全面提升，以重点突破带动各项工作的改进，让学校教师切实感受到变革与发展的可能性，提振信心和期望。这些经验将汇集于正在编印的《上海市新优质学校推进指导手册》，供更多的学校学习、借鉴。

“新优质学校推进”项目引起了更多的共鸣，闵行区、杨浦区、普陀区、长宁区、徐汇区等都开始在区域层面进行新优质学校推进的思考与设计。闵行区开展“智慧传递”项目，形成学校经验有效辐射、学校发展水平持续提升的机制。通过“智慧传递”项目实施，构建学校推进教育内涵发展的研究共同体，形成管理有序、实施有力、务实创新的教育内涵发展项目运行模式与管理机制，在解决区域性教育改革与发展重大问题方面有明显突破，对学校教育教学质量和办学品质的提升产生持续的效应，区域教育的综合实力得到明显提升。徐汇区区域整体推进新优质学校推进项目，要求参与学校必须以“育人为本”理念为指引，寻找新的增长点，实现学校轻负担、高质量、有特色发展。

【链接】闵行区智慧传递项目

闵行区推出“智慧传递”项目。该项目聚焦基础教育转型期的瓶颈问题——学校经验如何有效辐射，学校发展如何持续提升等，通过区域、专业机构和学校三方联动所设计出的一种创新机制。

通过“智慧传递”项目实施，创新区域教育内涵发展机制，构建学校推进教育内涵发展的研究共同体，形成管理有序、实施有力、务实创新的教育内涵发展项目运行模式与管理机制，围绕“为了闵行每一个孩子的健康快乐成长”的核心理念，全力打造“幸福校园”，在解决区域性教育改革与发展重大问题方面有明显突破，对学校教育教学质量和办学品质的提升产生持续的效应，区域教育的综合实力得到明显提升。

“智慧传递”项目推进的核心机制是“凝聚、传送、辐射、共享”，形成紧密的内部结构和系统的操作流程。

所谓“凝聚”就是，选择（按照智慧传递的要求，选择一些办学有成效、有影响力、有值得推广经验的学校）—内部提炼（通过学校内部研讨、交流与反思等形式，对教育经验进行梳理和提炼）—专家提升（聘请区内外专家对所选学校的经验进行实践指导与理论提升）—形成智慧（形成学校发展的亮点和教育智慧）。

所谓“传送”就是，目标（亮点）确定（即对参加传递项目进行目标聚焦，形成传递的亮点）—确定传送内容（过程性再现）（将经验形成过程再现，形成可视性的成长环节）—传送途径与方法（现场、网上）（通过现场展示和网络平台展示等形式展现学校亮点和智慧）。

所谓“辐射”就是，营造氛围（在区域内营造研讨氛围，形成共同探讨与分享学校教育教学方面的智慧成果社会环境）—形成共识（通过交流、研讨，在一定程度上对所呈现的教育智慧达成共识与认同）—打造团队（通过智慧传递项目的辐射，形成区域项目核心团队，推动全区典型性教育智慧的传递与辐射效度）。

所谓“共享”就是，在场（定期开展现场展示）—在线（通过网络平台进行研讨、交流）—全员参与（通过在场与在线两个平台，让全区学校和全体教师知晓区域的教育智慧内容，积极参与到区域教育智慧的开发与应用中，实现教育智慧资源共享。）

“智慧传递”提供了区域专业领导力提升的一种视角，变行政命令布置为共同创造教育经验；“智慧传递”实现了群众性教育改革的积极状态；同时还利用现代信息技术让更多的学校动态地传递和分享。它为丰富项目组的视角和内容提供了鲜活的经验。

上海摒弃了“学业质量即学业成绩”的观念，坚持把学业质量与课程教学紧密结合，认为：学业质量不等于学业成绩，其内涵更为广阔，既指学生在自身、教师、学校、家庭等各类因素影响下，通过课程的浸润，达成的学业表现、品德行为、身心健康等诸多领域的发展水平，又包括影响学业表现的学习动力、师生关系、教师教学方式、校长课程领导力等各相关因素及其相互关系。在这种学业质量观的引领下，上海推出了学业质量绿色指标及其评价体系。

（二）推出中小学生学业质量绿色指标体系

1. 构建中小学生学业质量绿色指标

2011 年，上海市教育委员会和教育部基础教育课程教材发展中心加强合作，立足上海“二期课改”的理念和要求，吸收“建立中小学生学业质量分析反馈与指导系统”项目和 PISA 项目的有益成果，提炼一系列影响学生学业质量的关键因素，构建了覆盖学业表现、身心健康和品德行为三个领域、十个方面的中小学生学业质量绿色指标（简称“绿色指标”），包括：学生学业水平指数、学生学习动力指数、学生学业负担指数、师生关系指数、教师教学方式指数、校长课程领导力指数、学生社会经济背景对学业成绩的影响指数、学生品德行为指数、身心健康指数和跨年度进步指数，每一个指数又包含若干二级、三级指数（具体内容）。

上海市中小学生学业质量绿色指标基本结构表

一级指标	二级指标（具体内容）	三级指标（具体内容）
学生学业水平指数	学业成绩标准达成度	小学语文、数学，初中语文、数学、英语、科学
	高层次思维能力指数	
	学业成绩均衡度	学业成绩总体均衡度
		学业成绩区县间均衡度
		学业成绩学校间均衡度
学习动力指数	学习自信心	对个人学习能力的评价、尝试解决困难问题的意愿、对取得优异学习成绩和完成学习目标的预期等
	内部学习动机	对学习本身的兴趣、对于学习目的和意义的认识等
	学习压力	学习过程中产生的心理负担和焦虑，通过询问学生做作业量的多少及难易、考试次数的数量以及学校公布成绩、考试之前的感受
	对学校认同度	同学关系、是否愿意参加学校集体活动、是否喜欢学校以及在学校是否会感到孤独等
学业负担指数	学业负担综合指数	
	学业负担分项指数	睡眠时间
		作业时间
		补课时间

续表

一级指标	二级指标（具体内容）	三级指标（具体内容）
师生关系指数	教师是否尊重学生，是否公正、平等地对待学生，是否信任学生等	
教师教学方式指数	教师自评	因材施教、互动教学和探究与发展能力
	学生评价	教师是否进行情境教学、鼓励学生动手实践等
校长课程领导力指数	课程决策与计划	
	课程组织与实施	
	课程管理与评价	
学生社会经济背景对学业成绩的影响指数	父母受教育程度、父母职业、家庭文化资源等综合为学生社会经济背景，学生社会经济背景与学生学业成绩结合起来，分析家庭对学生学业成绩的影响	
学生品德行为指数	理想信念	
	公民素质	
	健全人格	
学生身心健康指数	体质健康	
	心理健康	
跨年度进步指数	学习动力进步指数	
	师生关系进步指数	
	学业负担进步指数	

【链接】上海参与国内外学业质量评价项目及主要结果

2003 年，上海参加“建立中小学生学业质量分析反馈与指导系统”项目的创立，并一直推动项目的发展。2004 年，上海市浦东新区组织中小学生参与试测，完整经历了命题、数据收集与分析、测评工作协调等各个环节。2006 年起上海连续参加项目组安排的中小学生学业测试和问卷调查，积累了开展大样本学业测试的经验。测评结果表明：上海义务教育阶段学生学业成绩比较优秀，但与兄弟省市相比，学生学业负担较重，表现为睡眠时间和体锻时间偏少，学习压力较大，学习自信心不足等。

2006年，上海决定参加PISA项目，2007年成立了由市教科院、教育考试院、评估院、教研室等单位有关人员组成的项目组，参与测评工具开发和修订，2008年试测。2009年，上海152所学校的5 115名15周岁学生参加PISA测试。测试结果显示：上海学生在阅读、数学、科学三方面均名列首位，但也显示学生在获得优异成绩的同时承受了较重的学业负担，在65个国家和地区中，上海学生校内外上课时间总量居第12位。

总体而言，“绿色指标”呈现三个基本特点。

一是以义务教育课程标准为主要依据。“绿色指标”基于大规模测试数据和全国常模，以义务教育课程标准为依据，测试内容针对教学内容，旨在发现落实课程标准中的问题并加以改进，是教学内部的一项活动，不是终结性评价，不与毕业、升学相挂钩，不需要学校、师生展开针对性训练，不会增加学生学业负担。

二是以关注学生健康成长为核心价值追求。既衡量学生的学业水平，又衡量影响学生学业质量的各种因素；既衡量学生一般认知能力水平，又衡量学生体质、品德、创新等高层次能力的水平；既以学生发展为中心，又兼顾教师、校长、学校乃至家庭对学生发展的影响。

三是体现均衡性与发展性的双重要求。不仅反映学业质量的客观水平，还多方面考察教育公平，如学生社会经济背景对学业成绩的影响指数主要了解公办学校对家庭经济困难学生所作的贡献程度，学业水平指数中的均衡分指数主要考察学校间、区县间和全市的均衡程度，跨年度进步指数主要考察学校、区县、全市每年在指数上的纵向变化情况。

2. 创新评价方法和技术

上海借鉴PISA测试和“建立中小学生学业质量分析反馈与指导系

统”项目的先进技术，推动评价手段、技术的革新。

一是采用科学抽样模式。上海的“绿色指标”评价，摒弃了统考统测的模式，采取学校、学生两阶段概率比例规模抽样（PPS 抽样）的方式进行，全市各区县均抽样参加，抽样时兼顾到区县中不同性质、不同学制的学校，并确保各区县样本学生对该区县总体学生的代表性。

2011 年，除全市统一抽样外，有 8 个区不同程度增加样本学校数量，全市有 466 所小学、338 所初中（一贯制学校按小学、初中分别计数）参加测试，分别占学校总数的 51.49% 和 56.81%；实有四年级学生 29 486 人、九年级学生 34 154 人参加测试，分别占年级学生总数的 21.63% 和 37.14%。

二是形成多元评价工具。与“绿色指标”相配套，上海市教育委员会和教育部基础教育课程教材发展中心共同合作，构建以学业水平为基础、结合学习经历与学习过程评价的多元评价手段。“绿色指标”评价工具主要有三种。

第一，学科测试。四年级学生参加三年级的语文和数学测试，九年级学生参加八年级的语文、数学、英语和科学中的两门学科测试；试题以课程标准为依据，涵盖了不同能力的考查，命题依照规范、严谨的程序进行，经过教育测量学的充分考究。为保证学科测试工具的质量，命题基于课程标准，体现课程标准的基本理念和要求，注重考查学生对学科核心知识、技能的理解和掌握，尤其是学生综合运用所学知识解决实际问题的能力、收集与分析信息的能力以及对重要学科思想方法的理解与掌握。根据课程标准、统计测量方法和大规模测试数据，确定学生合格、良好和优秀标准，试卷有足够的试题鉴别学生合格与否，是否达到良好或者优秀水平。控制试卷的总体难度（小学是 0.80—0.85，中学在 0.75 左右），组卷时坚持以体现课程标准对学生基本要求的题目为主，有难度的题目主要考查学生的高层次认知能力。试题形式为客观性试题、主观性试题，多使用真实的情境和任务，注重通过客观性试题考查学生高层次认知能力。命题过程及程序规范、科学，实行严格的质量控制。

第二，问卷调查。问卷编制过程与试题（试卷）编制过程基本相同，广泛收集了国内外的各种问卷和量表，尤其是国际上多项学生学业成就测试中使用的问卷，并结合问卷中编制的问题实施了调研和访谈，较为广泛地征求教育行政部门、校长、教师和教研员的意见。同时组织了心理测量学专家对问卷进行了论证并提出了具体的修改建议。最终依据项目分析和专家论证结果，对题目进行了修正、删减，形成了最后施测的问卷。问卷分为学生问卷、教师问卷和校长问卷三类：学生问卷主要调查学生的基本情况、学习自信心、学习动机、学习压力、对学校的认同度、学业负担、师生关系、对教师教学方式的评价、品德行为；教师问卷主要调查教师的基本情况、对课程和学校管理的看法、教学观和教师专业发展、教师教学方式；校长问卷主要调查对学校基本情况的了解、办学理念和教育观、学校管理方法、课程领导力。2011 年，除所有样本学生参加学生问卷外，804 名校长、9 445 名教师参加了相应的问卷调查。

第三，教育统计数据。收集全市、区县、学校的基本数据信息。2011 年重点采集上海市学生体质健康监测中心的基本数据，包括相应年级学生的身体形态、生理机能、身体素质 3 方面 21 项指标。

三是注重信息化手段应用。广泛借鉴了国际上大规模评价项目如 TIMSS、PISA、NAEP 数据处理的方法，如采用试题质量分析 ConQuest 软件对数据进行分析，在分析影响因素上广泛采用多层线性模型（Hierarchical Linear Model）的统计分析方法。上海逐步建设义务教育学业质量数据库管理系统，包括学生基础信息库、教师基础信息库、测试工具库、测试结果库等，实现试题管理、试卷管理、数据分析、报告生成、在线调查、基础信息维护、数据抽样等自动化功能。

3. “多级联动”，确保评价改革平稳有序推进

评价改革不能“各自为战”，必须在统一框架下整合各部门之力，“拧成一股绳”，才能发挥形成最大的合力。上海从多个层面构筑推进评价改革的保障机制。

一是深化部市合作机制。组建部市联合的“改革义务教育教学质量综合评价办法”项目专家指导委员会，定期开展研讨，通报评价改革进展。上海市教育委员会与教育部基础教育课程教材发展中心签订《关于开展上海基础教育质量综合评价改革项目合作备忘录》，建立系列指导、合作研发、信息通报等机制，共同建设上海中小学生学业质量数据库、研制“绿色指标”评价报告。2012 年 7 月 1 日，上海市教育委员会和教育部基础教育课程教材发展中心共同发布首次评价结果。

二是形成市级运行机制。上海市财政每年拿出 800 万，用于国家教育体制改革试点项目“改革义务教育教学质量综合评价办法”的实践与研究。建立由市教委职能处室、市基础教育质量监测中心、市教育考试院、PISA 上海项目组、市教育督导事务中心、市学生体质健康监测中心、市教育报刊总社等跨部门组成的绿色指标实施小组，负责学业测试、数据处理、质量分析、督导评估、宣传引导等事项，保障评价系统的有序运行。通过人才引进、系统培训，逐步建设市、区县两级专业评价队伍。逐步建设上海义务教育学业质量数据库管理系统，包括学生基础信息库、教师基础信息库、测试工具库、测试结果库等，实现试题管理、试卷管理、数据分析、报告生成、在线调查、基础信息维护、数据抽样等自动化功能。

三是加强对区县评价改革的指导。一方面，以“绿色指标”评价为统领，推动区县构建区域教学质量评价与保障体系。如，静安区设计了“三维”区域教育质量评价模式，即关注增量的学业成就维度、关注有效的过程方法维度、关注品质的学习生活维度。另一方面，通过政策和资金支持，鼓励区县按照综合评价要求，集中资源，重点突破。如，闵行区通过细化研究，形成区域教育“绿色指标”，并根据学前、小学、初中、高中学段特点选择关键指标，形成适用于不同学段的指标体系；长宁区和虹口区细化研究学生学习动力指数，杨浦区深入研究学生创新素养指标，提炼出区域层面的核心监测指标。

【链接】闵行区构建区域绿色指标评价体系

闵行区以“上海市中小学生学业质量绿色指标”为框架，以“闵行区学业质量标准”为基点，以信息化平台为技术支撑，在基础教育阶段（包括学前、小学、初中和高中教育阶段）建立适应素质教育评价观的评价反馈体系与实践平台。2012年1月，启动对上海市中小学生学业质量绿色指标的分解和细化工作，建立绿色指标体系的详细操作框架，包括二级指标的细化、评价标准的界定和设置权重等，形成可测量的指标体系，依据一级指标、二级指标形成三级指标和主要观测点，对每项指标进行表现性的描述和解释，形成具体操作的评价指标系统，至2012年4月，形成《闵行区中小学生学业质量绿色指标体系》。依据各项指标的观测点进行调查问卷的编制、对学生进行访谈和课堂行为观察，并用于常规工作中的教育教学的调研视导，加强对学校教育教学质量的过程性监测。在进行绿色指标评价的过程中逐年完善指标体系，在学前、小学、初中、高中各阶段根据其特点选择评价的关键指标，形成适用于各学段的指标体系，明确其适用范围，注重其效度和信度。每年选择一些关键指标进行施测，逐年完善对绿色指标的分解工作，逐项完善各项指标中主要观测点的细化工作。

同时，该区还形成学科学业质量监测的基本模式：制定相应的学科教学目标与检测目标、运用检测目标达成度的各项分析技术，组建学科学业质量监测分析的队伍，形成学科学业质量监测的各项制度与运行机制，即学业质量监测对象的抽样方式、学业质量监测数据采集的工具、数据处理的模型与工具、监测数据的报告与反馈机制、基于结果的改进和干预机制、监测过程的组织和实务管理机制等。

四是推动学校构建以校为本评价体系。鼓励各类学校在“绿色指标”评价框架下，探索以校为本的教学质量评价体系，涌现出了一批校本化教学质量评价的初步成果，如闵行区平南小学研究“绿色指标”后，发现学校原有“零缺陷”教育质量管理软件忽视学生的内心感受，进而对学生幸福感指数进行调研，完善原有的质量评价体系；金山区第二实验小学从学业成绩评价、综合素养评价和快乐活动评价三个视角，根据课程的不同特点，组合不同的评价内容和方式，对学生进行多元化评价；第二师范附属小学设计了“智慧年轮评价手册”，奉贤区教师进修学院附属实验小学推出了“绿太阳课程档案袋”，上外静安外国语中学设计了学生“学习处方”，相比“学生成长记录册”，均有明显、细致的改革进步。

【链接】上外静安外国语中学基于绿色指标的学习处方设计

上外静安外国语中学为每个学生设计了“学习处方”，即分析学生的学习习惯、学科学习特点、学习心理状况，并制定阶段性改进措施，目前主要包括学生的优势学科、弱势学科及原因分析，学生的学习习惯与个性特点的优缺之处，近阶段的主要变化及教师、家长的建议等，相比“学生成长记录册”，对学生的分析更集中、更丰满、更直观，提出的意见建议更具操作性。“学习处方”可以按照对象的不同、学科学习情况的差异，分批、分对象地逐步推进。无须一刀切，更不应全面开花。例如，对于新入学的学生，教师在情况不明的情况下，不可盲目开具处方；对于性格特点明显的学生可以先实行，在具体到某一个学生时，也可以是对某一方面的问题的建议，而不是综合的，等教师对学生有了更全面、深入的了解后再进行补充。

4.“评价引导”，从结果证明走向过程调控

评价改革不能唱“独角戏”，评价改革要取得实效，必须调动整个教育体系的力量，以系统化方式使教育评价充分发挥好引导、激励、反馈、改进功能。上海把“绿色指标”评价作为全面了解教育教学状况的手段、发现和诊断教学问题的方法、改进教学行为的依据，形成“检测依靠技术、结论源自证据、分析产生行动”的行动步骤，建立基于数据驱动的“标准—检测—分析—改进”循环。

一是促进教育管理转型：注重思想引领和基于实证的监督调控。思想上，要求区县教育局领导，率先在思想上从分数指标桎梏中解脱出来，以综合评价的理念和思维，带动区域教育和学校的健康发展，把学校从“疲于追分”的状态中解放出来。职能上，要求教育管理者，用科学方法洞察教学质量的内涵，对教学质量进行全面考量和发展性评价，具备基于实证的决策能力，通过解读“绿色指标”评价报告，全面认识区域和学校学生学业水平和课程标准的执行状况，寻求影响学业质量的诸多因素，寻找存在的缺陷和不足，探求背后的原因，形成“综合评价→问题界定→原因分析→教育决策→监督执行”的良性管理循环机制。如，普陀区把“绿色指标”达成度、学生体质健康水平等方面作为中学校长五年的任期目标；杨浦区把学业质量监测与评估列入学校绩效考核指标体系，完善评价结果反馈报告制度。

二是促进教学研究转型：基于实证的教学评价和教学指导。“绿色指标”评价的专业性及其与教学的紧密联系，要求教师进修院校在原有教师培训、教学指导功能外，承担起监测评价的专业责任，上海的区县教师进修院校积极组建教育质量监测机构，建设教学质量评价的常规化运行平台。随着教师进修院校功能的升级，教研员的教学指导功能也随之升级，既研究、掌握科学的评价理念和手段，让教育教学过程更加连贯、系统；又把评价作为指导教学的有效手段，逐步克服单纯依靠经验进行教学研究的弊病，提高教学研究与指导的针对性和实效性。如，普陀区教研室根据小学、初中、高中不同学段的教学特点，分别推出了各学段区域推进“绿色指标”的教学指导意见，以更有针对性地改进教师的教学；松江区教师进修学院开展了教研员学业质量观和质量保障工作问卷调查，并提出加强教研员“绿色指标”执行力的建议。

【链接】奉贤区实施绿色指标的“三三六”实践范式

奉贤区教师进修学院提炼出指导中小学校实施绿色指标的有效操作路径与实践策略。这就是区域实施绿色指标“三三六”实践范式。其具体内涵是：“三环”，即建立“标准—教学—评价”循环系统；“三力”，即提升校长课程领导力、教师课程执行力与教研员课程指导力；“六化”，即实现课堂教学的民主化、情境化、问题化、生活化、结构化与激励化。该院加强对校长、教师与教研员的培训，提升各类教育工作者对“绿色指标”的认识与实施能力；组织教研员根据“绿色指标”细化的学科课程标准指导中小学课堂教学，引导教师改进课堂教学方式，并发挥教研员对学校实施“绿色指标”的督察、指导作用。该院还在区级层面建立实施“绿色指标”的研究与管理机制，在中小学层面建立实施“绿色指标”的有效运作机制。

三是促进学校发展转型：建立“绿色指标”导向的教学质量保障体系。课程的校本化构建与实施，学校的可持续发展，必须依托一套建立在科学评价基础上的教学保障机制。学校通过校本化教学质量评价，全面客观分析学生和教师的现状，构建起“教学→检测→分析→改进”的教学内部循环，使教师能明智地运用数据来改进教学，实现有针对性的教学，并在此过程中不断探索体现发展性要求的学校教学新模式，以此推动学校的科学发展。在静安区的学校里，正在悄悄地发生着这样的变化：“教学→检测→分析→改进”成为学校教师的自觉行为，教师能明智地运用数据来改进教学，从而实现有针对性的教学，学校内部已建立或正在建立起“检测→分析→改进”的循环，运行于日常教学活动之中。嘉定区实验小学的“1 对 1”数字化课堂现场研究，黄浦区海华小学的“日听班”，均在一定程度上实现了教学的转型，学生学习更加主动，促进了教师的专业发展。

【链接】黄浦区瞿溪路小学的“零起点”教学模式

瞿溪路小学是黄浦区一所普通的、规模较小的公办小学，学生 200 多名，其中随迁人员子女占 70%；教师中没有学科带头人。关注学生“学习起点”。学校为教师减负——“减思想上的负”，使教师认识到“零起点”或“起点低”的学生，不等于学习能力弱，不等于没有厚积薄发的潜力，上海的学生也罢，外来的学生也罢，都应该尽心竭力教好他们。学校提出：知识、习惯、能力的“教”与“学”要统一在学生不同的“学习起点”上聚焦，使设定的教学目标、选择的教学内容、运用的策略方法更具适切性与准确性，不随意拔高教学目标，不随意加快教学进度，脚踏实地一节课一节课地落实，一个阶段一个阶段地推，努力做到让学生在每一节课都学有所得，具体操作的路线是目标分层、施教分层、辅导分层、作业分层、评价分层，让不同水平、不同能力的学生都能分层、分段达标，逐步缩短与课程标准之间的差异。在各学科课堂效率提升的同时，学校以“普及＋培养兴趣”为目标定位，为学生创设了 8 大领域 27 门课程，学生在教师指导下，根据兴趣、爱好、特长、能力等，选择一门或多门课程，既可以选择学校课程也可以跨校选择课程，扩大了学生的学习空间，填补了随迁人员子女家庭，包括本地段经济困难家庭难以为孩子提供课外学习辅导的遗憾，深受学生和家长的欢迎。该校参加学业质量测试结果显示，学生的学业水平远高于同类学校，且学生学业负担较轻，学生学习动力、学习自信心较强，成为“学生喜欢的学校”。

“绿色指标”评价作为一根教育改革的重要杠杆，正在推动教育教学各领域的革新，已融入中小学生德育、体育锻炼、教育督导等工作之中，成为落实学生“每天锻炼一小时”的重要手段，成为“新优质学校”的重要衡量标准，并将品德行为、身心健康、学习动力等要素逐步渗透到招生录取办法之中。

上海将在完善“绿色指标”评价体系的基础上，探索对教师和学校的评价体系，逐步形成义务教育质量综合评价体系，并逐步推广到普通高中，形成基础教育质量综合评价体系。同时，加快推动各区县和学校构建以校为本、基于过程的教育质量综合评价体系，努力实现基于教育教学过程的真实性评价，把素质教育要求真正落到学校层面和课堂教学之中。

（三）提高教学有效性，实现减负增效

目前，上海市中小学生学业负担过重的主要原因有四：一是教学要

求被人为拔高；二是作业过多，且与课堂教学要求的一致性不够；三是考试频繁，且考试要求高；四是学校随意加课，学生课时总量高。针对上述问题，市教委从课程设计、教学实施和考试评价等环节进行系统改进，采用“组合拳”的策略，努力提高教学的有效性，减轻学生的课业负担。

1. 修订课程标准

教师教学和考试要求高的主要原因是中小学各学科的《课程标准》对学习内容和要求部分描述得精度不够，造成教师在教学过程中没有切实贯彻《课程标准》的要求，不断拔高教学要求，并且考试要求也“水涨船高”；考试的高要求又反过来进一步促进教师拔高教学要求，从而形成恶性循环。这是造成学生课业负担过重的重要原因之一。

2010年，上海市教委着手启动《课程标准》修订工作。组织专家先后完成了《课程标准》的国际比较研究、全国《课程标准》与上海《课程标准》的比较研究以及上海一期课改《课程标准》与二期课改《课程标准》的比较研究工作，通过比较研究，重新反思《课程标准》的基本功能、核心内容、标准定位等问题。2011年，全面启动中小学19门学科的《课程标准》修订工作，修订侧重加强课程定位、课程目标、课程内容要求、课程实施和课程评价的内在一致性，加强课程标准的结构化呈现；通过模块主题的整体设计、学习水平统一界定、实施案例的补充说明、限制性描述等多种途径，提高《课程标准》对基本要求的描述精度，便于教师理解和实施，从而提高《课程标准》对学科教学、评价等的指导作用；加强各个学习领域学习内容的统整，进一步删减学科知识技能内容要求，留出足够的时空让学生开展实验、社会实践、设计制作、项目研究等活动，丰富学生的学习经历。

2. 提高学校课程领导力，探索学校课程管理和推进机制

2010年，上海市教委启动“上海市提升中小学（幼儿园）学校课程领导力三年行动计划”，从理论研究和实践研究两个维度加强对学校课程的设计规划、实施、管理、评价的专业指导和支持，推动中小学校本化实施新课程。41 所中小学（其中高中 13 所，初中和小学各 14 所）和黄浦整个区从学校课程计划的制订和实施入手，认真参与 9 个子项目的实践研究，并及时总结辐射实践经验，带动更多学校针对课改实施中的难点问题，通过行动研究，探索解决问题的有效途径与机制，改善学校现行课程状况，提高学校课程品质，进而提升校长及其课程领导团队的课程领导意识和能力。

此外，有关区县也出台了一些措施，以期提高学校的课程领导力和教学管理水平。如奉贤区对校（园）长、教导主任（副园长）等学校领导提出了具体要求：中小学校长上课不少于 2 节 / 周，园长上课不少于 1 个半天 / 周，校（园）长听本校（园）教师上课不少于 30 节 / 学期，学校党支部书记参照实行；中小学教导主任、幼儿园业务副园长上课不少于所任学科专任教师规定课时量的一半，听课不少于 40 节 / 学期［其中听本校（园）教师上课不少于 30 节 / 学期］，每学年至少上一次校级以上公开研讨课，学校除正职外的其他行政领导参照实行。

3. 规范教学常规，改进课堂教学

2007 年，上海市教委召开推进中小学课程改革加强教学工作会议，提出要狠抓教学常规，提高课堂教学的有效性，中小学教师要从备课、上课、作业、辅导、评价五个教学基本环节入手，切实改进课堂教学，提高课堂教学效率和质量，切实实现“减负增效”。各区县随后制定了相关的教学常规管理制度，对学校教学五环节提出了规范要求。在规范教学常规的同时，市教委还要求教研机构切实提高课程实施的指导力，指导学校改进课堂教学。

【链接】各区县积极制定了相关的教学常规管理制度。如《杨浦区中小学教学常规管理的若干规定》、《宝山区中小学学科教学常规》、《闵行区教师教育教学工作规范》、松江区《学校教学工作二十条意见》、《松江区中小学教师教学基本规范要求实施意见》及《教学常规三十条》、《崇明县教学常规管理50条》等。普陀区制定《普陀区中小学各学科教学质量保障手册》，研究和改进教学常规，针对学年第一、第二学期教学周的长短导致两学期课时不均、学生负担不均的问题，将出台“学年教学内容及课时安排调整建议”。宝山区开展“基于学习的作业设计”、“教学设计”、“教学管理精细化”等课题研究，在备课、上课、作业、辅导、考试以及教研、管理7个环节上形成了一大批有特点、效果好的做法和经验，从而形成了一整套课程实施的管理流程和制度。

浦东新区自2004年起全面落实“课堂教学改进计划”，2010年起在全区50所学校的100个教研组建设“课堂教学改进”研究基地（重点面向郊区学校），组织教研员“种试验田”，开展统领本组深化“课堂教学改进”的实践性专题研究，以点带面开展工作，使之成为学科教学的研究基地。静安区从2005年启动“课程标准细化研究”，依据课程标准，根据学科具体内容的特点与各年级学生的特点，对三维目标加以厘定与描述，并细化到单元，进而研制了小学各年级语文、数学、英语等学科的《课程标准执行手册》，增强教师“减负增效”的底气。2007年起在全区推行“课堂教学增值行动”，鼓励教师聚焦于教学的各个环节、细节，总结、借鉴、创新相关的技艺来优化和提升教学效能。

为保障正常的教学秩序，上海市教委还明确要求学校严格控制考试次数：小学一至三年级不得进行全区（县）、全学区范围的任何形式的学科统考统测（包括学业质量监测）；四至八年级也不得进行全区（县）范围的学科统考统测，区县若要进行学业质量监测，每学年每学科不超过1次，且只能随机抽样监测，随机抽取的学生比例不超过本年级的30%。严禁学校组织中小学生参加任何形式的联考或月考。

4. 加强作业研究，提高针对性

作业是学生课业负担的一个重要表现，也是学生和家长反映最多的一个问题，主要集中于作业多、作业难。2010年，上海市教委颁发《关于进一步规范课程教学工作深入实施素质教育的若干意见》，要求学校严格控制作业总量，各年级组加强对本年级学生各学科课外作业的研究和统筹平衡，教师要提高作业设计的针对性和目的性，避免学生进行低效重复训练，并倡导教师布置阅读、实践、体验类作业。

【链接】各区县制定了各具特色的措施控制学生作业总量。如闸北区设计了面向小学生的《学习点点点》和面向中学生的《闸北区学生作业日志》，定期汇总、统计学生作业量。普陀区实施“学生作业单检查”，推进学校进行各科作业的统筹，控制总量；逐步推进“作业上网”，要求学校通过家校互动平台，作业上网，接受家长监督；实施“校本作业册开发”，要求学校精编精选题目，控制作业时间，提高作业质量。静安区自2008年起实施“作业改进”行动，区教育学院连续四次分学科对教师进行“作业改进”的专题培训，旨在提高教师作业设计与实施能力，杜绝不必要的作业负担；学校通过校本研修，落实作业设计、布置、批改、反馈等方面的基本要求和管理办法，完善学生回家作业总量的调控机制。长宁区教育局成立了作业效能监测中心，同时实行作业网上备案制，一方面指导教师精简作业，另一方面通过社会监督来督促教师提高作业的效能，实现少作业高效能。

2010年，上海市教委教研室启动了“提升中小学作业设计与实施品质研究”项目，首批研制了9个学科段《作业设计与实施方案》和《上海市中小学作业设计与实施指南》，引领教师根据教学目标、教学内容和学生学习实际，编制符合教学目标和要求、类型丰富、科学合理的作业，提高作业的有效性。区县和学校也积极进行深入探索。如普陀区组建专家队伍制定学科教学双向细目表，指导教师根据细化的教学目标要求有针对性地设计作业。宝山第三中心小学倡导“有效作业”，教师精选作业题组建“作业超市”，除规定题外，学生可根据自己的学习水平自主选择做精心设计的A、B两个层级的自选题，通过作业的进步来提高学生的学习自信心。长宁区倡导多样化作业，通过阅读、观察、制作、实验、课题研究等多样化作业，发挥作业在促进学生应用、鼓励创新、完善学习方式等方面的积极作用。

5. 开展“快乐活动日”，创新课程实施模式

2011 年，上海市教委在卢湾长宁等区试点的基础上，在全市小学试行“快乐活动日”，要求学校整合拓展型、探究型课程的部分内容，每周集中半天时间，以学生活动为主要形式完成相关教学任务。活动内容主要包括班团队活动、体育活动、社区服务和社会实践、专题教育等限定拓展活动以及自主拓展探究、兴趣活动、社会调查、参观考察等学校自行设计的实践活动，尽量避免与基础型课程的教学内容重复，不布置当天的书面回家作业，让学生在轻松愉悦的活动中学会做人、学会做事、学会锻炼、学会合作，在体验中实现激发兴趣、开发智力、强身健体，从而实现全面发展。各区县和小学精心制订实施方案，根据区域和学校实际，积极开发和利用青少年活动中心、科普场馆、社区等各种社会教育资源（目前全市有 11 大类 133 个社会教育资源基地）实施“快乐活动日”。2012 年上半年，市教委开展“快乐活动日”综合实践活动优秀方案征集活动，及时总结经验，积极推动“快乐活动日”的实施。

6. 加强教辅材料和竞赛考证的规范管理，为学生健康发展创设良好环境

2005 年，上海市教委联合市新闻出版局严格规范教辅读物编写、出版、选用等工作，提出：市、区（县）教研员、已命名的特级教师，不得擅自参加以营利为目的、以习题试卷为主的应试类教辅读物（简称应试类教辅读物）的编写；凡参加教材及配套资料编写，参加中考、高考命题和审题的人员，在完成所承担工作后 3 年内不得擅自参加应试类教辅读物的编写。2012 年，市教委进一步明确：未列入中小学教学用书目录的教材同步练习等均属于教辅材料，本市不统一推荐。严禁学校为学生订购中小学教学用书目录和订单以外的资料，严禁学校和教师向学生推荐、推销（或变相推销）任何教辅材料，不得为学生及家长购买教辅材料提供服务。未列入中小学教学用书目录，但确属中小学教育教学所需的课堂练习、考试试卷及复习资料等材料，学校报区县教育行政主管部门审核同意后免费提供，所需经费在学校公用经费中列支，不得再向学生收费。

为遏制社会家长的“竞赛考证热”，市教委进一步加强竞赛管理，还学生自主学习和时空。严格执行市级中小学生学科类、科技类、艺术类和德育类竞赛活动审批制度，通过审批的这四类竞赛每学期开学后在市教委网站上公布。2012 年年初，市教委进一步要求：严禁市、区县教育部门及其直属单位（含直属单位内部机构及员工）、中小学校和教师举办或参与组织、宣传未经审批的任何区域性学科类竞赛活动；严禁市、区县教育部门及其直属单位、中小学校和幼儿园为社会培训、考证机构提供竞赛和考证活动的办学场所或考试场所。市、区县教育行政部门建立社会各界、媒体舆论监督机制，设立监督电话、电子信箱等，认真核查反映的情况，并将调查和处理结果与反映人沟通，主动接受公众、家长和媒体的监督。同时，自 2011 年起切实加强义务教育阶段的招生管理，不得将招生入学工作与奥数成绩、英语星级考等各类学科竞赛、等级考证书挂钩，不以竞赛、等级考证书为依据选拔和录取学生，取得了一定的成效。

四、经验与启示

总的来说，上海基础教育在加快现代化的进程中，尽管优化资源配置、加大学校硬件设施建设和经费投入的力度仍然需要，但已经不再是突出矛盾。尽管保持学生良好学业成绩仍然重要，但已经不再是教育发展的全部价值追求。尽管教育资源的均等配置和教育质量的标准化仍然必要，但已经不能满足人民群众对高质量、多样化教育的新诉求。

上海基础教育已经站在了一个历史的高点，正处于需要进行重大战略突破的关键时期和攻坚阶段。“十二五”期间，全市要坚持改革导向，按照《上海中长期教育改革和发展规划纲要（2011—2020年）》确立的“为了每一个学生的终身发展”的核心理念，把为了每一个孩子的健康快乐成长作为学校一切工作的出发点和落脚点，坚持走内涵发展与科学发展的道路，努力办出让人民群众满意的基础教育。要通过课程改革的推进、教学过程的优化、师生关系的和谐，让家长和社会从学生的健康成长中，看到实实在在的教育进步，得到实实在在的教育利益。具体说来，要推进以下五个方面的转型。

第一，在教育价值上，突破对功利价值的过度追求，更加关注教育对“人”本身的价值。传统的教育价值观往往表现为：首先，教育价值在于让学生习得知识、提高技能、升入高一级学校；其次，教育价值在于把学生培养成合格公民、高素质国民。人们在关注教育对国家、对社会进步的重要地位和作用的同时，却对教育之于“人”的价值没有给予应有的重视。这同个性化教育的要求已经越来越不适应。因此，应该坚持这样的价值取向：以学生发展为本，更加关注学生的存在与发展，更加尊重学生的个性特长，更加重视学生的兴趣和需要，更加重视人与自然、人与文化和谐共生、相互滋养。

第二，在教育质量观上，突破以学科知识传授为主的单一质量追求，更加关注以人的全面而多样发展为特征的全面质量。什么是教育质量？在不同阶段，人们赋予其不同的内涵。在国民基本的读写算素质总体上都比较弱的情况下，质量就是要让更多的人认识更多的字、会加减乘除法、能读书看报写文章。因此，当时的教育政策都是围绕掌握基本知识和基本技能制定的，检测的手段是考试，标准是考分。以分数来标示的“双基”成为一个时代的教育特征。到了20世纪90年代，人们开始发现，分数导向的教育逐渐滋生出一些问题，比如强调数理化，而人文、生活、社会等方面却被弱化；学生在国际奥赛屡获奖牌，但是在生活能力、与人相处能力、心理承受能力等方面不足；掌握了大量学科知识，但是动手能力却很差，质疑创造的精神严重不足。显然，分数导向的教育质量不应再是教育质量的全部。《教育规划纲要》提出，坚持“全面发展与个性发展的统一”、“注重因材施教，关注学生不同特点和个性差异，发展每一个学生的优势潜能”，并要求树立科学的质量观，把促进人的全面发展、适应社会需要作为衡量教育质量的根本标准。基础教育转型发展要求我们必须重新审视教育质量评价标准，对教育质量的理解和追求应该更加多元化、更加人本化。充分认识到真正的教育质量，一定是最适合学生成长需要的质量，一定是能够为孩子的终身发展和一生幸福奠基的质量，也因而一定是基于多元标准的质量。面对知识经济、全球化和信息社会的挑战，要反思教育如何能让孩子“学会做事、学会求知、学会共存、学会做人”，如何为孩子的终身发展和一生幸福奠基。

第三，在培养模式上，突破高度统一的标准化培养模式，更加注重需求导向的个性化、多样化的培养。一直以来，我们主张的是高度统一的标准化的培养模式，这种培养模式在经济社会欠发达、教育普及程度不高、社会基本建设矛盾突出的发展阶段具有非常高的效率，能够为国家建设和社会经济发展的各个领域迅速提供大批合格的劳动者。随着生产技术的升级、产业的转型，人们的教育需求日益多样，统一的标准化的培养模式无法继续满足要求。基础教育转型发展，要求我们在关注学生基本素养获得的同时，更加关注学生个性化、多样化的教育需求的应对，深入探讨基于不同需要的多样化的培养模式。上海二期课改设置多种类型的课程，个别化的教学等已经做了很好的基础，在这个基础上，如何进一步加强对学生的研究、以学定教，提供多样优质的教育服务，是当前上海基础教育育人模式的一项重大命题。

第四，在教师专业成长上，突破强调掌握学科知识和教学技能，更加注重教育境界和专业能力的提升。不难看出，前面提到的几个转型既离不开教师的成长提供的支撑，又呼唤教师成长的转型。教育价值观、教育质量观、培养模式都在转变，微观层面的学校管理、课堂教学、师生交往也随之悄然变革，制度管理、文化陶冶，对话教学、研究性学习，教师主导、学生主体，等等，这些元素构成了一种新的个性化教学生态。这种生态同传统的重教轻学的课堂不同，呼唤教师的成长转型，即从知识和技能提升转向教育境界的提升，从注重如何“上好一堂课”转到注重“如何培养好一个人”的发展取向。教师的专业发展应该是专业工作的基本任务、生涯发展的重要手段和科学育人的内在要求，而不是生存的手段、职业的派生物。

第五，在教育管理方式上，突破以行政手段为主推动教育发展的方式，更加注重思想领导和专业引领。在不同发展阶段，教育管理手段“给力”的效果不一样。实践证明，在教育事业规模发展和基础水平较低的时候，以行政手段和经费投入为特征的措施很“给力”。行政部门可以通过统一的政策推动面上的工作，并能够取得预期的效果。但是，当经济水平较高，教育的规模和基础建设不再是主要矛盾的时候，一味地提高投入所能带来的效应会逐渐递减。这也是世界教育发展的经验。当前，我们要追求的基础教育，需要通过行政命令做到令行禁止，从而保证办学基本规范，但是更需要课程改革的深化来奠基，更需要教师的创造性劳动来支撑，更需要教育行政部门的专业领导来保障。治理教育的手段越来越强调体制机制的创新、培养方式的变革、多样化的项目的引领、教育实践过程需要和问题的关照、教师教学能力和专业境界的提升。

五、结　语

新优质学校推进项目不在于“表彰或命名”一批新优质学校，而在于将动态的推进过程作为项目的主体工作，能够清晰地看到每一所学校在进步，并呈现与分析进步的历程；新优质学校代表了一种追求与态度，不是为了形成总结报告，而是表达了“办好每一所家门口的学校”的决心和立场，一种不断推进学校在育人为本理念下寻求和实践新突破口和增长点的信念；新优质学校体现了全新的评价理念，项目最终并不是要建立起一种评价标准，或者说形成一把新的尺子来衡量和评判所有学校，而是通过“进步”的视角来关注基于原有基础之上的增值，这是一种发展和动态评价标杆。

对于学生而言，它意味着提供了一条清晰的、可以支持其终身发展的学习成长之路；对于学校而言，它意味着一种专业精神，让学生以各自的基础为起点发展其优势，并赋予积极的态度和抱负；对于管理者而言，它意味着提升教育质量和成就的水平以及让每一个师生拥有幸福感和美好愿景；对于教育行政部门而言，它意味着要创造一种环境，让所有的学习者拥有选择丰富学习经历的弹性空间；而对于整个教育系统而言，成功变革就意味着确立公平而卓越的共同价值。当然，在这个过程中，我们一定会经历各种矛盾的冲撞、纠结、调和的过程，但这些矛盾一旦从揭示到解决，学校甚至整个系统就会获得升华。

该项目的推动引起了各级领导和社会各界的关注。项目组专门到教育部召开新闻发布会，发布上海新优质学校推进项目的相关情况。国家教育体制改革素质教育专家组专门赴项目学校了解新优质学校推进情况，称新优质学校代表了未来教育发展的方向。这一项目的推动，获得了家长和社会各界的高度赞扬。

“绿色指标”发布以来，受到广泛的关注，引发了教育内外的热议，国家教育体制改革领导小组编发专报《上海构建“绿色指标”评价体系引导学生全面健康发展》（第31期）予以肯定，有十多个省、市前来学习交流。教育部副部长刘利民在2011年11月4日“绿色指标”启动大会上指出：“中小学生学业质量绿色指标评价是上海基础教育一项重大的改革举措，是基础教育课程改革一项重要的机制创新。”国家教育咨询委员会推进素质教育改革组2012年3月20日调研时对上海“绿色指标”评价改革给予了充分肯定，认为:“绿色指标评价体系对整个教育的导向能起到‘指挥棒’的作用，‘绿色指标’不仅关注学业成绩一个方面，而是关注到了很多个方面。同时还能考虑到学生的家庭社会经济背景对学生的影响，是一个很好的榜样。”

中小学生学业负担重的问题其实是一个复杂的社会问题。受传统文化和观念的影响，社会的人才观一直比较重视学历，人才成长道路相对比较单一。受经济发展水平和劳动、人事、分配制度的制约，人们对于就业乃至人生发展机会的竞争导致了教育入学的竞争，这种竞争的压力层层传递到教育领域，使得学校教育目标的长远性、全面性与社会对教育期望目标的短期性、功利性产生了很大的矛盾，迫使教育蒙上了一定的功利化色彩。独生子女政策的实行，使得一个孩子往往承负着几代人的希望，更使学业竞争提前化、激烈化。这些因素综合在一起，使得学生过早地承受了各种考试、升学竞争压力所带来的课业和心理负担。因此，上述措施的有效实施需要一个过程，还需要学校、社会、家庭加强沟通和合作，共同营造良好的社会氛围，素质教育工作任重而道远!

政府主导　省级统筹　整体推进素质教育

——山东省省域整体推进素质教育的探索与实践

【引言】素质教育是教育改革发展的战略主题，也是推进教育改革与发展的复杂难题。长期以来，尽管素质教育喊得轰轰烈烈，“应试教育”却是开展得扎扎实实。为突破实施素质教育的瓶颈，推动素质教育实质性破题，近年来特别是2007年以来，山东省按照党中央、国务院的一系列部署，坚持政府主导、省级统筹，在全省整体推进素质教育方面进行了积极探索，取得了显著成效。

一、域情与教情

山东省地处黄河下游，是我国12个沿海省份之一。现辖17个市，140个县（市、区），土地面积15.7万平方千米，总人口9 579万。山东历史悠久，文化灿烂，是中华古老文明的重要发祥地之一，古代伟大的思想家、教育家、政治家孔子的故乡，素称“孔孟之乡、礼仪之邦”。在省委、省政府的领导下，山东省教育系统认真贯彻落实科学发展观，推动各级各类教育长足发展，教育质量和水平进一步提升，全省教育事业科学发展取得了显著效果。截至目前，全省有普通中小学15 616所，在校生1 145.65万人；幼儿园18 455所，在园幼儿（含学前班）242.3万人，学前教育毛入园率为73.9%；特殊教育学校146所，在校生2.17万人（含附设特教班）。

山东省一直是探索实施素质教育的先行者。早在20世纪末，以山东烟台及招远为典型的素质教育之路就已经闻名全国，时任中共中央政治局常委、国务院副总理的李岚清同志专门在山东烟台召开会议，在全国范围内总结推广山东经验。山东省也在不断深入探索素质教育的途径和策略，在中考招生制度和高校招生制度改革、减轻学生负担等方面进行了有益的探索。但是“应试教育”思想根深蒂固，素质教育的推行不尽如人意，特别是高中素质教育举步维艰，成为山东各地在探索实施素质教育过程中一个难以突破的瓶颈。问题主要表现在四个方面。

一是科学的教育政绩观和教育评价制度还不完善。片面追求升学率的倾向在一些地方政府和教育行政部门仍然不同程度地存在，升学率成为教育质量的主要标志和考核评价教育工作的主要标准。

二是应试倾向长期得不到扭转，教育教学改革难以突破。学校教育教学聚焦于升学、考试，以考定教、学为应考成为主流，部分学校甚至随意增加教学内容，提高课程难度，赶超教学进度，提前复习备考。

三是中小学生课业负担过重情况仍然存在。学生学习时间被随意延长，作业量有增无减，教辅资料泛滥，课外补习市场巨大且混乱，学生节假日得不到正常休息，自主发展难以实现，合法权益无法保证。不少学生学习活动高耗低效，甚至于被窄化为书本知识的掌握、记忆和反复的机械训练。

四是单纯应考的智育被无限扩大，德育、体育、美育工作得不到真正重视，学生发展不全面、不健康，身体素质、心理健康状况堪忧，个别学生思想道德问题突出，意志力薄弱，社会责任感缺失，等等。

在高考这个“指挥棒”面前，在当时的教育评价制度的框架之下，各地的高中之间存在着激烈的高考升学率的竞争，任何一所学校都唯恐在竞争中掉队，对实施素质教育顾虑重重。如果不以省为单位整体推进，素质教育就无法真正实现突破。在这种情况下，切实扭转“应试教育”倾向、推进素质教育实施，真正解决“素质教育轰轰烈烈，“应试教育”“扎扎实实”的问题，成为山东教育刻不容缓的重要任务。为此，经过 2007 年的调研和准备，山东省审时度势，因势利导，加快了以省为单位整体推进素质教育的步伐。

山东省能够率先动手“吃螃蟹”，并不是无源之水、无本之木，而是基于对形势的把握与判断，基于山东教育事业改革与发展的现实条件。2000 年 5 月，山东省在全国沿海大省中率先完成普及九年义务教育的历史性任务，“两基”任务的完成，使沉重的人口负担开始逐渐转变为人力资源优势。经过改革开放三十年特别是党的十七大以来的持续快速发展，教育事业的基础性、先导性、全局性地位更加突出，实施素质教育面临难得的大好形势。

从党和国家的方针政策看，全面实施素质教育已经成为国家的重大战略和法律规定。党的十七大立意鲜明地对实施素质教育提出了明确要求；2006 年新修订的《义务教育法》对实施素质教育作出了明确规定，上升到法律层面。

从山东教育事业发展水平来看，各级各类教育协调发展，教育事业总体保障水平不断提高。义务教育经费保障机制全面建立、不断完善，为内涵发展创造了条件；高等教育实现了由精英教育向大众教育的跨越，升学竞争的压力得到有效缓解；职业教育不断发展壮大，基本打造起广大学生多元成才的“立交桥”。（1）2007 年，山东省中等职业学校与普通高中招生比例达到 0.8∶1，职普比大体相当；加上技工学校的招生数量，中职招生超过了普通高中，千军万马争过独木桥的局面得到极大改变；（2）2007 年，山东省作为独立的高考单元，开始高考自主独立命题，为引领山东素质教育提供了条件；（3）2008 年，山东省参加普通高考的人数达到顶峰，高考升学竞争的局面会得到逐步缓解。这些都为山东教育工作者一心一意促内涵发展、聚精会神抓素质教育提供了坚实基础。

从实施素质教育的社会环境来看，素质教育理念深入人心，减轻学生过重课业负担、培养学生创新精神和实践能力、促进学生健康快乐成长成为广大教育工作者、学生家长的迫切要求和全社会的共识。机械布置作业、延长学习时间、加重学生负担等违背学生成长规律和教育规律的错误做法已经引起了包括学生、教师在内的广大人民群众的强烈不满，人心思变、各界期待，全面实施素质教育成为山东省教育事业改革与发展的当务之急、重中之重。

二、亮点与成效

山东省中小学素质教育工作经过几年的努力探索和实践，取得了阶段性成果，积累了宝贵的经验。

（一）素质教育工作的主题地位完全确立

山东各级党委、政府对素质教育的重视和支持空前加强，科学的教育发展观和正确的教育政绩观正在逐渐形成。全省教育系统内部对推进素质教育的认识进一步统一和深化。办学规律开始得到尊重和遵循，以人为本的素质教育理念正逐步落到实处，深入研究学生成长规律和教育规律在广大校长和教师中蔚然成风，广大教育工作者深化教育改革创新的积极性得到激发，素质教育已经真正成为全省教育工作的主题。社会各界对实施素质教育的认识更加深入，科学的人才观和正确的成才观逐渐形成，理解、支持、参与素质教育的氛围日益浓厚。人民群众对教育工作的认可度和满意度逐年提高，在省直19个公共服务类部门的政风行风评议排名中，近几年山东省教育厅一直保持前三名。山东一位署名“必经之路”的公民来信说：“我是一名商人，一名对教育特别关注的商人。我认为，素质教育是一条必经之路，否则我们山东的教育就会走向一条全山东人民都不想看到的路上去……现在全省齐步走推行素质教育，我真是非常高兴、非常高兴、非常高兴！”

（二）广大师生的精神面貌焕然一新

山东省中小学作息时间基本规范，节假日、双休日、晚自习上课或补课的做法得到有效遏制，学生的课业负担得到有效减轻，广大师生的休息权得到较好保障，“把时间还给学生、把健康还给学生、把能力还给学生”正在得到积极落实。

山东的学生认为，课业负担减轻了，自主学习的时间大大增加，校园活动多姿多彩，学校、课堂正在成为令人向往的乐园。山东省关于素质教育的调研表明，关于自主学习时间，88% 的学生认为比以前增加了；关于学习的兴趣，62% 的学生认为比以前提高了。山东省社情民意调查中心的学生课业负担调查结果显示，学生的在校学习时间、节假日按规定放假情况、假期补课情况、教师有偿补习情况等落实较好，除去“不了解”的情况外，调查对象认为符合规定的比例均达到 70% 以上，“按规定放假”和“有偿补习”情况符合规定的比例甚至达到 90% 以上。

山东的教师们认为，升学的压力减轻了，有了广阔空间去实现专业发展，职业幸福感比过去明显增强。调研表明，关于对规范办学实施素质教育的基本态度，92% 的教师坚决拥护，8% 的教师比较赞成；关于规范办学后教育教学观念变化情况，58% 的教师认为有很大变化，40% 的教师认为有较大变化；关于规范办学后师生关系，84% 的教师认为越来越融洽。教师专业发展的潜能被进一步激发。2009 年，在首届全国教育改革创新奖评选中，20 名“改革创新杰出校长奖”获奖者中，山东省占了 3 名；10 名“改革创新先锋教师奖”获奖者中，山东省占了 2 名。在第二届全国教育改革创新奖评选中，山东省集体和个人获奖数量占全国的 13%。菏泽一中校长王可正深有感触地说：“做了三十年的教育，现在才像做真正的教育，才是真正在做教育。尊重规律、依靠科学办教育，才是理想的教育。”胶南一中教师董军说：“当素质教育第一声喊出为教师‘减负’的时候，我们为之一振；当我们尽情享受周末和节假日的时候，我们找回了自我；当夜晚我们和苏霍姆林斯基、陶行知等大师对话的时候，我们心底里升腾起那份对教育的责任和对学生的爱。每位教师和我一样燃烧着创业一般的激情。有人说，心有多大，舞台就有多大，我认为，素质教育的舞台有多大，我们教师演绎的精彩就能有多大。”

山东的学生家长认为，孩子们的笑声多了，表情开朗了，越来越阳光、活泼、健康。调研表明，44% 的城市家长和 40% 的农村家长认为，孩子在学习习惯方面变得比以前好多了。2010 年，山东省学生体质与健康调研结果表明：学生的身体发育和健康状况总体较好。形态发育水平继续提高，与 2005 年相比，7 — 18 岁城市男生、城市女生、乡村男生和乡村女生身高分别平均增长 0.61 厘米、0.24 厘米、0.73 厘米和 0.81 厘米。身体机能状况有所改善，与 2005 年相比，7 — 18 岁城市男生、城市女生、乡村男生和乡村女生肺活量分别平均增长 77 毫升、22 毫升、211 毫升、106 毫升；握力分别平均增长 1.25 千克、0.39 千克、0.92 千克、0.35 千克。耐力素质有所提高，与 2005 年相比，7 — 12 岁小学生 50 米 ×8 往返跑成绩城市男女生分别平均提高 5.8 秒、7.3 秒，乡村男女生分别平均提高 7.2 秒、7 秒。山东省实验中学学生家长王树山认为：“实施素质教育，是国家的需要，更是家长的期盼。家长期盼孩子接受的教育，是让孩子全面发展，而不仅仅是围绕着争取高分而起早贪黑、吃苦受累。家长期盼学校不仅教授学生基本知识，还要培养学生健全人格，做到学习与爱好同步调、智商与情商共发展，让孩子在快乐中学习成长。山东实施素质教育的一系列政策措施都深得民心，特别是对广大中小学生来说更是受益匪浅。从长远来看，实施素质教育培养出来的学生发展潜力更大、后劲更足，融入社会速度更快、服务社会的责任心更强。”一位署名“赞成”的山东家长来信说：“我们的教育是牺牲创造力的教育。我不是老师，但我知道毕业后什么样的学生更容易融入社会，更容易创造出更大的价值。我们的学生需要实践能力、创新精神。在素质教育的路上，省厅的背后是像海一样支持的声音！”

（三）实施素质教育的内生力进一步增强

山东在探索和实践中，着力构建素质教育长效机制，制度建设取得了突破性进展。社会各界对教育工作的评价机制、各级政府教育政绩考核机制、中小学办学水平评价机制、校长和教师的考核评价机制、中小学生的考试选拔和综合评价机制、违规办学行为责任追究机制、教师和校长的培养培训机制、教育改革与发展的投入机制、中考高考招生制度改革等一系列制度、机制进一步建立和完善。这些制度、机制相辅相成，促使基础教育改革与发展和实施素质教育的内生力被进一步激活和加强。

（四）为推进素质教育积累了经验

国家和社会各界对山东以省为单位实施素质教育的做法给予了充分肯定。

2009 年 4 月 16 日，全国加强中小学管理规范办学行为现场经验交流会在山东召开，会议认为“山东省的做法很有价值，为在更大范围内推行素质教育提供了宝贵经验”、“以省为单位全面推进素质教育，方向对头、深得人心、切实可行”。

2010 年 7 月 14 日，在全国教育工作会议上，作为全国 6 个省市之一，山东省作了题为“全面贯彻教育方针，大力推进素质教育”的发言。

2008 年以来，山东省素质教育实践连续两届获得全国教育改革创新奖“特别贡献奖”。

2010 年，山东省被确定为国家基础教育综合改革试点省份，重点对以素质教育为主要内容的基础教育综合改革进行探索。

2011 年，山东省素质教育探索入选中共中央组织部等组织编写的全国干部培训教材《科学发展主题案例》。

2012年4月，以教育部原副部长王湛为组长的国家教育咨询委员会省级政府教育统筹综合改革指导组对山东省以素质教育为主要内容的基础教育综合改革工作进行了调研，认为：山东省实施以素质教育为主要内容的基础教育综合改革的精神值得钦佩，表现出坚定的勇气和决心，展现了高度的改革自觉和改革自信；基础教育综合改革方案的设计科学合理，遵循了基础教育的本质规律，充分体现了对基础教育改革与发展整体规律的科学把握，展现了精深的战略眼光和务实精神；基础教育综合改革实施思路清晰，措施扎实有效，下一步，山东省实施素质教育的更多经验应该向全国推广；基础教育综合改革保障体制建设比较完善，部门协调配合，形成了合力。调研组希望山东省坚定不移地举起深入实施素质教育为战略目标的改革大旗，作先行者、做旗手，为全国提供更好的经验。

2012年7月，中央新闻单位教育改革采访团将山东省作为基础教育综合改革典型，对山东省全面实施素质教育情况进行了集中采访和宣传报道。

三、探索与举措

山东以省为单位整体推进素质教育的主要做法，概括起来说，就是坚持“政府主导、省级统筹、高中突破、依法治教、课程核心、评价引领、督导保障”的工作思路，紧紧抓住全省整体推进这个关键、依法治教这个切入点、高中教育这个突破口、督导监管这个重要保障，努力实现“全面建设合格学校、全面贯彻课程方案、全面培育合格学生，把时间还给学生、把健康还给学生、把能力还给学生”的目标。

（一）坚持政府主导，把素质教育作为全省教育工作的主题

思想是行动的先导。山东省始终把统一思想认识作为实践行动的基础和前提，将其贯穿到全面实施素质教育的全过程。

1. 统一思想认识

实施素质教育，必须得到政府、学校、社会三个方面主体的认同和支持。山东省把统一这三个方面主体思想认识的过程，作为宣传政策、凝聚人心、集聚合力的过程。

一是着力统一各级政府和教育行政部门的思想。在省政府、省教育厅召开的各类会议、组织的相关活动中，有关领导都对素质教育实施提出要求、作出安排，不断统一思想。同时，加大对市、县（市、区）党政负责人及教育局长的培训力度，层层组织签订推进素质教育工作责任书，引导树立科学的教育发展观和正确的教育政绩观。2012 年 4 月，山东省委组织部和省教育厅联合组织山东省领导干部素质教育专题培训班，对全省 17 个省辖市政府分管教育工作的副市长、各县（市、区）政府分管教育工作的副县（市、区）长、各市教育局局长等进行素质教育专题培训，深化领导干部对素质教育的认识，提高其领导教育工作的水平，进一步落实《教育规划纲要》，推进素质教育实施。

二是着力统一学校和教师的思想。在山东省教育系统内部，通过召开会议、下发文件、组织培训、开展调研、进行督查等各种方式，引导学校和教师真正把培养全面发展、健康成长的学生作为教育教学目标。2008 年以来，山东省教育厅每年都组织全省普通高中校长素质教育专题培训班；2012 年 5 月，山东省委组织部和省教育厅还联合组织了全省县级中学校长示范培训班，不断提高高中校长在新形势下加强学校管理、全面推进素质教育的能力和水平。

三是着力统一全社会的思想。实施素质教育家校行工程，推动全省中小学普遍建立家长委员会，让家长充分参与学校管理，有效体现家长对学校教育教学工作的知情权、评议权、参与权和监督权，努力构建和完善学

校、家庭、社会有机结合的教育体系；通过正确的舆论导向，引导社会各界和学生家长树立正确的成才观，理解、支持、参与素质教育。

2. 强化政府行为

经过充分调研和论证，山东省认为，实施素质教育涉及文化传统、经济发展、社会结构、用人制度等方方面面，单靠某一部门无法完成实施素质教育的使命，必须充分发挥政府的主导作用。

2008 年 1 月，山东省政府专题召开全省中小学素质教育工作会议，确定该年度为全省素质教育年，确立了省政府统一领导、教育厅具体组织、省直有关方面协同配合的组织推进机制，拉开了新形势下山东素质教育的帷幕。后来省政府又先后召开了推进义务教育均衡发展工作会议、国家教育体制改革试验区工作会议等，对素质教育工作进行部署安排；还专门召开会议约谈新闻记者，严格高考信息管理和新闻宣传工作，比较有效地遏制了违规宣传升学信息、炒作“高考状元”等现象。山东省教育厅也专门成立了齐涛厅长任组长的中小学素质教育工作领导小组，加强对素质教育工作的领导和筹划。健全的组织领导机制，成为山东省素质教育实施道路上的“导航仪”。

在违规办学出现反弹、实施素质教育遇到阻力时，山东省委、省政府负责同志在多个场合提出“治顽症用猛药”、“不惜挥泪斩马谡”、“把素质教育改革进行到底”、“在推进素质教育问题上，必须做到政令畅通、令行禁止”、“排除一切阻力干扰，不达目的誓不罢休”，表明了山东省委、省政府决不动摇的态度和决心，为干扰素质教育实施者“打了预防针”，给推进素质教育实施者“吃了定心丸”。

3. 完善政策保障

健全完善的政策体系是推进素质教育实施的重要保障。为保证素质教育顺利实施，山东省专门制订了《山东省义务教育条例》，修订了《山东省未成年人保护条例》，出台了《关于深入贯彻〈中华人民共和国义务教育法〉大力推进素质教育的意见》、《关于深入贯彻科学发展观进一步推进素质教育工作的意见》等重要规范性文件，为实施素质教育提供了有力的政策保障。2011年，启动了《山东省普通中小学素质教育推进条例》、《山东省违规从事普通中小学办学行为责任追究办法》、《山东省非学历教育培训管理办法》等地方性法规、政府规章的立法工作，从法制层面对规范办学行为、推进素质教育予以保障。

（二）坚持依法治教，把规范办学行为作为实施素质教育的基本前提

山东省认为，规范办学行为就是依法治教。规范办学行为体现的是国家的教育意志，是实施素质教育的基本前提，是落实依法治教的具体体现。如果学校连基本的规范办学要求都不遵守，也就谈不上真正实施素质教育。为此，山东省从规范办学行为入手，为全面实施素质教育创造前提条件。

1. 建章立制

在认真总结经验教训的基础上，山东省对过去一系列规范性文件进行了系统整合，将最基本、最直接的内容纳入《山东省普通中小学管理基本规范》，把规范学校节假日、作息时间、课程设置、考试、作业量、教辅资料、教师坐班等作为重点，对学校规范办学作出了严格具体的规定，将其作为中小学教育工作的底线，作为办学过程中不可触及的红线、高压线，明确学校可以做什么、不能做什么。近年来，山东省共出台有关素质教育的重要规范性文件50余个，涉及总体工作安排、规范办学、课程改革、考试评价改革、改善办学条件等，有力规范了学校办学行为。

为减轻学生过重课业负担，山东省还探索建立学生课业负担监测、公告和问责制度。2012年4—5月，山东省教育厅委托山东省社情民意调查中心对全省中小学生课业负担情况进行调查监测，就学生在校作息时间、在校学习时间、节假日安排、考试负担、作业量、教辅资料、教

师有偿补习等情况进行了电话抽样随访和公告。

2. 整体推进

山东省认为，每个省域均是独立的高考录取单元，省与省之间不存在高考利益竞争，这决定了每个省都可以省为单元推进素质教育，而不能只是在某个市、县或学校进行试点，必须以省为单位整体推进。在实施素质教育过程中，山东省以普通高中为突破口，紧紧抓住全省整体推进这个最重要的环节，以省为单位统一行动、集体减负，在区域实施方面不搞试点，所有中小学校必须统一规范办学行为，统一给学生减负，公办高中统一停止招收复读生。这几年，山东省基础教育方面的所有政策、制度、规章、改革举措都是围绕着整体来进行的，都具有内在联系。

3. 督查问责

在规范办学行为中，山东省动真的、来实的、碰硬的，建立完善的规范办学行为督查机制，进行责任追究绝不手软，防止出现有令不行、有禁不止的情况，努力为素质教育创造良好环境。在省、市、县三级教育行政部门均设立了违规办学举报电话、信箱，综合采取专项督查、暗访抽查、来函来电随查等形式，构建起立体化、全方位的检查方式。实行违规办学投诉挂牌督办制度，在山东省教育厅网站设立专门规范办学投诉信息发布平台，对投诉信息定期审核编号并面向社会发布，推动各地及时调查处理反馈，接受社会监督。实行严格的教育行政问责制度，对违规学校，根据情节轻重给予责令整改、警告、通报批评、撤销先进称号、取消评优资格等处罚，并追究学校负责人的责任。对出现多次严重违规办学行为的地方，撤销已经颁发的各种教育荣誉称号，追究当地教育行政部门负责人的责任，直至追究党政负责人的责任。2007 年以来，仅省教育厅采取不打招呼、随机督查方式，就检查学校 10 000 多所次，对 60 余所违规学校、1 个县级政府进行了曝光和查处，50 多名中小学校长、4 名县教育局长受到行政处分，中小学违规办学行为得到有效遏制。

（三）坚持课程核心，把课程改革作为实施素质教育的核心环节

山东省认为，课程是实施素质教育的基本载体。素质教育首先体现在国家课程方案里，国家课程方案最能体现素质教育要求，贯彻国家课程方案是实施素质教育的核心内容。山东落实课程改革在素质教育过程中的核心地位，在义务教育新课程改革顺利进行的基础上，较早开展普通高中课程改革。一方面做好“减法”，减轻学生因“应试教育”所加重的文化课（包括上课、作业、考试等方面）的负担；另一方面做好“加法”，全面落实课程方案，开齐过去不开的必修课程和选修课程，开好过去不重视的德育类课程、实践类课程，搞好过去不重视的校外教育等。

1. 完善保障机制

为完善保障机制，山东省成立了基础教育课程改革领导小组和专家指导委员会，建立了2个教育部基础教育课程教材发展中心和8个省级基础教育课程研究中心、1个教育评价课题组，构建和完善了“科研先导、课题引领、以点带面、平台共享”的工作机制，加强课程改革的组织领导。

2. 开齐开全课程

山东省全面落实国家课程方案，在推动义务教育阶段学校开齐开全课程的基础上，切实加强地方课程建设，将安全教育、环境教育、传统文化、人生指导四个模块作为必修课列入义务教育阶段地方课程，构建了必修课和选修课相结合的地方课程体系。专门出台了《山东省普通高中课程设置及教学指导意见》和15个学科的《实施意见》，规定所有普通高中必须严格按照国家课程方案开展教育教学，确保开齐、开全必修课程，特别是重点加强音乐、体育、美术、通用技术、综合实践活动课程等科目的开设。各普通中小学按照要求，积极创造条件，努力落实课程方案。莱芜市钢城区黄庄镇丈八丘联小作为一所地处鲁中腹地的山村小学，不断挖潜借力、整合资源，积极探索开齐开好课程的路子，努力让农村孩子接受好的教育。如今，这所名不见经传的山村小学因为课程

的全面实施成为孩子们向往的地方，孩子乐学，教师乐教，“自信、大方、有潜力”已经成为这所小学孩子的一张名片。

3. 鼓励开发学校课程

在落实国家课程方案的同时，山东省鼓励和指导学校结合当地和本校实际，开发开设有特色的学校课程，提高学校的课程建设能力，增强课程的适应性和选择性。如烟台与日照市一些学校的“蓝色的海洋文化”，临沂市的“红色课程文化”，山东省实验中学开设的国学初步、齐鲁文化大讲堂等学校课程，泰安市宁阳县的区域性学校课程开设，都取得了较好的效果。目前，山东省已经初步建立起了国家课程、地方课程和学校课程相结合，必修课程和选修课程相结合，具有山东特色的基础教育课程体系。

4. 降低教学难度

为解决学科课程教学容量过大与课时紧张的矛盾，山东省出台了《山东省普通高中学科教学内容调整的意见》，着力解决普通高中语文、数学、英语、思想政治、历史、地理、物理、化学、生物9个学科教学内容偏多、部分要求偏高、课程模块之间内容重复等问题，减少了10%左右的教学内容，适当降低了教学难度，为学生创造充分的自由发展空间。

5. 加强特色高中建设

山东省在开齐开全课程基础上，鼓励高中学校积极创造条件开设丰富多彩的选修课，开发有特色的学校课程，为学生提供丰富多样的课程资源。大力推行选课走班教学模式和学分认定制度，保障学生选课权利，适应不同学生需求，促进他们全面而有个性的发展。研究制订了《特色高中建设方案》、《高中学校与高等学校联合育人计划实施方案》，推动高中学校加强特色建设，努力做到特色立校、特色兴校、特色强校。青岛市制订《推进普通高中多样化发展实验实施方案》，对全市普通高中多样化发展进行统一规划和指导，引导各学校立足实际，从办学机制、学科特色、普职融合、国际教育四个方面，进行多样化特色建设，逐步形成以教育行政部门为主导、以教育科研机构为支撑、以学校主动发展为主体的“三位一体”的特色学校发展模式，探索形成中外联合办学、普通高中与高校联合育人、普职融合和学科特色办学四种普通高中多样化发展模式。全省各普通高中也努力探索特色立校、特色兴校、特色强校的路子，如青岛39中秉承包容开放的办学精神，坚持“每个孩子都优秀、每个学生都精彩”的育人理念，以海洋教育为载体，积极构建与大学联合育人的人才培养模式，努力培养学生的实践能力和创新精神，为学生的终身发展奠基。

6. 加强课程实施的指导监管

为对课程实施进行有效指导和监管，山东省重点构建五项制度、实施一项工程，即中小学课程实施水平评估制度、跟进式学科教学指导制度、课程改革定点联系学校制度、课程网络管理制度、中小学考试管理制度和普通中小学“1751”改革创新工程。一是中小学课程实施水平评估制度。每年定期发布中小学课程实施水平评估报告，评定合格学校与不合格学校，对不能落实国家课程方案的学校实行“一票否决”。二是跟进式学科指导制度。组建学科骨干教师团队和教研人员分片包校，形成不间断的教学过程指导机制。三是课程改革定点联系学校制度。按市属中学、县城中学、农村中学各占三分之一的比例，在全省确立50所普通高中作为省级定点联系学校，以800项研究课题为切入点，与学校整体课程改革工作有机结合，为全省高中课程改革提供借鉴。四是课程网络管理制度。推动所有学校在网上公布课程计划，开发普通高中课程管理系统，免费提供给全省高中使用，实行网上选课，解决学生选课走班的课程安排问题。五是考试管理制度。印发《山东省普通中小学考试管理规定》，对普通中小学考试的类别、内容、形式、组织实施、管理等作出具体规定，推进考试管理工作的科学化、规范化、制度化。六是“1751”改革创新工程。在全省选择17个县的51所普通中小学，由专家团队深入学校进行持续跟进的专业指导，培育一批县域层面的普通中小学改革创新样板学校，引领全省基础教育内涵发展。

7. **提高课堂教学效益**

山东省在课堂教学改革方面也进行积极探索，树立全面发展和人人成才的观念，按照教育规律和学生成长规律，创新教育教学内容和方法，加强实践教学，关注学生不同特点和个性差异，注重学思结合、知行统一、因材施教，倡导启发式、探究式、讨论式、参与式教学，引导学生主动参与、积极思考、大胆质疑。在省里的指导和支持下，一些学校在课堂教学方面也积极进行探索和改革，如茌平县杜郎口中学改变传统课堂教学模式，推动学生自主学习，使课堂由“一言堂”变成了“百家鸣”；泰安市省庄二中“小先生”自主学习模式，把课堂还给了学生；章丘四中让学生创新潜能充分涌动，8 000 名学生接受创新教育，产生创意 10 万多个，获得国家知识产权总局专利 2 000 多项，在各类创新创意大赛中获奖 300 多项。

8. **推动课程教学制度变革**

在课程教学制度方面，山东省推动各学校实行校本教研、研训一体、选课走班等改革，改革教学管理机构设置，变学校教导处为课程处。如菏泽一中积极构建“适合学生发展”的课程体系，不断深化课程改革，转变育人模式，全面实施选课走班制教学，营造了欠发达地区普通高中课程改革的新景观。他们首创课程群管理制度，年级部负责语言与文学、数学、科学、人文与社会四个学习领域的教学与管理；成立综合教学部，负责艺术、技术、体育与健康、综合实践活动四个学习领域的教学与管理。以课程群为单位进行教学教研，促使学生八大学习领域全面、均衡发展，解决了非高考学科长期受到忽视、弱化的问题。

9. **加强德育工作**

德育方面，山东省坚持德育为先、立德树人，把社会主义核心价值体系融入教育全过程，构建具有山东特色的课程德育体系，出台《关于进一步加强中小学德育工作的意见》，召开中小学德育工作会议，不断增强德育工作的针对性和实效性。一是突出课程德育、坚持全员育人，着力改变中小学校德育处独自抓德育的不利局面，大力推进中小学德育工作新机制建设，建立中小学全员育人导师制、中小学班教导会、教书育人“一岗双责”考核、中小学生校外实践教育社会义务、中小学生社会实践档案等制度。山东各地也积极探索新形势下德育工作的新路子，如枣庄市教育局根据不同年龄阶段的学生特点确定不同的德育内容和要求，在学生思想品德和行为规范方面梯次递进，推进德育序列化。莱芜市口镇中学建立全员育人导师制，将学校德育落实到每一位学科教师身上，创建既教书又育人、既管教又管导的德育新模式，把“教书育人”落到了实处。二是加强实践教育。成立了“山东省青少年学生校外教育工作联席会议”，积极拓展校外教育渠道，丰富校外教育资源，创新校外教育形式，充分发挥各类科技馆、博物馆、爱国主义教育基地的积极作用，鼓励和引导各类校外教育资源充分发挥其优势，合理安排适合青少年的教育活动，探索建立校外实践教育的社会义务制度，推动政府机关、企事业单位接纳青少年学生参观学习、社会实践，使学生能够真正走向社会、了解社会。切实加强未成年人校外活动场所建设，省教育厅会同省财政厅相继印发了若干文件，组织开展示范性综合实践基地建设、校外活动场所活动保障与能力提升和乡村学校少年宫建设等工作。截至 2011 年，山东省共资助建设和维护校外活动场所 135 处，资助资金 1.6 亿元；2011 年，遴选并扶持资助全省能力提升和活动保障项目 214 个，扶持资金 8 100 万元。

10. 加强现代学校制度建设

现代学校制度的要义是依法办学、自主管理、民主监督、社会参与，规范政府与学校、学校与教师、学校与学生、学校与家庭之间的关系。其中，家长委员会制度是现代学校制度的重要内容。山东省以家长委员会建设为突破口，进一步加强现代学校制度建设。省教育厅研究出台了《山东省普通中小学家长委员会设置与管理办法》、《山东省中小学校家长委员会工作评估标准》，深入推进家长委员会建设，让家长充分参与学校管理，有效体现家长对学校教育教学工作的知情权、评议权、参与权和监督权，完善学校、家庭、社会三位一体的教育体系，促进中小学生的全面发展。迄今，全省已有 11 284 所幼儿园、11 188 所小学、2 894 所初中、550 所普通高中建立了家长委员会。各学校的家长委员会充分发挥监督学校办学行为、支持扩充教学资源、引导开展家长教育三大作用，使家校形成了育人整体合力。如济南市舜耕小学的“舜友联合会”，践行了民主监督、教育支持、家庭教育三大职能，使家长成为学校教育的同盟军；青岛二中家长委员会在常务委员会下分设安全、教育教学评价、教学资源、志愿者、学生素质拓展五个分委员会，积极参与学校教育教学、民主管理与监督、学校决策研讨论证审议等。

11. 强化活动课程

山东省把各种学生活动也纳入课程总体范畴，通过活动延伸和拓展课程资源，丰富学生生活，促进学生自主、全面发展。一是开展社团活动。各地、各中小学校成立各种学生社团，积极广泛开展各种社团活动，社团活动成为课程资源的重要组成部分和学生课余生活的重要内容。如聊城市开展艺体普及活动，让每位学生掌握一项终生受益的艺体技能；潍坊七中将社团作为校本课程的有效载体，成立了 46 个校级社团，75 个年级分社，256 个班级社团，满足了学生差异性学习与生活的需要，成为学生学习、生活、交流、发展的最佳平台。二是推动中小学“读书节、科技节、体育节、艺术节”活动。2009 年以来，山东省教育厅会同省华夏文化促进会、民进山东省委每年举办中小学生读书征文、经典诵读和演讲比赛等读书系列活动，引导中小学生多读书、读好书，充分享受读书和学习的快乐。各市、县、学校层层组织，广大师生积极参与，仅被推荐参加省级决赛的学生就达到 3 000 多人。2011 年，山东省教育厅联合省体育局首次举办了全省中小学生体育联赛，共有来自 469 所学校的 6 333 名运动员参加了省级足球、篮球、排球、乒乓球和田径联赛。全省 17 个市中，14 个市开展了足球联赛，15 个市开展了篮球联赛，10 个市开展了排球联赛，16 个市开展了乒乓球联赛，11 个市开展了田径联赛，共有 1 365 所学校的 20 098 名运动员参加了比赛。临邑县教育局近年来连续举办了四届学校乒乓球比赛，每年从 3 月份开始，校与校、乡与乡之间层层对决，整个比赛过程历时 2 个月，进行 1 020 场对决，力求全员参与，促进了学校之间的交流，普及了乒乓球运动。

（四）坚持多元评价，把考试评价作为素质教育的重要引领

山东省在构建考核评价机制的过程中，特别注重考核评价的科学性、综合性和全面性，充分发挥考试评价对素质教育的正面导向作用，努力改变“抓经济只看生产总值、抓教育只看升学率”的片面政绩观和错误评价机制。

1. 构建多元评价机制

在政府评价方面，主要看素质教育是否全面推行、办学条件是否得到改善、教育事业是否全面均衡发展。《山东省中长期教育改革和发展规划纲要（2011—2020 年）》指出，要完善考核机制和问责制度，提高推进教育事业科学发展在各级党委和政府政绩考核中的比重，把教育投入和实施素质教育作为考核各级党委、政府政绩“一票否决”的指标，研究制定地方政府履行教育职责的评价办法，改进和完善对市县两级政府教育工作的督导评估制度，建立省对市县两级政府及主要负责人的教育督导考核制度。为落实纲要要求，山东省在济南、青岛、淄博、枣庄、泰安、滨州 6 个市试点建立科学的党委、政府教育政绩考核制度，探索提高推进教育事业科学发展在各级党委和政府政绩考核中的比重，把教育投入和实施素质教育作为考核各级党委、政府政绩“一票否决”的指标。

在学校评价方面，综合学校的课程实施、规范办学、育人情况、师资队伍、办学条件等指标进行全面评价。《山东省普通中小学素质教育推进条例（草案）》规定，县级以上人民政府及其教育行政部门应当建立和完善学校办学水平评价制度，依据办学条件、师资队伍、课程实施、教

育教学质量和办学特色等实施综合评价，促进学校提高办学水平。为此，山东省在济南、青岛、枣庄、日照、莱芜5个市和济南市市中区、淄博市张店区、肥城市、宁阳县、临沂市罗庄区、博兴县试点构建科学的中小学办学水平评价机制，综合学校的课程实施、规范办学、育人情况、师资队伍、办学条件等指标对学校进行全面评价。同时，加强省级规范化学校评估和管理工作，目前山东省级规范化学校已经达到1 339所。

在教师评价方面，综合考虑师德表现、工作量、专业发展、育人效果等情况，努力形成促进教师职业道德建设和专业发展的评价管理机制。《山东省普通中小学素质教育推进条例（草案）》提出，学校应当保障教师的合法权益，综合考察教师的职业道德、履职情况、专业能力等因素，对教师进行全面考核和评价。为此，山东省在济南、枣庄、日照、莱芜、菏泽5个市和烟台市牟平区、临朐县、东平县、威海市高新区、沂水县、临清市、滨州市滨城区试点改革完善中小学教师考核评价机制。

在学生评价方面，改革日常学习评价制度，严格规范考试科目与次数，严禁不必要的统考统练，严禁随意组织参加各种统考、联考和竞赛、考级，推广日常考试无分数评价和等级评价，不公布学生的考试成绩，不按考试成绩给学生排名次，为每个学生建立综合、动态的成长档案，减轻分分必争带来的压力。完善综合素质评价制度，对学生实行多元、综合评价。将高中学业水平考试成绩、学生选课状况、公民素养及高中期间的标志性成果纳入综合素质评价，为每位学生建立客观真实的综合素质评价档案，保证评价结果的公正、诚信、可用。

2. 深化普通高中招生制度改革

为引导义务教育阶段学校全面推进素质教育，山东省积极推进普通高中招生制度改革。实行初中学生学业考试制度，以学业考试取代升学考试，提倡和鼓励用等级公布学业考试成绩，避免“分分必争、分分计较”；实行初中学生基础性发展目标评价制度，普通高中以初中学业考试和基础性发展目标评价结果为依据录取新生；采取指标生分配政策，将优质高中招生指标的60%以上分配到初中学校，指标生分配比例最高已经达到85%；坚持多元录取，采取统一招生录取、指标生录取、推荐录取、特长录取、划片录取等多种录取方式；扩大高中学校招生自主权，促进普通高中在全面贯彻教育方针、全面落实课程方案的同时办出特色。

山东各地也结合本地实际，积极进行中考招生制度改革探索。如潍坊市基本建立起了以“多次考试、等级表达、综合评价、诚信推荐、多元录取、社会参与”为主要内容的中考招生制度，改变了传统的“一考定终身”，减轻了分分必争的压力。招远市按照党和国家的教育方针政策及教育发展实际制定统一评估标准，每年对全市义务教育学校的办学水平进行全面评估，将评估结果与高中招生指标分配挂钩和学校“评先树优”挂钩，把“升学”竞争引向“办学水平”竞争，促进义务教育均衡发展。

3. 深化高中学业水平考试制度改革

为进一步加强高中学生学业水平考试管理，保证高中学生学业水平考试成绩的客观、准确、公正，省教育厅成立普通高中学生学业水平考试指导委员会，实行指导委员会领导下的处室、单位分工负责制。学业水平考试每年组织两次，如果学生对自己第一次的学业考试成绩不满意，允许学生参加第二次考试，成绩按高分计入学业成绩并参与高校录取。学生学业水平考试成绩按等级参与高校招生录取。强化音乐、美术、体育与健康、通用技术和综合实践活动5个非文化类科目课程的管理和学业成就考核，实行“省定标准、市级管理、学校组织”的管理模式，考核或测试结果纳入普通高中学生综合素质评价管理系统，作为普通高中学生毕业和高校招生录取的依据。

4. 深化高校考试招生制度改革

为用好高考这个“指挥棒”，山东省不断探索深化高校考试招生制度改革。从2012年起，以国家统一考试为主，面向不同学生实行春季高考和夏季高考，在高考中增加体育测试内容；从2014年起，夏季高考将采用“3+综合”模式，春季高考将加重对专业技能的考核；从2014年起，将注册入学的生源范围扩大到高中学业水平考试合格、综合素质评价较好、有明显职业倾向的普通高中学生。从2014年起，凡在山东省高中段有完整学习经历的非户籍考生均可在山东省就地（所就学的高中段学校所在地）报名参加高考，并与山东省考生享受同等的录取政策。经教育部批准后，2014年将启动省属本科高校自主招生。推动高校招生录取的多元化，从2008年起在两所本科高校4个专业开展院系录取改革试点。组织大学教授成立专家组参与学校招生录取，从2010年起，山东省在1∶1.2投档的基础上，进行专家参与录取的试点，综合素质评价结果首次真正成为高校录取新生的重要依据，临沂师范学院有12位学生因为综合素质评价档案记载的学习经历和成果不符合相关专业学习的要求而被退档。

（五）坚持督导评估，把督导评估作为素质教育的重要保障

山东省于2001年就出台了《山东省教育督导条例》。在推进素质教育过程中，山东省把督导评估作为重要保障，坚持既督学又督政，不断丰富和完善督导评估制度。

1. 突出素质教育在督导中的权重

加大素质教育在政府教育督导中的权重，要求每个县（市、区）都建立责任区制度，对实施素质教育情况进行全方位监管，督导结果通过主流媒体向社会公布，作为政府政绩考核的重要指标，作为表彰奖励、行风评议的重要依据。

2. 突出专项督导

把传统的每年一次的综合督导调整为每届政府任期内两次（即在每届政府任期内的第二年和第四年各进行一次），其他年份主要进行专项督导。2008年，山东省首次开展了素质教育专项督导评估；2009年、2010年，又开展了办学条件专项督导，把改善办学条件、加强师资队伍建设摆在突出位置，推动中小学校办学条件标准化建设、师资队伍建设

等。2011 年，对《教育规划纲要》确定的重点领域和重点工作，包括教师队伍建设、办学条件、办学行为、职业教育、经费保障等方面开展了综合督导；2012 年开展了学前教育专项督导，努力为实施素质教育营造良好条件。

3. 突出随机督导

针对集中督导存在的缺陷，山东省对评估办法及时作出调整，更多地侧重于随机督查暗访，将群众的电话举报、信件举报、邮件举报作为随机督查线索，特别是对节假日补课等情况进行不定期的督查暗访，有效地调动了地方规范办学的主动性和积极性。

（六）坚持强化师资队伍建设，把教育人才队伍作为素质教育的重要支撑

广大教师是实施素质教育的主体，是落实和推进教育改革的主力军。山东省把师资队伍建设作为实施素质教育的重要支撑，积极打造符合素质教育要求的教育人才队伍。

1. 完善教师教育体系

山东省教育厅、财政厅与各市政府合作启动山东省教师教育基地建设工程，构建校地合作、以县级教师教育基地为基础、省内高等师范学校为主体、高水平大学共同参与的职前职后相统一的开放的现代教师教育体系，着力提高山东教师教育综合能力和水平。目前，已有 5 所高校组建了省级教师教育基地，4 所高校进入了二批工程建设。“十二五”期间，将基本完成 19 个省级和 100 个县级教师教育基地的建设，省财政每年资助 2 200 万元专项经费。

2. 加强山东省教师教育网络联盟建设

构建以山东省教师教育网为主干、以高校和各市（县）教师教育网为两翼、以全省中小学校园网为节点，能够为全省中小学教师提供定期研修与常态化研修、统一研修与自主研修服务的“网上大学”。目前，山

东省教师教育网已基本实现与全省 17 市的互联互通，初步建立了省域范围内网络优质资源共建共享机制。

3. 实施高素质教师队伍建设系列工程

近年来，山东省先后启动了“年度教育创新人物评选”、“齐鲁名师名校长建设工程”、“山东省中小学万名骨干教师培训工程”、“山东省中小学教师全员远程研修工程”，打造高素质的教育人才队伍。仅 2011 年，全省就有 101 758 名高中教师、57 544 名初中教师、16 7705 名小学教师参加了研修，占全省中小学教师总数的 43.6%。至今，山东省已评出 7 批共计 70 位年度教育创新人物，他们大都成为当地中小学校长和教师的领军人才。如今，教育年度创新人物、齐鲁名师、齐鲁名校长等已经成为山东省教师队伍建设的“新名片”。

4. 着力提高中小学、幼儿园教师培养质量

在省级教师教育基地，中学教师培养开展“大类招生、二次选拔、分段培养”试点，大力推行政府、高校、中小学三位一体的教师培养新模式；出台《山东省初中起点高等师范教育管理办法》，大力推行小学、幼儿园教师综合培养模式，在提高五年一贯制小学、幼儿园教师培养质量的基础上，启动六年一贯制小学、幼儿园本科层次的教师培养。重视和强化教育教学实践能力培养改革，采取顶岗实习等方式不断提高师范生的教育实践能力。

5. 加强中小学校长队伍建设

山东省不断加强中小学校长队伍建设，按照“公开招聘、平等竞争、择优聘任、严格考核、合同管理”的原则，实行中小学校长聘任制、任期制。建立中小学校长培训、交流制度，支持鼓励中小学优秀校长到农村学校、薄弱学校任职。推进中小学校长的专业化进程，在 7 个市、2 个县试点实施中小学校长任职资格制度，其中潍坊市经过试点，已经出台、实施了校长任职资格的规定，省教育厅也起草了《山东省普通中小学校长管理暂行规定》，正在进行进一步研究论证。建立中小学校长任职考核监督制度、职务激励制度、跟踪培养制度，激发校长的积极性。

6. **加强教研员队伍建设**

为强化教学研究，对素质教育实施进行科学研究和指导，山东省不断加强教研员队伍建设。出台《山东省基础教育教研工作基本规范（试行）》，对教研机构、人员、制度、管理等方面进行规范；为提升全省教研机构建设现代化水平，2012 年在全省开展基础教育示范教研机构创建、评估活动。为提高教研员自身的专业化水平，指导提高教师的素质教育实施能力，2012 年 2 月，山东省启动了教研员全员远程研修工程，全省 7 400 多名教研员普遍参加了研修，共提交作业近 40 000 篇，发表评论近 60 万条，对交流思想、拓宽视野、更新思维、提高素质起到了积极作用。

（七）坚持加强公共教育服务，把公共教育服务均等化作为素质教育的基本条件

大力实施素质教育，需要提高教育保障水平，促进公共教育服务均等化。为此，山东省努力增加教育投入，大力推进中小学办学条件标准化建设，全面化解农村义务教育债务，进一步提高生均公用经费标准，实施有关奖补和资助政策，有计划、有步骤地解决均衡发展问题，大力推进教育事业发展。

1. **全面建设合格学校**

全面建设合格学校，既是实施素质教育的基本目标之一，也是实施素质教育、促进内涵发展的基础和条件。而其最基本的理念就是政府要提供最基本的均等化服务。2008 年，山东省教育厅出台了《山东省普通中小学基本办学条件标准》，争取用 3—5 年时间推动学校公用经费、师资配备、设置与规划、用地、校舍建设、装备条件等达到省定标准，促进学校办学条件的整体提升。

2. **统一城乡义务教育公用经费**

2003 年，山东省政府规定：农村义务教育学校生均公用经费不低于 30 元，但实际上，三分之一的县财政拨款为零。到了 2011 年，山东农村

初中、小学生均公用经费补助标准分别达到800元和600元，至此，山东省城乡义务教育学校公用经费标准实现了统一。

3. 推进办学条件标准化

按照《山东省普通中小学基本办学条件标准（试行）》的要求，山东各地积极推进中小学标准化建设。2011年，山东省教育厅等9部门联合印发了《山东省普通中小学办学条件标准化建设计划（2011—2015年）》，在全省启动普通中小学办学条件标准化建设工程。按照计划，2012年，省教育示范县、全省推进义务教育均衡发展工作先进县和济南、青岛、淄博、东营、烟台、威海6市将基本完成普通中小学办学条件标准化建设；2014年，潍坊、济宁、泰安、莱芜、日照5市基本完成普通中小学办学条件标准化建设；2015年，枣庄、临沂、滨州、德州、聊城、菏泽6市基本完成普通中小学办学条件标准化建设，全省基本完成办学条件标准化建设任务。

山东省还先后启动了"课桌凳更新工程"、"理化生仪器配备工程"、"211"工程（热水、热饭、改厕、供暖）等，正在酝酿启动"图书、音、体、美器材和探究实验室配备工程"，等等。2011年，山东省财政筹措经费4.2亿元，用于农村中小学校教学仪器图书配备。

4. 统一城乡教师资源配置

2011年8月30日，山东省人民政府办公厅印发《关于调整中小学教职工编制标准的意见》，统一了城乡中小学教职工编制标准，其中：高中教职工与学生比为1∶12.5，初中教职工与学生比为1∶13.5，小学教职工与学生比为1∶19。2012年2月14日，山东省在全国率先出台了《公办幼儿园编制标准》，确定了公办幼儿园教职工与幼儿的比例，其中全日制普通幼儿园为1∶6—1∶8，寄宿制幼儿园为1∶5—1∶6。新的编制标准出台，在一定程度上破解了实施素质教育中教师队伍结构性短缺的难题。

四、经验与启示

山东省实施素质教育的经验主要有以下几个方面。

一是政府主导、科学决策是关键支撑。素质教育工作能否顺利推进的根本在于政府能否履行责任。山东省的做法证明，只要政府下定决心，建立工作责任制，科学规划工作思路，树立科学的教育政绩观，不把升学率作为评价教育工作的根本标准，广大学校就能放开手脚实施素质教育。

二是省级统筹、整体推进是基本策略。每个省域均是独立的高考录取单元，省与省之间不存在高考利益竞争，这决定了每个省都可以省为单元推进素质教育，而不能只是在某个市、县或学校进行试点。只要全省整体推进，完全可以营造出公平竞争的环境，有效打消各级各界的顾虑。

三是依法治教、高中突破是根本切入点。依法治教就是要求学校遵守国家教育法律法规的基本规定。如果违法违规不究，没有严格的教育行政问责制度，政策执行不力，全面推进素质教育也就无从谈起。高中是基础教育的“龙头”，高中不推行素质教育，义务教育阶段很难真正推行。

四是课程核心、提高质量是根本着力点。课程是实施素质教育的基本载体和核心环节，提高教育质量是实施素质教育的根本目的。有什么样的课程观就有什么样的教育价值观，有什么样的课程结构就有什么样的学生素质结构，有什么样的课程实施质量就有什么样的教育质量。因此，必须确立课程在实施素质教育中的核心地位，全面落实国家课程方案，深化课程改革，全面提高教育质量。

五是综合治理、标本兼治是重要保障。推进素质教育涉及千家万户，需要政府、学校、家庭与社会共同推进。既要“治标”，大力规范办学；又要“治本”，加快教育改革发展，强化机制建设，通过改善办学条件、改革考试和评价制度，提高教师素质等推进素质教育。

五、结　语

实施素质教育是一项长期而艰巨的任务，山东省的做法为全面推进素质教育提供了有益的借鉴。但山东省也清醒地认识到，目前所做的工作仅仅迈出了第一步，体制机制的束缚等许多问题需要进一步探索和努力破解，进行更大力度的改革，实现素质教育常态化、制度化。比如：一些地方政府和教育行政部门正确的教育政绩观还不牢固，仍然不同程度地存在片面追求升学率的倾向；一些学校的规范办学主要靠上级行政手段去强制推动，还没有形成高度自觉；现行的招生考试、评价考核制度改革亟须深化，高考导向作用仍然是影响素质教育深入实施的重要因素；教师专业化水平还不能完全适应素质教育要求，农村中小学办学条件亟待改善等。

尽管任重道远，但山东省教育厅表示，有决心、有信心打好打赢实施素质教育这场“持久战”。下一步将在教育部的指导下，在山东省委、省政府领导和支持下，加大力度，强化措施，着重围绕规范办学、课程改革、考核评价、考试招生等方面进行大胆创新和突破，完善配套支持政策，推进体制机制改革，坚定不移地推进素质教育实施，为全国教育事业改革发展作出应有贡献！

实施南粤减负行动
推动素质教育向纵深发展

——广东省减负助推素质教育的探索与实践

【引言】要做到有效减负，既要学会做“减法”，更要学会做“加法”。所谓“减法”，减轻的是不合理、不必要的负担，而不是“放羊”式教学，对学生放松要求，不要教学质量。所谓“加法”，一方面是增效，即要通过办学模式的变革、教育教学方式的改进、学习方式的转变，不断提高学生的素质；另一方面是拓展，即给学生更多的时间思考和学习更多的知识，培养独立思维能力和创造能力，促进学生德、智、体、美的全面发展和身心的健康成长。多年来，广东致力于科教兴粤，不断推动素质教育向纵深发展，探索出了具有南粤特色的“减负”之路。

一、域情与教情

广东省地处中国大陆最南部，陆地面积为17.98万平方千米，辖21个地级市121个县（区）。据2010年第六次全国人口普查显示，广东省常住人口达10 430万人，与2000年“五普”的8 642万人相比，10年共增加1 788万人，增长20.7%，平均每年增加179万人，年平均增长率为1.9%，成为全国唯一一个常住人口总量过亿的省份。截至2011年年底，广东省中小学校数共 19 476 所，基础教育阶段在校生规模达 1 522 万人，是名副其实的教育大省。

改革开放以来，广东省委、省政府始终坚持把教育摆在优先发展的战略地位，从广东改革和发展的全局出发，先后作出了“全面实施科教兴粤战略，加快建设教育强省步伐”的决策，提出了“抓教育就是抓科学发展，就是抓广东美好未来”的思想。在省委省政府的正确领导下，广东教育一直秉持“敢为天下先”的广东人精神，锐意进取，迎难而上，改革创新，教育事业发展迅速，逐步实现了从人口大省向教育大省、人力资源大省的跨越，实现了九年义务教育从缴费上学到免费上学的跨越，实现了高中阶段教育普及化、高等教育从精英教育到大众化教育的跨越。与此同时，广东省不断深化教育教学改革，全面推进素质教育。始终把实施素质教育作为教育工作的主题，全面贯彻国家教育方针，坚持以人为本，更新教育观念，改革人才培养模式，培养德、智、体、美全面发展的社会主义建设者和接班人。

近年来，广东省委、省政府从贯彻“三个代表”重要思想、落实科学发展观的政治高度，从全面建设小康社会、率先基本实现社会主义现代化的全局高度，从建设经济强省、文化大省、法治社会、和谐广东和实现全省人民富裕安康的战略高度，深入实施科教兴粤、人才强省战略，作出了一系列加快教育改革和发展，推进素质教育的重大决策，为广东省全面推进素质教育创造了有利条件。

二、亮点与成效

（一）认真贯彻党中央、国务院的战略部署，作出了一系列加快教育改革和发展的重大决策

2000 年，为贯彻落实《中共中央国务院关于深化教育改革全面推进

素质教育的决定》和全国教育工作会议精神，省委、省政府召开了全省教育工作会议，颁发了《贯彻〈中共中央国务院关于深化教育改革全面推进素质教育的决定〉的意见》，把全面推进素质教育作为实施“科教兴粤”战略、建设教育强省的重要任务，提出了全面推进素质教育的目标、指导思想和具体要求以及保障措施。

2001 年，省政府印发了《关于贯彻〈国务院关于基础教育改革与发展的决定〉的意见》，进一步强调要把全面推进素质教育摆上重要议事日程，提出了落实素质教育要求的若干措施。

2004 年，省委、省政府制订了《广东省教育现代化建设纲要（2004—2020 年）》，明确要落实科学发展观，把推进素质教育作为广东省推进教育现代化工作的重要内容，提出了今后一段时期实施素质教育的目标、任务和具体措施，印发了《中共广东省委广东省人民政府关于进一步加强和改进未成年人思想道德建设的意见》。

2008 年，印发了《中共广东省委广东省人民政府关于加强青少年体育增强青少年体质的意见》，明确了广东省青少年体育工作的目标任务和落实青少年体育工作各项措施。

2010 年，省政府办公厅颁布了《广东省中长期教育改革和发展规划纲要（2010—2020 年）》，明确提出坚持以人为本、全面实施素质教育是教育改革发展的战略主题，是贯彻党的教育方针的时代要求，其核心是解决好培养什么人、怎样培养人的重大问题，重点是面向全体学生、促进学生全面发展，着力提高学生服务国家服务人民的社会责任感、勇于探索的创新精神和善于解决问题的实践能力。该纲要第八章整章阐述了如何“全面推进素质教育”，为提高学生综合素质，使学生成为德、智、体、美全面发展的社会主义建设者和接班人提出了明确的要求。

（二）采取了一系列重大举措，不断改善办学条件，不断推进实施素质教育

广东省于1996年已普及九年义务教育。把教育摆在优先发展的战略地位，全面实施素质教育，提高全民素质，已成为全省各级政府的共识。“八五”期间和“九五”前三年，全省教育总投入达1 246.98亿元，为实施素质教育提供了保证。主管教育的副省长亲自到实施素质教育比较好的深圳市进行调研，总结经验。1997年5月，省政府召开了全省素质教育工作会议，推广深圳市的经验。全省还建立了顺德、仁化等12个有各种类型的县（市）素质教育实验区，由省教育厅直接领导。省政府十分注重发挥教育资金在推进素质教育中的导向作用，调整了省级财政教育专项资金的使用方向，设立了改造薄弱学校、德育基地建设、中小学体育卫生艺术教育、教育信息化、教育改革、师资培训等多方面的专项补助资金。

1997年11月，广东中小学素质教育工作会议提出了全面推进素质教育的七项工程，具体包括：加强薄弱学校的改革，实施规范化学校工程；省每年拨出8 000万元资金，用3年左右时间，分期分批改造相对薄弱学校6 000所（占全省学校的20%）；深化教育结构改革，优化教育资源配置，搞好学生初中后合理分流；切实减轻学生过重的课业负担；改革考试制度和考试方法，完善中考“两试合一”制度，实行小学阶段取消百分制，实行等级制并实行学生素质发展报告书制度；构建符合素质教育要求的科学评估指标体系和督导评估机制，摒弃仅凭升学率高低衡量学校工作好坏的做法；积极探索德育工作新途径，加强和改进学校德育工作。

2000年，根据教育部《关于在小学减轻学生过重课业负担的紧急通知》精神，广东省及时印发了《关于贯彻教育部关于在小学减轻学生过重课业负担的紧急通知的意见》。

从2002年起，广东省义务教育阶段学校开始课程改革，2004年普通高中一年级开始实施新课程。新课程体系注重学科整合，实行一纲多本、教材多元化，加强了课程与学生生活、社会实际之间的联系，容量

大，结构新，开放性强，思考强度大，提倡“自主、合作、探究”的学习方式，促进了教育思想、课程理念、教学内容和教学方法的更新，培养了学生主动参与、乐于探究、勤于动手的学习习惯，以及搜集处理信息的能力、获取新知识的能力、分析解决问题的能力、交流合作的能力，促进学生全面发展、个性发展、和谐发展。不少学校还重视地方课程和校本课程的研究和开发，努力形成学校的特色和优势。

广东省素质教育调研工作领导小组于2005年8月在全省范围内开展了素质教育调研工作。调研显示，各级党委、政府和社会各界支持教育改革和发展，初步形成全面推进素质教育的良好环境，以培养有理想、有道德、有文化、有纪律的社会主义新人为目标，以思想政治教育为主线，努力构建学校教育为主阵地，家庭和社会密切配合的德育工作网络。推行德育进社区，密切与政法部门的联系，为中小学聘请法制副校长或实行“一校一警”制度；联合政法、城管、工商等部门，开展学校周边环境的整治工作，优化社会育人环境。各级政府及教育行政部门积极筹措资金，建设一批青少年学生活动场所和社会实践基地，为中小学开展社会实践活动创造条件。如多数市、县（区）向中小学生优惠或免费开放博物馆、科学馆、图书馆和其他人文、自然景观，为中小学提供素质教育资源。广州、深圳、汕头等市建立了一批有较大社会影响力的素质教育活动基地，如爱国主义教育基地、法制教育基地、劳动技术教育基地、文体活动基地、科技与环保教育基地，为学生集中学军、学农、学工，开展法制教育、禁毒教育、国家安全教育、人防教育等专项教育提供场所，强化了学生情感教育和道德实践活动。同时，大力提高教育技术手段现代化水平和教育信息化程度，推行素质教育资源共享，减少重复建设。调研显示，全省中小学教师的教学观念和教学方法发生了很大转变。不少地区和学校形成了多种素质教育模式，如广州市的“协同教育”、“成功教育”、“愉快教育”、“个性化教育”、“和谐教育”、“主体教育”及“以美育人”等，注重师生的互动，加强实践性，鼓励学生主动反思、探索和创造。

2006 年，广东省中考招生以等级进行录取，分数不再是录取的唯一依据。中考改变了以往升学考试科目分数简单相加作为唯一录取标准的做法，通过评价主体的互动化、评价内容的多元化、评价过程的动态化，建立促进学生素质全面发展的评价体系。将“综合表现”结果作为初中毕业和普通高中招生的依据。

2007 年广东高考增加了综合素质评价。内容以写实性文字表述方式分项目记入考生电子档案，内容包括考生中学期间各科目学分获得情况，技术领域、艺术领域、体育与健康领域、综合实践活动的表现情况或获奖情况等，取代现行考生电子档案的毕业考试成绩、毕业鉴定，录取时供高等学校参考，作为高校录取依据之一。

从 2007 届普通高中毕业生开始实施《广东省普通高中学生综合素质评价方案》。评价内容包括模块修习记录、基本素质评价、实验操作考查和信息技术等级考试四个方面。模块修习记录反映学生在校期间各科目学分获得情况和各科目模块修习情况。基本素质评价反映学生的道德素养、文化素养、综合实践、身心健康、艺术素养等各方面情况。实验操作考查反映学生在科学领域的实际操作能力。信息技术等级考试反映学生的信息技术能力和素养。

2007 年和 2011 年省教育厅先后举办了两届广东省“聚焦课堂，提高学生思想道德素质”教学成果交流展示活动，深入推进学科教学与德育的有效融合，进一步提高中小学生（含中职学生）思想道德教育教学质量，发挥学校在加强未成年人思想道德建设中主课堂的作用。

2008 年，广东省将体育成绩在中考总分中所占的百分比从原来的 5% 提高到 8%，并规定 200 米跑为必考项目，选考项目按体育课程标准要求设置项目，从原来的 12 项增加到 17 项。这些举措，有效地提高了全省中小学生参与体育锻炼的热情，增强了中小学生的体质，受到了学校和社会的好评。

2010 年，广东省教育厅出台《关于进一步规范义务教育办学行为推进素质教育的若干意见》，进一步强调规范办学行为的重要性，提出要健全制度，加强管理，全面规范办学行为，并从规范教学管理、招生管理、考试与竞赛管理、师资管理四个层面明确了要求，切实减轻学生课业负担，规范办学行为。同年 7 月，省教育厅印发了《关于重申禁止中小学校利用节假日组织学生集体补课的通知》，明确规定各中小学校不得在假期组织学生集体到校上课、补课和统一组织自习，不得有偿上课，不得以任何名义举办或与社会机构合办（含租借）面向中小学生的各种辅导班，不得参与、动员、组织学生参加社会上面向在校学生的各类复习班和培训班；凡有上述行为的学校、教师，必须立即停止违规行为；各市和县（市、区）教育局要设立中小学生节假日补课投诉电话。利用报纸、门户网站等形式向社会公布，对出现违规补课行为的学校予以问责，并提出“要向社会公布监督、投诉电话和网址等，接受学生、家长和社会的举报和媒体监督，切实发挥舆论的监督作用”。

2012 年，结合义务教育课程标准及教材的修订调整，针对本省课改实际，在充分调研的基础上，广东省出台了义务教育和普通高中《学科教学指导意见》，就课程标准、课程内容、教学方式、评价方式、课程资源开发、教师专业发展、新课程实施过程中存在的问题等作了具体阐述，注重实用性、针对性和操作性，为中小学各学科实施新课程提供指导。

三、探索与措施

（一）以减负政策为导向，规范办学行为

1. 认真执行课程计划，合理组织教学活动

广东省要求各地要认真执行国家规定的课程计划，按要求开齐开足

各类课程，特别要开齐开足品德、艺术、体育、科学、综合实践活动以及国家要求开设的专题教育等课程。并且要求各地各学校要遵循少年儿童成长规律和教育教学规律，积极开展课程教学改革，因地制宜开发校本课程，切实减轻学生的课业负担，为学生全面发展创造条件。通过出台文件、传达落实和认真执行，各地各学校做到了科学编排课程，合理组织教学活动，不以升学应考来安排教学进度和教学难度，不增加升学考试科目课时，不减少非考试科目课时。各学校在每学期开学后三周内，都把课程表在校务公开栏、学校网站上公布，接受社会监督，杜绝弄虚作假。县级教育行政部门也做到合理配置教育资源，为学校开齐开足课程创造条件。县域内公办学校也统一了小学英语、信息技术等课程开设的起始年级。

2. 科学安排作息时间，切实减轻学生负担

省教育厅通过印发《关于严格执行义务教育课程计划规范义务教育学校校历和作息时间的通知》等文件，要求各地各学校要严格按照规定安排教育教学和作息时间。

按学年教学时间安排校历，每学年教学时间 39 周，其中每学年上课时间 35 周（初三 33 周）；学校机动 2 周，可用于安排有关教育、实践活动以及文化科技艺术节、运动会等；复习考试 2 周（初三复习考试时间为 4 周）；寒暑假、国家法定节假日共 13 周，其中寒暑假时间长度计 11 周半（其中寒假时间长度为 3—4 周）。保证了小学生和初中生每天在校用于教育教学活动（含早读）的时间分别不超过 6 小时和 7 小时，寄宿初中生晚自修时间不超过 2 小时，小学生晚自修时间不超过 1 小时。切实保证了小学生每天睡眠时间不少于 10 小时、初中生每天睡眠时间不少于 9 小时。学校做到合理安排学生作业数量和内容，小学一、二年级不留书面家庭作业，其他年级每天家庭作业总量控制在 1 小时以内，初中生每天家庭作业总量控制在 1.5 小时以内。同时各学校要提高作业的针对性和有效性，摒弃机械性、重复性和惩罚性的作业，认真落实学生日常行为规范教育，利用重要的纪念日、节庆日和重大时事开展教育活动，确保每周 1 次班会课或团队活动。各学校切实加强和改进了学校体育工作，将每天 30 分钟的全校性大课间活动纳入课程表并广泛开展丰富多彩的体育活动，确保学生每天体育锻炼 1 小时。

3. 实行常态编班，禁止违规补课

广东省规定，中小学校不再举办重点班，包括以特长班、特色班、快慢班、尖子班、兴趣班和“奥赛”班等名义变相举办重点班。不允许学校占用学生法定休息时间，或利用早、晚自习和午休等时间上课、集体辅导或考试。不允许学校以任何名义举办或参与举办（含租借场地）面向义务教育学生的各种辅导班，不动员和组织学生参加社会上各种形式的辅导班。各地根据实际，积极探索完善义务教育阶段免试制度。

2010 年 7 月，广东省教育厅发出《关于重申严禁中小学校利用节假日组织学生集体补课的通知》，明确提出“各中小学校不得在假期组织学生集体到校上课、补课和统一组织自习”，“对违反规定的学校，一经查实，立即通报批评，并视情节轻重，对违规的校长、教师进行通报批评或处分”，并要求各市和县（市、区）教育局设立中小学生节假日补课投诉电话，并通过媒体向社会公布。2010 年 10 月，省教育厅在“进一步规范义务教育办学行为推进素质教育的若干意见”中，再次明确规定，禁止义务教育学校违规补课。并且研究出台《广东省普通高中办学行为基本规范》，加强对该规范执行情况的督促检查，大力查处违规现象，推动普通高中健康发展，为全面实施素质教育、减轻学生过重课业负担提供坚强保障。

为了更好地遏制违规补课的现象，省教育厅向社会公布了投诉电话，对情节严重的违规补课行为，向有关市、县（市、区）教育行政部门追究相关学校和人员的责任。

【链接】广州荔湾区小学生寒假作业：每天慢跑 3 分钟。为了给学生减负，荔湾区教育部门在全区推广寒假作业里布置体育锻炼，其中已经率先试点的华侨小学更是将寒假作业分为社会实践调查与体育锻炼两大类。往年学校是在放假通知单里将体育锻炼与其他要求夹杂在一起，而且只是建议学生要适当参与体育锻炼，但今年的将体育锻炼单列出来，具体的通知为：要求学生每天锻炼1小时，每天完成慢跑3分钟，跑程为300—400米，学生是否进行体育锻炼由家长进行监督，家长每天在“雏鹰争章”的小单子上签名予以确认。

学校为此还发出了口号：“让孩子动起来”，由校医务室给每位学生家长发短信，在运动量上给出指引，以孩子感到全身发热为好。虽然没有寒假习题之类的作业，但学校让老师给学生布置一个题目，让学生进行社会实践调查，写一份相关的调查报告。比如我们会以“荔枝湾的历史”、“西关大屋的风格以及分布”等，让学生在区内进行实地观察，锻炼学生的思考能力。

“体教结合”是荔湾教育“六大特色”之一，这一特色在荔湾区华侨学校尤为突出。该校拥有游泳、田径、体操、射击、围棋等市一级体育传统项目，学生多次代表区参加省市乃至全国的运动会和其他重大比赛，均获好成绩。

如今，体育运动成为家庭作业已经在全校进行了推广，体育课外作业由体育老师来设定，比如低龄段是跳绳，中龄段是长跑，高龄段是仰卧起坐，这一举措受到学生和家长的普遍欢迎。2012年荔湾区教育部门将在全区的中小学里全面进行减负，其中就包括鼓励学生要多参与体育锻炼，届时教育局将会对全区学校进行检查，如果发现有的学校减负不给力，甚至“阳奉阴违”，情节严重的将让校长“下课”。

（二）以教育督导为手段，加大监督力度

教育督导是保障减负政策落实到位的有效措施，广东省教育督导工作围绕实施素质教育、加强“减负提质”的主题，完善教育督导制度，协调各方资源，多措并举，取得了突出的成效。

1. **加大减负监管力度**

一是建立减负工作的督导检查制度。省教育厅每年组织一次义务教育工作督查，督查结果向社会公布，并列入党政领导干部政绩考核的重要内容。督查工作主要围绕“课程设置、阳光编班、减轻学生课业负担和规范学籍管理、防止辍学”等重点工作，在各地学校自查和县级教育行政部门检查的基础上，从委厅各处室、事业单位、各地市教育行政部门和省督学中抽调人员组成多个检查组，对全省地级以上市义务教育工作进行春季督查，对检查中发现的问题进行通报并要求限期整改。

二是设立并向社会公布学生课业负担举报电话，接受社会的监督。2010年寒假，省教育厅再次明确要求“各中小学校不得在假期组织学生集体到校上课、补课和统一组织自习”，要求各市和县（市、区）教育局设立中小学生节假日补课投诉电话，利用报纸、门户网站等形式向社会公布，对出现违规补课行为的学校予以问责，并提出“要向社会公布监督、投诉电话和网址等，接受学生、家长和社会的举报和媒体监督，切实发挥舆论的监督作用”。省教育厅和《南方日报》社、《羊城晚报》社联合在两报社设置并公布中小学违规补课投诉电话，欢迎社会各界对中小学出现的违规补课现象进行投诉。

三是提出了课业负担的责任追究办法，规定违反有关规定造成学生课业负担过重的，一经查实，通报批评；情节严重的追究教育行政部门的责任或校长的责任。2010年，省教育厅联合《南方日报》社、《羊城晚报》社对部分投诉较多、问题突出的地方和学校进行现场核实。对经查实确实存在违规补课行为的学校举办者提出批评，并要求学校马上进行整改，并保证今后不再发生类似事件。

2. **设置相关评估指标**

在现行的广东省国家级示范性普通高级中学督导验收方案中，从课程实施、体卫美劳、德育工作及校园文化到学生发展和办出特色与示范性，有多个指标都都明确学校办学要以实施素质教育为目标，坚持学生发展为本，办出特色，起到示范引领的作用。比如：在课程实施方面，设立了相关指标，创造性地执行国家课程方案，高质量实施必修课程，提供多样的、能基本满足学生需要的选修课程。注重基本知识和基本技能的同时，关注学生学习的过程与方法，关注学生情感、态度、价值观的养成。积极进行教学方式和学习方式的改革，引导学生自主探究、独立思考、合作交流和实践操作，充分发挥学生的自主性、能动性和创造性，形成民主、平等、和谐、互动的师生关系和教学环境；体卫美劳全面发展方面，贯彻“健康第一”的思想，认真执行国家和省有关学校体育工作法规，严格按课程方案要求上好体育课，每学年举办一次学校运动会和教工运动会（含单项比赛），保证学生每天有1小时以上体育锻炼时间。执行国家和省有关学校卫生工作法规，重视学生心理健康教育，建有专门的心理辅导室，配有专职教师（取得从事专职心理辅导教师资格认证），工作扎实有效。

3. 重点督导办学行为

广东省坚持将规范办学行为作为督学责任区建设的重点任务。伴随教育改革的不断深化和教育发展水平的不断提高，教育督导工作重心也由督政为主向督政与督学并重转移。如广州市教育局在2010年年底出台了《关于建立广州市督学责任区制度的意见（试行）》，明确规定督学责任区制度的重点任务是对中小学推进素质教育、规范办学行为的情况进行随机督查，以促进中小学全面贯彻落实国家教育法律法规和方针政策。具体工作包括：督查义务教育阶段学校的招生、编班、补课、防流控辍等情况；中小学校的课程计划落实情况，特别是音乐、体育、美术、信息技术及综合实践活动类课程开设情况；规范使用教材情况；学生健康成长情况，特别是学生课业负担情况，各种考试、学科竞赛及特长评级情况，学生在校的教育教学活动时间、晚自习时间、睡眠时间、体育锻炼时间等；教师队伍建设情况，特别是师德建设和师资队伍结构情况；卫生、安全工作情况；规范收费情况以及国家、省、市教育行政部门对学校办学行为的其他有关规定的落实情况。把规范办学行为作为督学责任区制度的重点任务，体现了抓关键、抓难点、抓长效，必将有效地发挥教育督导对教育改革的促进和保障作用。

（三）以高效课堂为途径，提高教学效率

“有效性”是课堂教学的命脉，提升课堂教学有效性，乃至实现高效教学，是当前深化教育改革、实施素质教育的关键和根本要求。也只有在高效的前提下，减负才能成为可能。

1. 教研引领教师

几年来，广东省各级教研部门通过开展大量的听课调研、专题教研活动，开展同伴互助，交流教学经验，使校本教研、校本培训常规化、制度化，促进教师在本职岗位上转变教学方式，不断提高教学水平，不断提高教学效率。

习惯了传统的讲台和照本宣科的广大教师不断构建新的能力结构，以建设性的态度、创造性的劳动，在教育教学的实践中主动去发现问题、开发教材、总结经验、拓宽途径，不断与他人交流合作，以学生的发展为中心来提升学生的智力水平和道德水平。

随着教研重心的下移，广大教师的教育观念不断更新。比如：学生观的转变，“一切为了学生的发展”的理念不仅为广大教师所接受，并且在具体的教学行为中得到体现，这与以往教学中“目中无人”的现象形成鲜明对比；教材观的转变，“教教材”变成了“用教材教”，教材不再是“圣经”而被广大教师视为实施教学以促进学生发展的一种工具、载体；教学观的转变，从过于注重知识传授变为在重基础知识和基本技能的同时强调学生的情感、态度、价值观，从而使学生不仅仅是掌握知识，更重要的是在学习知识的过程中获得全面而充分的发展。

2. 教师改变课堂

素质教育强调的是全面提高学生的能力，而提高学生能力的主阵地

是课堂。要达到这一目标，除了教师要具有较高的思想素质、业务水平、热爱本职工作之外，还必须精心组织课堂教学，采取行之有效的教学方法，高效率的利用课堂 40 分钟，全面提高学生素质。

近年来，广东省以骨干教师队伍建设为重点，带动提升中小学教师队伍整体质量。一是实施中小学“百千万人才工程”打造名师、名校长队伍。广东省从 1998 年开始实施中小学“百千万人才工程”，历经 12 年完成 4 期近千人的培养。从 2011 年起广东省开始启动新一轮中小学“百千万人才工程”培养计划，目的是促进一大批中小学教师、校长成长为具有先进教育理念、国际视野，集思想性、理论性于一体的，形成个人教育风格的名校长、名教师和教育家。近年来，广东省珠三角地区利用自身优势，逐步建立起“多元、开放”的名教师、名校长培养体系。二是不断完善高校、培训机构、教师（校长）工作室“三位一体”的骨干教师、校长培养培训模式。广东省骨干教师培训以教师（校长）工作室为依托，以问题为导向，以“师带徒”为主要形式，理论与实践紧密结合。“十一五”期间，广东省省级骨干教师培训近 10 000 人。与此同时，广东省积极开展农村骨干教师和校长省内外跟岗学习，农村骨干教师在珠三角地区，校长在国内教育发达地区跟岗学习。2011 年全省有 1 600 多名教师、校长参加跟岗学习。三是充分发挥名专家、名教师、特级教师等优质资源开展教师培训。开展“南粤名师大讲堂”活动、“中小学特级教师教学支援行动计划”，组织高校专家和省内名师通过专题讲座、同课异构、观课论课等形式进行巡讲培训。2011 年全省有 10 000 多名中小学教师接受了名师的培训。四是强调师德教育。将每年 9 月设立为师德教育主题活动月，通过开展师德建设大讨论、师德征文等内容丰富、形式多样、各具特色的活动，增强广大教师的责任感和使命感，激发广大教师爱岗敬业、奉献祖国的工作积极性。

如今，广东省中小学课堂教学低效的情况已大大改变。教师备课、教学设计的撰写方式、课堂教学、对学生的评价也发生了明显的变化，积极进行学科与信息技术的整合，更新教学方式，教师“独角戏”、“一言堂”的现象少了，与学生的互动多了；教师也能主动承认不足和错误了，课堂里洋溢着民主平等的气氛；对教材的处理灵活起来，并且常有向课堂外的拓展。实施“高效课堂”，实现教学方式的转变，学生课后的负担减轻，为学生自主学习和个性发展提供时间和空间，把被动减负转变为主动减负。

3. 课堂成就学生

课堂教学方式的变化，使学生的学习方式发生了变化。过去那种过于强调接受学习、死记硬背、机械训练的局面日益改观，在不排除适当的接受学习的前提下，以“自主、合作、探究”为主要特征的新课程所倡导的学习方式逐渐成为课堂教学的主流，学生在教学活动中的主体地位越来越凸显出来。

新的学习方式使学生受益良多，实现了“五大解放”：解放了眼睛——学生敢看“闲书”了，视野拓宽了；解放了嘴巴——学生敢在课堂发言，甚至是辩论了；解放了头脑——学生敢标新立异，不再囿于“标准答案”了；解放了双手——学生可以参加各种综合实践活动了；解放了时空——学生的作业少了，自主支配的时间多了，也有机会走出课堂，走向街头、图书馆、网络了。学习方式的转变恢复了中小学生活泼的天性，激发了他们学习的兴趣，有利于他们能力的提高。

【链接】佛山一中的“轻负高质”。佛山一中在多年的教学实践中，逐渐形成了“活教活学，轻负高质，主体发展”的教学理念，这既是一个传承历史，又是一个融入时代特征，操作性较强的教学活动的指导思想和行动指南。

“活教活学”：教育工作者在课堂教学中，要根据各自特长，不同教育教学对象、目标、内容和情境，灵活使用不同的教育教学设计、原则、策略、方法、手段以及评价方式，从而实现培养目标；在课程设计上，要提供灵活多样的各类课程供学生选择，让学生学会学习，发展个性，自主创新。

“轻负高质”:“轻负”是指在教学中不仅要减轻学生过重的学业负担，更应该除去学生繁重的心理负担，通过老师进“题海”，精选例题和作业，让学生出“题海”；通过优化教学过程，向40分钟课堂教学要质量和效益，使学生乐学好学，真正减轻学生的负担；“高质”主要是指在课堂教学中要进行有效教学，保证学生具有较高的学习质量。“轻负”是实施素质教育的前提，“高质”是“轻负”的保障，若只有“轻负”，没有“高质”，这种“轻负”必然没有生命力。

“主体发展”：教师和学生在教学过程中都得到发展。学生作为教学的主体，具有自主性、主动性和创造性。教师在教学中要充分理解、尊重和关怀每个学生；要相信所有的学生都能自主地进行学习，要给每一个学生提供思考、创造、表现及成功的机会；所有的学生都有学习的愿望，不存在绝对意义上的差生，应尊重差异；为此在教学中可采用主体参与、差异发展、合作学习、体验成功的教学策略，真正使每位学生都得到发展。

学校为了落实“活教活学，轻负高质，主体发展”的教学理念，近年来正在逐步探索“3+1”的课堂教学模式，每学期进行教学开放周研讨活动。“3+1”的课堂教学模式的“3”指的是教师课堂的讲课时间不超过30分钟，“1”指的是学生课堂的练习或活动时间不少于10分钟。这一教学模式要求教师课前要根据课程标准、教材以及学生的学习情况精心备课、设置问题情境，调动学生的参与热情，精讲精练，当堂评价。教师课前的精心准备，既提高了课堂教学效率，也减轻了学生课后作业负担，真正做到轻负高质。关注学生课前基础，关注学生课中表现，关注学生课堂收获逐渐成为学校教师的共识。

（四）以课程改革为契机，提升教育质量

实行基础教育课程改革将不断促进教育资源的重组和结构的合理布

局，促进教育效益和质量的提高，促进素质教育的落实，确实减轻学生课业负担，确保实现“轻负高质”。

1. 强化管理，完善制度

为了加强对广东省新课程改革的领导，广东省成立了以副省长为组长，教育厅领导为副组长，有关部门领导为成员的省课程改革领导小组，负责课程改革工作的组织、管理和协调工作，为课程改革工作提供必要的政策、师资和物质保障。广东省教育厅成立了基础教育课程改革工作指导组，由主管基础教育的副厅长任组长，教育部华南基础教育课程发展中心主任任副组长，基础教育教学研究、考试评价等部门的有关人员为指导组成员。指导组负责研究广东省基础教育课程改革中的各类问题，为教育行政决策提供咨询服务，对全省基础教育课程改革工作进行具体指导；协调、组织各方面的力量，进行基础教育的科学研究和课程资源开发工作。随着课程改革的进一步推进，广东省成立了基础教育学科教学指导委员会，研究学科的课堂教学、教学评价等环节存在的问题，对学科的教学实施工作进行具体指导。

围绕基础教育新课程的实施，广东省陆续出台了十多个文件，包括课程设置、教学管理、教学评价与考试改革、教学规范、校本教研、样本校建设，普通高中选修课开设、模块学分认定、样本校建设、高考改革、普通高中学生综合素质评价、普通高中教学水平评估等内容，对全省新课程实施进行了规范管理，为新课程实验的顺利推进提供了行动指南。

为了保障基础教育课程改革的顺利实施，广东省政府通过专项财政预算，拨出 800 万元义务教育课改专项经费、2 000 万元普通高中课改专项经费，用于课改调研、课改培训、课改专项研究等。2003—2007 年，全省各级财政总投入高中专项经费达 170 亿元，各地市也都落实课改专项经费，如深圳市课改以来，市、区两级共安排课改专项经费 4 096 万元。此外，根据课改对教育教学设备设施的新要求，部分地市进行专项调研，在各年度教育经费中优先安排和保证课改所需的常规教学设备配置，保障了课改顺利实施。

2. 以校为本，样本示范

广东省始终把学校摆在课改的实施主体地位，鼓励学校在课改的各个方面进行自主探索和实验。在课改中鼓励国家课程的校本化实施，支持广大中小学开展校本研修，建设校本课程，引导中小学开展校本评价，帮助中小学形成课改的校本特色。如乳源县高级中学开发的“民族特色”校本课程，深圳宝安中学“生存教育”课程和中央教科所南山附属学校“公民教育”课程颇有特色和成效。校本课程为学生建立了符合学生全面发展和个性发展需要的“课程超市”，促进了高中学校的内涵发展。

建立校本教研基地和样本校制度是广东省基础教育新课程实验工作的一项重要措施，广东省已建立起市县校本教研基地 34 个和 54 所普通高中课程实验样本校，校本教研基地和实验样本校有特区、珠三角的，也有山区贫困县、少数民族地区的，有农村高中也有城市高中，在地域分布及学校发展水平上有一定的代表性，为全省中小学新课程实验提供探索研究、重点攻关、实验示范、交流平台等支持。其中，广州市天河区的“网络教研”、深圳市龙岗区的“教师群体行动研究”等新型的校本教研模式是校本教研基地的典型。潮州市城南小学每学期要求教师完成“五个一”的学习活动，即读一本专业理论专刊，摘录一本读书笔记，撰写一篇读书随笔，举行一次读书心得体会交流，开展一次读书成果展示，同时在教师中开展学习型的星级个人和星级组的评选活动；汕头市开展“周六教研日”活动，组织教师共同探究、分享成果。

样本校是广东省实施普通高中新课程的联系点和实验基地，样本校通过创造性地实施国家普通高中新课程方案，创造经验，省一级的教育教研部门将从业务上和经济上提供一定的支持。在高中新课程实验的三年内，样本校要围绕新课程实验中重点和热点问题，深入开展各种专题研究，例如课程开设的研究、选修课制度下的班级管理研究、选修课选课指导制度研究、学分认定研究、新课程资源配置研究、课程开发和合理利用研究、高中新课程课堂教学研究、教学质量管理研究、研究性学习研究、校本课程开发研究、技术类课程开设研究等，及时总结，辐射推广，为全省各层次普通高中提供新课程实验中管理和教学的经验。

3. 科研引领，项目推动

2003 年，广东省教育厅立项了 16 个基础教育课程研究项目，涵盖普通高中新课程 14 个学科的实施指导以及课程管理与评价问题。2004 年又下达 6 个普通高中新课程改革研究项目，涉及实验的组织管理、宣传推广、选课排课、课程资源开发、学校课程方案制定、评价与考试改革等。

2005 年，随着实验的深入，省教育厅及时组织研究和论证与新课程素质教育相适应的教学评价体系，包括高考模式和招生制度改革、学生学业成绩及综合素质水平评价、学校教学水平评估、教师教学及专业发展、选修课开设等专题项目研究。

2006 年，为进一步加强基础教育课程改革的研究，广东省教育厅将中小学教学研究课题单列为“广东省中小学教学规划课题”，以课程改革为中心主题立项 136 个课题，为课题研究提供经费支持和学术咨询，加强过程管理，使教学科研真正做到为课改服务。2011 年，广东省又启动了“十二五”教学研究课题立项，针对课程改革进入新阶段后的新形势和新要求，全省共立项 283 项课题。

在每两年一次的广东省政府“普通教育教学成果奖”的交流、评选活动中，也特别着重发现、总结、推广新课程实施中涌现的先进经验，遴选出校本课程建设、综合实践活动开发与实施、课堂教学、样本校建设、发展性评价等反映新课程改革的重点成果。

【链接】华南师范大学附属中学培养“领袖人才”

长期以来，高考作为一个显性的靶子，频繁地出现在“应试教育”和素质教育的博弈中。不少人认为，高考一天不改，素质教育就难以前行。在坊间争论不休的时候，华南师范大学附属中学悄悄地用行动验证了高考和素质教育是可以并行不悖的，它们是能够良性互动的。吴颖民校长如是说："在教学中，我们不仅注重学生眼前的发展，更注重学生长远的发展；不仅注重学科知识的发展，更注重全面素质的发展；不仅注重学生共同素质的发展，更注重学生个性特长的发展；不仅注重学生文化知识的积累，更注重学生品质、意志和心理素质的培养。这些看起来似乎会分散教学的注意力，实际上都有助于高考成绩的提高，也能让学生在社会上更有竞争力。""持续发展概括起来是'四个坚持、四个反对'：坚持为学生终身发展奠基，反对功利主义短期行为；坚持全面素质，反对考试指挥教学；坚持全面贯彻方针，反对考什么教什么；坚持严格要求学生、严格管理，但反对简单地把学生当作工业化的产品，要让学生有自主的发展空间。"

华南师范大学附属中学历任的校长，都有一个共识，"以人为本"，并且强调，"人"，不仅包括学生，还要包括教师。学生的成长和教师的成长，必须同样得到重视。他们一直坚持四项"可持续"的原则——培养可持续发展的学生，造就可持续胜任的教师，实施可持续提升的教育，创办可持续攀高的学校。作为一所在全国有影响力的名校，他们不仅仅追求让学生考上好的大学，而是将培养目标定位在"领袖人才"的高度上。吃苦耐劳的精神、协调组织的能力、杰出的口才、健康的心理、关注社会弱势群体的意识和行为……作为一个领袖人物所必要的这些素质，学校都设置了专门的活动来培养。大量的社会名流到学校来开讲座，农业问题、外交问题、航天问题、中东问题、朝核问题……什么都有，就好像一个缩小了的北大、清华课堂。在这样的氛围里，学生的视野、思考的问题、理想抱负就和只以考试为重的学校的学生不一样。而且，华南师范大学附属中学还有一系列的制度来促进学生全面素质的提升。每两周评选一次"华附之星"，这不仅面向学习成绩优秀、在竞赛中获奖的学生，还有热心公益、默默做志愿者的学生，还可以是在某个领域有突出表现的学生，体育特长、艺术特长，什么都可以。"华附之星"只有一个评选标准，必须在同龄人当中，出类拔萃。这就引导着学生不断地去修订自己的奋斗目标，不断地去充实和提高自己。

围绕着以因材施教为核心的个别化、个性化教学模式，华南师范大学附属中学改革创新，构建新的课程体系。新课程构建的目标以学生自主发展为本，培养适应社会发展需要的、能够创造未来的人才；以学生综合素质培养为重，强调对学生创新精神和实践能力的培养；以个别化为发端，以个性化为归宿，努力构建多元化、现代化、国际化的课程体系。主要内容包括以下几方面。（1）课程结构多元化。着力开发建设校本课程，形成国家课程、地方课程、校本课程相协调的课程体系。努力做到规定性课程（包括国家课程和地方课程）优质化，选择性课程（学校课程）系列化、个性化、特色化。（2）课程内容现代化。在现有学科课程中更新内容，体现现代化科学技术精神；在学校课程中专门开设介绍新兴学科和前沿学科的相关课程；注重培养学生科学精神与人文素质的统一，培养学生的创新意识和健全人格。（3）课程发展趋势国际化。紧随教育领域日益频繁的国际合作和国际文化交流，融入国际教育发展潮流，把握新世纪教育发展的趋势，博采众长。

在华南师范大学附属中学新课程体系逐步凸显的同时，追求选择、追求创造、追求卓越的这三个课程教学改革核心价值也日见鲜明，“三步走”阶梯式课改模式，打造了高素质现代人的培育格局。具体而言：通过第一步的“第二课堂”开发，为学生提供了多样性选修方式；通过第二步的“课堂实践”探索，为学生提供了接触社会，实践提高，进而萌发改善社会的平台；通过第三步“意识领域”的拓展，为学生提供了立志奉献社会，成为领袖型高素质现代人才的可能。

（五）以考评改革为抓手，创造宽松环境

一是改革招生考试制度。《广东省教育发展“十二五”规划》提出，要进一步完善义务教育免试就近入学制度。打破“一考定终身”的初中

毕业生升学考试制度，改一次性考试为多次进行的学业水平考试，允许学生选择自己满意的成绩作为升学录取的依据，满足不同潜质学生的发展需要。深化高等学校考试招生制度综合改革，建立符合广东省实施普通高中新课程实际的科学、合理、多样化的高校招生录取制度。广东省近年来招生考试制度的改革，无疑是推动素质教育全面落实，贯彻减负理念的强大动力，在本质上促进了减负工作的推进。

1. **学科竞赛与招生录取剥离**

为抑制奥数热，减轻中小学生过重课业负担，广东省教育厅三次下发相关文件，要求规范办学，不得开设“奥数班”等各类性质的教学行政班，更不允许以举办这类班为名进行招生和升学考试。比如，考试内容（含单元检测）不得超出国家课程标准的要求，不得将“奥赛”等超课标内容列入考试内容，还鼓励采用多样化考评模式，更好地发现和发展学生多方面的特长和潜能。同时，文件对竞赛管理进行了规定，各类面向学生的竞赛活动要严格控制。任何部门、学校、社会团体、机构等组织，未经批准不得组织学生参加包括“奥赛”在内的任何学科竞赛、读书读报评奖和考级等各种竞赛活动，竞赛次数、规模都要严控，不能强迫学校与学生，要遵循自愿参加的原则。

2012 年 3 月 1 日，广东省教育考试院向媒体通报了“广东省 2014 年高考加分项目调整方案”。最引人关注的是，在新方案中，“奥赛”获奖者、科技竞赛获奖者和省级优秀学生将不再享受高考加分。此举旨在扭转奥赛培训的“功利化”现象，使“奥赛”和科技活动回归本位，改善学生负担过重的现象。

2. **实施“阳光招生工程”**

广东省义务教育阶段招生由县级或以上教育部门统筹组织实施，义务教育公办学校严格执行分区划片就近入学或电脑派位入学，不得举行任何形式的选拔性考试。义务教育阶段学校禁止招收择校生，优质学校要合理确定服务范围，逐年减小跨服务区招生的比例。

各县级教育行政部门和乡镇人民政府合理划定、及时调整义务教育阶段学校服务范围和服务网；教育部门公开招生政策、招生计划、招生程序、收费标准及咨询电话；学校公开招生范围、招生计划、报名条件、报名时间及地点、咨询电话、录取结果。同时，禁止义务教育公办学校“择校”和实行小学升初中选拔性招生行为，不断规范和完善义务教育学位分配办法和操作程序，保证小学入学和小学升初中工作健康有序进行。小学毕业考试由学校自主命题，不实行县（市、区）或乡镇小学毕业统考。

普通高中也积极探索招生制度改革，实行优质公办普通高中招生指标分配招生，实现中考升学考试分数与综合素质评价结果相结合。优化普通高中生源配置，促进普通高中整体水平的提升。

3. 逐步完善考试规范

规范学校的考试科目，严格控制考试次数和时间。《关于进一步规范义务教育办学行为推进素质教育的若干意见》明确要求除国家、省和市组织的学业抽测外，全年级、全校和全区性的考试每学期小学累计不超过 1 次，初中累计不超过 2 次。严禁任何单位或个人以各种名目组织学生进行月考、周考。因教育教学管理和研究需要进行的质量监测，须经上一级教育行政部门批准，并只能采取随机抽样监测的方式，每学年不超过 1 次，严格控制抽测范围，监测结果不得排名或以任何形式予以公布。

同时，逐步完善相应的考试管理规范，加强对考试命题的指导和审查，确保命题符合全面实施素质教育的要求。考试内容（含单元检测）不得超出国家课程标准的要求，不得将“奥赛”等超课标内容列入考试内容，不得出偏题、怪题。鼓励采用多样化考评模式，更好地发现和发展学生多方面的特长和潜能。

【链接】佛山市南海区大沥镇“小学考试改革”

取消公布具体分数的举措，是大沥镇作为南海区教育改革“小学考试改革”试点的举措之一，共有31所小学从2012年年初起不再公布学生具体分数。

此次改革主要包括三项措施，首先是改革一年级到六年级期末考试的组织方式。学期末考试由各小学自主命题、自主组织考试和评卷。其次，各学科成绩以等级的形式入册和入档。对学生学业水平的评定要从学习兴趣、态度、习惯、能力、水平、个性特长等方面全面评价。教育部门规定，从这学期开始，学生考试的卷面分数不能以任何方式向学生及家长公布，学校不能对学生考试分数进行公开排名。

此外，镇教育局还要求学校执行“学生成长档案”制度，学校每学期为每位学生收集整理一份成长档案，内容包括学生综合素质评价手册、优秀作文选、美术作品、奖惩记录等，每学期末交由家长审阅。取消具体的分数，采用等级制评价，主要是考虑到小学阶段的分数不一定能够反映学生真实的学习水平，一些小学生在考试时不免会出现粗心导致一题被扣1分或2分的情况，但这次考试成绩比上次少了2分，并不代表孩子的学习成绩退步了，如果老师和家长因此对孩子进行批评而不是表扬，小学生的心理上会形成无形的压力。

为确保学校不再公布成绩，镇教育部门将会组织检查评估，同时会让各学校和家长做好沟通工作，因为从长远来看，忽略了短期成绩波动换来学生持续的发展，小学生在该阶段会回归注重养成良好的学习习惯和全面发展，在上了初中后的发展潜力会更好。

该项举措是南海教育综合改革迈向课程与评价体系的深化改革，小学阶段的教育应该回归注重学生良好的学习习惯的养成和素质教育的全面发展，而不应该采用分数来评价学生的成长“一刀切”的做法。取消具体的分数而采用等级制评价，就是要给传统考试“松绑”。从长远来看，单纯追求分数成绩的短期效应只会忽略学生的可持续发展，在推行新的评价体系基础上，南海将逐步放开教师编制引进更多的艺术类教师，精心开辟一些音乐、美术等第二课堂。在大沥镇试点的基础上，全区将逐步推广该改革，今后全区小学四年级及以下的年级将全部推行该改革，而五、六年级由于升学的对接情况也将逐步过渡推行。

4. 改革评价体系

要真正做到减轻学生负担，除了升学制度改革外，还要在教学中树立全面的质量观，淡化以分数来衡量学生成绩和教师教学的评价标准，建立全方位的系统的评价体系。在实施素质教育的过程中，广东省一直将优化评价标准作为努力方向，逐步建立健全有利于实施素质教育的评价体系和学业质量抽测制度，加强中小学教学质量监控，积极开展教学评价改革。

（1）重构评价方案

新的评价方案和框架包括评价学校的质量评估方案、办学水平评估方案，评价教师的教师评价表、课堂教学评价表，评价学生的在校表现评价表、综合素质评定方案、学业水平考试以及中考改革方案等。如印发《义务教育阶段学校办学规范》及《义务教育学校教学规范》，制订《高中阶段学校招生考试方案》及《初中毕业生综合表现评定方案》，把综合表现评价作为高中录取的依据，突破中考难点。又如在高中阶段制订了《广东省普通高中毕业生综合素质评价方案》及《高考改革方案》，在考试科目组合、考试内容、综合素质评价等方面进行了适应新课程的改革；还制定《广东省普通高中教学水平评估指标体系》，建立促进新课程的教学督导评估制度，评估方案覆盖了普通高中教学的每个环节，突出了课程管理和教学实施的关键因素。通过对普通高中进行教学水平专项评估，促进校长提高课程管理水平，促进教师提高课程实施水平，为学校提供科学、公正的质量评价。适应深入推进素质教育和新阶段普通高中优质化多样化特色化发展要求，近年来，广东省积极探索建立科学全面的普通高中办学质量评价标准和监控机制，建立新的“指挥棒”，牵住素质教育的“牛鼻子”。从 2010 开始，深入开展了普通高中学校办学水平评价指标体系及年度质量评价发布制度研究，取得了阶段性成果，形成了基本政策框架和以素质教育为核心的办学水平评价指标体系。下一步，广东省将以质量管理和监控为重点，逐步建立普通高中办学质量评价指标体系并定期组织监测，监测结果向社会发布，以全面的质量标准和严格的考核评价制度扭转学校片面追求升学率的倾向，突破素质教育难题，摆脱“一切为了高考、高考就是一切”的普通高中发展困境。

（2）坚持多元评价

在实施发展性评价时，改变过去单一化的评价方式，实施多元化评价。在评价主体上，对教师来说，不仅有自评，还有同事互评，以及学生和家长评价；对学生来说，也是既有自评，又有来自不同方面的评价，如同学、教师、家长等。在评价内容上，对教师不仅评价其工作上的能力、表现、态度，还评价其自身专业素养的发展；对学生不仅评价其学业成绩，还评价其情感、态度、价值观等，重视综合素质评价。在评价形式上，既有纸笔测试，又有口头测试、动手操作、成长记录；纸笔测试既有开卷，又有闭卷。在评价改革的热点上，新课程着意强调的“成长记录袋”、“等级制”、“激励性评语”等在广东省中小学均有丰富多彩的体现。所有这些都力图体现“发展”取向，如对学生的评价强调其自身纵向比较，淡化学生间的横向比较；对教师的评价强调“以学论教”，看其对学生发展的促进作用如何，同时关注教师本人的专业发展。

（3）关注学生成长

广东省各地根据具体情况，力求小学学习成绩评定采用等级制表述，淡化选拔与甄别功能，重视激励作用，关注学生的成长、进步状况和综合素质。初中毕业考试形式多样化，实施学生综合素质评价。高中招生坚持综合评价、择优录取和扩大高中学校招生自主权的原则三方面予以突破，使学校的各项工作特别是教育教学工作更加符合素质教育的要求。

同时，教育行政部门不以任何形式给学校下达升学指标，不以升学率或考试成绩为依据对地区、学校和学生进行排队。学校不按考试成绩对学生和班级进行排名，不给班级和任课教师下达升学任务，不以升学率或考试成绩为依据对教师进行考核。此外，不以任何形式公开宣传中考成绩、优秀率、升学率等，不炒作各类考试“状元”。

【链接】广东省实验中学评价体系改革探索

1. 实行学生综合素质评价

依据《广东省普通高中学生综合素质评价方案（试行）》，广东省实验中学积极开展学生综合素质评价改革，分年级制订了广东实验中学综合素质评价方案。

比如，《广东实验中学高一级综合素质评价方案》作出如下规定。

（1）综合素质评价是对学生日常表现的评价，是将学生在校各方面的行为纳入其发展的评价，是把结果融进过程的评价。

（2）综合素质评价分为六个模块：道德品质、公民素养、学习能力、交流与合作、运动与健康、审美与表现。各班可将此六点与班规具体结合，但六个模块不能改。

（3）综合素质评价采用日日登记、周周小结公示、月月评比总结的办法，采取阶段性小结与结果公示的方式，并向家长通报。每位学生的月基本分为80分，采取增减分的方法进行，一学期总评一次，记入学生档案，作为高考录取的重要依据。

（4）优秀（A）、优良（B）、合格（C）及不合格（D）等级的分数具体见年级通知。

2. 建立发展性学业评价制度

建立发展性评价制度，实行学生学业成绩与成长记录相结合的综合评价方式。

学业评价方案的总体设计如下。

（1）评价目的

关注学生的学习过程，通过定量和定性、多个评价主体参与、多种评价的方法，考查学生分析问题和解决问题的能力，全面提高学生的情感、态度、价值观水平。建立一个既发挥评价的甄别功能，又突出评价的激励与发展功能为特征的学生学业评价体系。

（2）评价原则

发展性：改变过去对学生学习评价中过分强调在甄别和选拔的功能，使评价的过程成为促进学生发展和提高的过程。

多维性：改变过去单一考试成绩评价学生学习的传统模式，从知识与技能、过程与方法、情感态度与价值观等多维度对学生的学习进行评价。

多样性：改变过去在评价形式上单纯笔试的方法，建立学生学习成长记录袋、项目研究、表现性评价等，将定量评价与质性评价有机结合起来。

多元性：改变过去评价主体上单一的只有教师评价学生的倾向，鼓励学生个人和小组进行自我评价和合作评价，同时辅之以合适的家长评价等。

（3）评价方式

采用两种不同的评价方式——过程性评价和终结性评价方式对学生学业进行评价。

（4）评价结构

高中课程是由学科课程、综合实践活动课程以及校本选修课程组成。在三种课程中，学科课程评价是占主导地位的评价。该校高中课程学生学业评价改革主要从此入手。

学业评价的具体操作方法如下。

（1）过程性评价

过程性评价是一种质性评价方式，该校实施过程性评价主要采用表现性评价、项目性评价等方法。

（2）终结性评价

终结性评价是指在教学结束时（如一个模块或某门功课结束等）所进行的评价，目的在于根据教学目标的达成度，给学生的学习划分等级，确定学分，并为下一步的学习进行诊断、摸底。该校主要使用纸笔考试的方法进行。每个学期结束，将以“学习成绩登记表”形式记载学习成绩。

（3）学生与学分认定

依据《广东省普通高中学生学分认定管理暂行规定》，结合本校实际，制定了《广东实验中学学分认定办法》。

模块学分认定构成项目及权重：学分认定根据学生学习过程表现及结果进行综合评价，二者按照 4 : 6 的比例对学生实行综合评价认定学分。每个模块按照 100 分计，各项目之间的权重分配比例及具体要求如下。

① 学习过程表现（40%）

学习过程表现包括四个项目即学生修习时间、课堂表现、作业质量和平时测验成绩，各项目累计以满分 40 分计入总分。

② 模块结业成绩（60%）

由学校依据课程标准统一命题（满分为 100 分），试题难度适中，既能让达到该模块基本要求的学生考试合格，又能让该模块学习优秀的学生考出水平。该部分以满分为 60 分记入总成绩。

综合评价成绩在 60 分以上（包括 60 分）的学生给予学分认定，未达到 60 分的，不予认定。

模块学分认定的步骤：① 学生向任课教师提出申请；② 任课教师提出认定意见；③ 教学处审定赋分。

分学科制订的学业评价方案如下。

不同学科、不同教师根据各自的教学内容特点，进行了不同的发展性学业评价创新。例如，高一年级进行了“高一数学单元测验后自我评价与学科评语”，高二级进行了“运用数学知识解决实际问题的研究性学习评价”的试验。化学科开展了“针对测验的自我评价研究”、“学生实验创新能力评价研究”、“合作探究式学习评价的研究”等课题研究和尝试。

（六）以特色教育为载体，促进全面发展

广东省在全面实施素质教育的过程中，全面加强和改进德育、体育、美育，积极打造阳光校园、快乐校园、和谐校园和特色学校，促进了减负工作的深入推进。

1. 聚焦课堂，德育渗透

2007年和2011年省教育厅先后举办了两届广东省“聚焦课堂，提高学生思想道德素质”教学成果交流展示活动，深入推进学科教学与德育的有效融合，进一步促进了中小学生的全面发展。教学成果交流展示活动共分为三个系列。

系列一：聚焦德育课堂，促进学生形成良好的行为习惯和思想道德素质。参加交流展示的德育课范围，包括普通中小学1—2年级的《品德与生活》、3—6年级的《品德与社会》、7—9年级的《思想品德》和普通高中的《思想政治》课；中职学校的德育课（含《职业生涯》、《职业道德与法律》、《经济政治与社会》、《哲学与人生》）。参加交流展示的德育课要全面体现《基础教育课程改革纲要（试行）》、《教育部关于进一步深化中等职业教育教学改革的若干意见》的精神和要求，执行国家课程标准或教学大纲，遵循学生身心发展规律和道德教育规律，贴近学生、贴近生活、贴近现实，有效落实课程的情感态度和价值观、能力、知识三维目标。可合理使用有区域特色的课程资源，创造性地形成具有个性特色的教学风格，能有效促进学生形成良好的行为习惯和思想道德素质。

系列二：聚焦学科和专业课堂，增强学科和专业教学与德育的有效融合。参加交流展示的学科和专业范围，普通中小学除德育课程之外的其他国家课程；中职学校除德育课程之外的公共基础课程和专业技能课程。参加交流展示的学科和专业课教学，要全面体现《基础教育课程改革纲要（试行）》和《教育部关于进一步深化中等职业教育教学改革的意见》的精神和要求，执行国家课程标准和教学大纲，依据课程的教学任务，在体现学科和专业教学特色前提下，创造性地有机融合思想道德教

育，使思想道德教育与学科学习、技能训练的结合自然流畅、生动有效，落实课程情感态度价值观、能力、知识三维教学目标，能有效的激发学生的学习兴趣，培养学生良好的学习习惯和道德规范，陶冶学生的情操。

系列三：聚焦班会课和团队活动课，提高德育的针对性和实效性。参加交流展示的班会课和团队活动课及学生的社团活动，能认真贯彻国家和省加强德育工作、开展专题教育、强化实践教育的要求，体现先进的德育理念，遵循学生身心发展规律，主题鲜明，内容丰富、形式新颖、富有创意，实施教师为主导、学生为主体的原则，注重学生的自主参与和体验，针对性、可操作性强，注重德育实效。

2. 主题引领，活动深化

近几年来，广东省坚持在中小学生中广泛开展主题系列教育活动，以积极正确的价值目标引导学生，以健康丰富的内容感染学生，以生动活泼的形式吸引学生，以浓郁醇香的文化氛围熏陶学生，让学生在主题系列教育活动中感悟人生、锤炼品德、提升自我。

学校文化活动是学校特色的反映，是全体师生认同的思维和行为方式的具体体现，是学校办学创特色创品牌的有益载体，对学生思想道德素质的培养具有潜移默化的导向作用和持久深远的影响。因此，开展学生实践活动是解决校园文化育人实效不强的有效途径。

广东省在开展主题教育活动时，坚持以社会主义核心价值体系教育为主导性目标，突出思想道德建设的内涵。每年年初，省教育厅都专题组织调研，针对国际国内形势特点和中小学生思想状况，结合广东地处改革开放前沿、毗邻港澳、中西文化交汇的实际，强化导向性和方向性，每年确定一个主题开展系列教育活动。自 2004 年至今，广东省在全省中小学生中相继开展了“学习实践广东人精神”、“弘扬中华民族美德，培育现代公民”、“弘扬中华美德，争当现代公民”、“知荣明耻我们在行动”、“我在祖国怀抱中成长”、“千万少年快乐阅读”、“党旗飘扬我成长”及“学雷锋我们在行动”等主题教育活动。

同时，广东省着力探索学生思想认识与环境变化的内在联系，贴近学生实际，充分发挥学生自身的积极性和主动性，积极丰富新形式、新内容，促进学生实现自我教育、自我管理。2004 年以来，在全省中小学生中开展了主题研讨会、报告会、论坛、网上征文、演讲比赛、摄影比赛、校园歌曲演唱大赛、合唱大赛、舞蹈大赛、辩论大赛、网页设计大赛等教育活动。例如，2010 年开展的“千万少年快乐阅读”读书活动，坚持“全民阅读、广东先行，广东阅读、儿童先行”理念，坚持公益性原则，突出“快乐阅读”主题，着力促使阅读成为学生终身受益的生活方式和行为习惯，成为了有广东特色、高品位的南粤学子读书品牌活动。

另外，广东省尤其注重加强与学生校外教育的有机结合，不断拓展学生实践教育的途径。充分利用青少年宫、学生综合实践活动基地等学生校外活动场所，找准找好校内主题教育活动与校外教育活动的各类结合点，广泛开展了弘扬和培育民族精神教育、军训和国防教育、法制教育、禁毒教育、“三防”教育、国家安全教育、交通安全教育、消防安全教育、心理健康教育、生产劳动教育、科技教育、意志品格磨炼教育、青少年廉洁修身教育等教育内容，形成了实践育人的强大合力，促进了学生综合素质的提高。

3. 校外教育，创新发展

坚持一个“严”字，加强青少年宫建设和管理。2002—2007 年，广东省利用国家返拨彩票公益金资助新建青少年宫共 64 个项目，基本覆盖所有山区和经济发展困难县（市、区），全省青少年宫建设取得重大进展。一是“六个统一”。即所有青少年宫统一名称、统一建设用地和建筑标准、统一建设资金、统一使用建筑设计方案、统一设备招标采购、统一标志。二是“七项制度”。即实行项目申报制度、立项考查审定制度、项目领导责任制度、工程招投标制度、资金封闭性管理制度、工程进度报告制度及连带责任制度。

做好一个“新”字，引导德育基地向综合化发展。目前，广东省有教育系统主办或合办的中小学德育基地（学生综合实践基地、学生社会实践基地）近 40 所。近几年来，在政府投入有限、政策支撑不足等客观情况下，广东省相继召开五次基地建设工作现场会，坚持指导与督查并重，交流与合作并举；成立工作协作会，促进基地交流合作；建立督促检查机制，树立基地先进典范；多渠道争取资金投入，指导基地综合化发展等措施，有效盘活了基地力量。

突出一个"引"字，推广中山市校外教育经验。广东省中山市在长期的未成年人思想道德建设实践中，形成了"党委领导、政府统筹，教育主导、部门联动，家校携手、社会协同，文化引领、教化育人，合力营造和谐人文环境"的先进经验。2007 年广东省召开加强未成年人思想道德建设工作经验交流现场会，大力总结推广中山经验。比如中山市建立家长义工队、空中家长学校、家庭教育工作坊等经验，实行"学校放假、社区开学"；中山市弘扬和培育中山精神，营造了良好的文化育人氛围的经验。

4."2+1"工程，特色开展

广东省坚持体育传统教学、特色体育教学和学生体育锻炼三结合的原则，建立了市级传统项目学校 474 所、省级传统项目学校 260 所、国家级体育传统项目学校 19 所、省级体育特色学校 325 所。最为典型的是佛山市南海区九江中学分校，它原来只是一所普通的农村中学，从 2003 年起，大力开展龙舟、醒狮、武术三个特色体育项目教学，取得了丰硕的成果。该校学生龙舟队在全国龙舟比赛中多次夺冠；在 2008 年的世界龙舟锦标赛中，取得了第三名的好成绩。体育特色教学的成功，提升了九江中学的知名度和美誉度，激发了师生参与体育活动的积极性，促进了学校办学综合实力的提高，闯出了一条以特色体育带动学校整体发展的好路子。佛山的体育特色学校建设工作积累了一定的经验，如建安初级中学是一所篮球特色学校，每天下午课外活动时，全校三分之二的学生都会参加不同类型的篮球活动，该校女篮多年来一直是省中学生运动会冠军。

广东省积极组织全省各级各类学校开展艺术展演、单项比赛等艺术实践活动，为提升艺术教育教学质量、培养学生艺术素质搭建良好平台。“广东省首届中小学生陶艺作品比赛和版画作品比赛”活动，共有来自全省22个地市、近1 000所学校，约2 000幅作品参加了比赛。“广东省首届中小学生合唱比赛”活动，全省22个地市都举办了初赛，共有300多所学校近400个节目参加复赛，63个优秀节目近3 000名师生参加了决赛。肇庆市对学生文艺汇演方面非常重视，已经常态化，积累了较为丰富的经验。揭阳市对艺术教育很重视，所属的每县、每个区、每个学期均有艺术展览，学生艺术水平提高较快。肇庆市端州区、新兴县的艺术师资、设备较齐，有一批学校的艺术教育都特色明显，如端州中学在传承民族文化艺术方面成立了“蓓蕾砚社”，在高中生中开展制砚工艺兴趣小组，端州黄岗小学则是市端砚传承基地，新兴县实验小学的版画、竖笛等项目，艺术团、艺术展览厅等。汕头市澄海实验、莲下中心小学在保证学生每天1小时体育活动时间的基础上，积极开展体育和艺术特色教育，使学生有效地掌握了两项运动技能和一项艺术本领，推动了当地学校“2+1”工程的开展，极大地促进了学生的全面发展。

【链接】潮州市城南中英文学校积极营造“阳光文化”

潮州市城南中英文学校是一所依托百年名校城南小学和学校教育教学创新所创办的民办公助新机制学校。学校以“打造阳光教育，构建和谐校园”为主题，积极探索阳光教育的内涵，并以构建“多维互动、阳光学习”和“两主两全、阳光育人”为研究突破口，逐步形成了“阳光文化、阳光班级、阳光课堂、阳光之师和阳光少年”等一系列富有特色的阳光教育模块，有效地推进了学校的素质教育。

营造“阳光文化”。以人为本是学校全面实施素质教育的目标和核心。探索阳光教育，其内涵就是要提升人、挖掘人、发展人，把人的成长放在首位来思考和改进教育理念，让教育更加人性化、多样化和生活化，使教育变得更加生动活泼，充满情趣。为此，城南中英文学校把尊重人，挖掘人，激励人和成就人作为建设阳光校园最根本的文化理念，全力建设阳光校园文化。学校立足于百年名校深厚的文化底蕴，重点通过“校本文化、环境文化、师生文化、活动文化”的策划建设，构建具有城南个性的阳光文化，让阳光校园的每一堵墙都能说话，每一个角落都能育人，花草树木都能传情。如学校建设的七条学科文化长廊、六条师生心灵哲语的文化楼梯、墨韵天地、孔子文化区等具有特色的文化阵地，既是校园活力焕发的生动写照，也是学校“尊重、关爱、合作、创新”人文精神的写照，体现了学校和谐的教育目标和育人宗旨。还有“秉承百年校风，做阳光新人”的创建活动和“阳光暖城南、书香飘校园”的阳光之音，时时激励着师生互帮互助做阳光人，读书勤学做文化人。现在，学校已形成了“以爱育爱，以智启智，师生互动，和谐发展”的崭新阳光办学思想。

实施“阳光德育”。城南中英文学校通过开展“两主两全、阳光育人”的阳光德育探究，充分调动学生积极参与德育的主动性和创造性，营造一种宽松、和谐的阳光人文环境，把德育变成是学生自我管理、自我教育、自我修炼和自我提升的学习过程、生活过程和成长过程。建设“阳光阶梯”德育人文制度。一是开展“追星”评比活动，先后制订了“星级文明班、星级级段、星级宿舍和每周阳光之星”的创建方案，以集体和个人“追星”的有趣活动，促进优良校风、学风、班风以及个人文明习惯的养成。二是成立学生阳光监督队，让学生参与校风管理。按年级设卫生、仪表、礼仪、纪律、公共秩序、爱护公物等180多个监督岗位，让学生自愿报名参加监督队的日常管理工作，每周轮换一批监督员，学生通过民主管理、自我体验，形成了互帮互助、乐群向上的新风。三是建立阳光评价。学校采用“多维互动”综合评价方式，实施“阳光成长手册”、“阳光卡”评价制度，通过自评和他评，促进学生积极参与评价过程，学会自我反省、自我反思，提高了德育的实效性。

创设“阳光家园”班、级段文化。班级和级段是学生的主要学习和生活阵地，是学校德育工作的基础单位。建设“阳光德育”的基础工程必须从建设阳光班、级段抓起。学校通过开展“星级文明班”、“课堂养成教育示范班”及“星级文明级组”等文明示范岗的评比，进一步促进班级文化的积极发展，提升师生的文化品味。学校还将班、级段文化建设舞台交给师生，由师生共同参与设计班、级段文化建设，让他们感受到当家做主的快乐，提出富有特色的建班、建级方针。如推出了“伸出你我的手，共建我们的家”、“阳光成长、互帮互助”等主题各异的建班方针，体现了师生合作共建阳光家园的积极性与创造性。

四、经验与启示

素质教育在广东开展得如火如荼，南粤减负行动取得了积极成效，总结起来有以下经验和启示。

一是注重实践反思，与时俱进更新教育理念。理念是行动的先导，观念更新是素质教育发展的前提。在工作推进过程中，我们注重调研新问题，分析新情况，结合工作实践进行课题研究和工作反思，更新教育观念和理念。同时通过文件和培训，让素质教育的理念在中小学教师中深入人心。通过学习和探索，各级教育行政部门和各级各类学校逐步端正了思想认识，更新教育观念，主要是树立以人为本的教育观，促进人的全面发展；树立大教育观，面向全体学生，全面提高学生素质，实现共性教育与个性教育相结合，着重培养学生创新精神和实践能力；树立现代学校观，坚持以人为本，依法治校，自主办学，开放平等；树立国际教育观，学习和借鉴国际先进的教育理论、教育观念、教育内容和教育手段。

二是健全机制，为科学有效开展工作提供基础性保障。广东省探索建立行政主导与专家指导相结合的工作推进机制，一方面有效发挥了专家在调研、科研、培训、指导等方面的专业优势，提高了工作的科学性、规范性和实效性，另一方面也充分发挥了教育行政部门在决策、管理中的主导优势，确保了教育行政推动德育工作的力度。探索建立符合素质教育要求的科学评估指标体系和督导评估机制，摒弃仅凭升学率高低衡量学校工作好坏的做法。探索建立科学全面的普通高中办学质量评价标准和监控机制，深入开展了普通高中学校办学水平评价指标体系及年度质量评价发布制度研究，取得了阶段性成果，形成了基本政策框架和以素质教育为核心的办学水平评价指标体系。探索建立工作科学研究机制，做到有研究主题、有制度保障、有约束措施、有专家支撑，通过科研引领、项目推动，真正使科学研究为教育教学服务。

三是突出专业性，提高教师队伍整体素质。教师队伍素质的高低，很大程度上决定了教育的成效。广东省采取多种方式加强教师队伍建设，首先是实施“中小学班主任专业能力建设计划”。以省、市级培训为引领，校本培训为基础，逐步实现全员培训；实施“名班主任”培养工程，培养有教育智慧的班主任；建立名主任工作室，持续发挥名班主任示范引领作用；创办班主任专业能力大赛，搭建班主任学习交流和难题攻关的高端平台，比赛名次第一的班主任获颁广东省“五一劳动奖章”。其次是实施“中小学德育校长专业能力建设计划”。建立乡镇初级中学德育校长轮训制度。

四是努力建立符合素质教育要求的评价制度和指标体系，明确素质教育的方向和目的。如何评价素质教育的过程和结果，是衡量素质教育成败的关键问题。有效的素质教育都具有主导型、主体性、民主性、实践性、创造性，全面质量观和内涵则包括教育目标的质量、教育过程的质量、师资的质量、教育设施设备的效益、教育改革的效益。基于这样的思想认识，各级教育行政部门和各级各类学校主要从两个方面努力建立符合素质教育要求的评价制度和指标体系：一方面结合课程改革，积极进行学生评价体系改革探索，细化评价项目，多角度评价学生，实行等级制综合评测和鼓励性评价，激励学生全面、活泼、主动发展；另一方面改革考试、招生制度，以逐步实现教育公平和学校生源质量均衡。

五是采取有效措施减轻中小学生过重的课业负担，注重方式方法。重视教育信息化建设，构筑教育创新平台，加强教学效率和教育管理水平。重视体育、艺术、卫生教育改革，调动学生参加体育、艺术、卫生活动的积极性，促进素养提高。重视合理安排学生的作息时间，严格执行法定双休日、节假日制度，严格控制学校教育教学活动量和学生课外作业总量，严格管理教学辅助资料的征订与使用，坚决制止以考代教、以考代管的错误做法。

五、结　语

教育关乎民生之本，社会之根。幸福广东，务求幸福教育。

2012 年，广东省第十一次党代会报告高屋建瓴地提出："要深化教育改革，促进教育公平，创建教育强省，争当教育现代化先进区，打造南方教育高地。""创强争先建高地"是新阶段确保教育在加快转型升级、建设幸福广东中发挥战略作用的总抓手。这为广东教育人实践"厚于德、诚于信、敏于行"的新时期广东精神确立了重要的坐标系。我们完全有理由相信，在创建教育强省、建设我国南方教育高地的新形势下，广东特色的"减负"之路将为素质教育向纵深拓展开辟新思路、新路径、新方向。

增强选择性　创造适合学生发展的教育

——浙江省深化普通高中课程改革探索与实践

【引言】为贯彻落实《教育规划纲要》和《教育部关于深化基础教育课程改革进一步推进素质教育的意见》，浙江省在2006年高中新一轮课程改革实验的基础上，进一步提出“调结构、减总量、优方法、改评价、创条件”的深化课改思路，积极申报普通高中课程改革试点。经两年多的研究论证、征求意见、修改完善，形成《浙江省深化普通高中课程改革方案》，从2012年秋季学期开始在全省普通高中实施。

浙江省深化普通高中课程改革提出，要加强选修课程建设，转变育人模式，把更多的课程选择权交给学生，把更多的课程开发权交给教师，把更多的课程设置权交给学校，适当减少必修，切实增加选修，实行选课走班和弹性学制，建立学业水平考试制度，完善综合素质评价等制度，促进高中多样化、特色化发展，实现学生在共同基础上有个性的发展。

一、域情与教情

浙江省普通高中教育发展迅速，在新形势下呈现出下列特点：高中段教育基本普及，2011年，浙江省普通高中569所，初升高比率为98.16%；多元化办学体制进一步确立，普通高中民办学校163所，占比

21.4%；办学条件大力改善，2011 年全省普通高中投入经费 145.4 亿元，其中财政性经费 80.7 亿元，占比 55.5%；师资队伍整体素养明显提高，专任教师合格率 98.8%；整体办学水平不断提高，三级以上重点学校 301 所，全省 65% 左右的普通高中学生可以进入优质学校学习。

根据教育部统一部署，浙江省于 2006 年启动普通高中新课程改革。经过几年努力，新课程改革取得了较大成绩。课程改革已成为传播先进教育理念、全面推进素质教育、加快教育内涵发展的重要抓手。学校和教师的课程意识大大增强，结合学校的传统和优势、学生的兴趣和需要的校本课程开发得到重视；教师教学与学生学习方式正在发生改变，新课程知识与技能、过程与方法、情感态度与价值观的“三维目标”在教学中的落实得到强化；关注全体学生全面发展的评价体系正在形成，学生学业水平考试、学生综合素质评价和高考“三位一体”的评价改革得以顺利实施。

2009 年 9 月，省教育厅在全省范围内组织了高中课程改革工作调研巡查，总结新课程改革试验的典型经验，了解课改的困难与问题，探讨深化课改的措施与对策。调研发现，浙江省普通高中课程改革依然还存在诸多问题：新课程理念尚未成为自觉行动，学生个性发展仍未得到应有关注；课程结构不尽合理，学生个性发展和学校特色发展空间不足；育人模式转型效果不佳，过度应试的局面尚未明显改变，学生负担仍未减轻；教师因材施教没有真正实施，高中特色化多样化没有真正形成，普通高中教育高度同质化现象依然存在，新课程推进与改革目标要求还存在较大差距。

针对这一现状，我们认为，当前课程改革已经到了必须总结经验、完善制度、突破难点、深入推进的新阶段，必须解放思想，转变观念，大胆创新，深化改革。只有深化课程改革，才能巩固前一阶段课程改革成果，把新课程改革的理念贯彻到底，进一步推进教育现代化；只有深化课程改革，才能转变育人模式，让教师因材施教，让学生有个性地学习，满足不同学生的发展需求；只有深化课程改革，才能让学校特色化、多样化发展，顺应人民群众对多样化的教育需求，顺应经济社会发展对多类型、多层次的人才需求，顺应浙江省实现创新强省、创业富民的发展战略，提高全民族的创新能力和竞争能力。

二、亮点与成效

浙江深化普通高中课程改革着眼于前一阶段课改的突出问题，根据“调结构、减总量、优方法、改评价、创条件”的总体思路，意在五方面开展突破性的改革。

（一）调结构，适当减少必修，切实增加选修

针对原有课程结构不尽合理，学生自主学习、学校特色发展空间时间不足等问题，进一步调整优化高中课程结构。减少统一设置、统一修习的必修课程，增加适合学生发展需要、供学生自主选择的选修课程。必修学分从116学分减少到96学分，选修学分从28学分提高到48学分。选修课程占比由原来的19.4%提高到33.3%。这不仅扩大了学生选择学习的空间和时间，也为普通高中学校形成办学特色提供了可能。

分四类建设选修课程：知识拓展类、职业技术类、兴趣特长类、社会实践类。知识拓展类选修课程包括必修拓展课程、大学初级课程、学科发展前沿课程、学科研究性学习等，旨在让学生形成更为厚实的知识基础；职业技能类选修课程包括生活技能、职业技术、地方经济技术等课程，旨在提高学生的动手能力，掌握一定的生活技能、职业技术，培养学生的专业倾向；兴趣特长类选修课程包括体育、艺术、健康教育、休闲生活、知识应用等课程，旨在发展学生潜能，提高综合素质；社会

实践类选修课程包括调查探究活动、社会实践活动、校园文化活动等课程，旨在引导学生关注社会，培养学生的实践能力、科学人文素养和社会责任感。

必修课程与选修课程是一个层次递进、紧密相连的有机整体，它共同构成了面向全体学生的课程体系。必修课程面向全体学生，保证学生的基本、基础性学习需要，选修课程着眼于满足不同学生的选择性学习需求，二者相互衔接，既为全体学生打下良好的学习基础，又为学生按兴趣、按潜质发展提供了空间，更好地调动学生学习积极性，进一步提高学生的综合素质和专业素养。

（二）减总量，为选修课程腾出时间和空间

针对当前学生课业负担依然过重、应试倾向依然明显的问题，在充分能体现各学科核心思想、观念和价值的基本知识内容，确保普通高中必修课程基本、基础性知识要求的前提下，修订教学指导意见，梳理与整合各个学科的必修与选修内容。减少面向全体学生的必学内容及学习总量，原“选修 IA”和“选修 IB”课程模块列入知识拓展类选修课程，删减重复、非主干和过繁、过难的内容；明晰不同学科不同层级的教学模块、教学要求、教学评价，确保必修课程学科知识和能力体系清晰完整，形成各个学科结构合理、层次递进的课程格局，以满足不同兴趣、不同水平学生的学习需求；适当减少必修，为选修腾出时间，让学生可以在高中宝贵的三年中有时间学习自己喜欢学的、学得会的、符合生涯规划的选修课程，让教育在过程中显示最大的公平性。

（三）优方法，扩大学校课程自主权，实行选课走班和弹性学制

长期以来普通高中“考什么教什么”应试过度、课改理论与教学现实极其相悖的状况，制约着素质教育的推进，影响着新课改实验的预期成果。深化普通高中课程改革，期待突破这样的瓶颈，期待在教学内容

的价值选择、课程进程的结构优化及教育教学行为的改进诸方面，学校能够更好地发挥自主作用。

深化普通高中课程改革“把课程设置权交给学校”。2012 年秋季始，全省不再有统一课表，各个学校在符合课程开设规定动作的情况下，可以根据本校实际和办学特色，自主设计课程规划、自主构建课程体系、自主制订课程开设计划、自主安排课时与教学进度，实行选课走班组织教学。

扩大学生选课空间。普通高中学校在立足自主开发的基础上，充分利用社会资源，加强与高校、中等职业学校、社会机构及行业企业的合作，积极开发丰富多样的选修课程，引进国内外精品课程，利用现代教育技术，开发网络选修课程，建立开放型选修课程体系。

建立学生发展指导制度。为鼓励学生个性化学习，学校要建立和实施普通高中学生发展指导制度，加强人生规划教育，鼓励学生根据兴趣特长和人生规划，制订个人修习计划、自主选择课程学习。学校要建立选课指导制度，加强选课走班管理，允许学生跨班级、跨年级选课。选课走班不只是校内走班，还可以走校、走向社会学习；不只是学生走班，还可以教师走教；不只是选修课程走班，必修课程也可以走班。

实行弹性学制是加强选修课程建设、实现学生选择性学习的必然要求。实行选课走班与学生自主选择修习制度后，由于学生的个体差异，能力的高低，获得学分达到毕业要求时间有先有后。深化课改方案规定，对于有能力在不到 3 年时间完成学业任务、达到毕业标准的学生，允许他们提前毕业，这为一些具有特殊才能的拔尖学生实现自主学习、超常学习、创新学习，提前进入大学创造了很好的条件。

（四）改评价，建立学业水平考试和完善综合素质评价等制度

建立普通高中学业水平考试制度，考试科目为语文、数学、外语等 11 门必修课程，各科目每年开考一次，分别在 1 月和 6 月施考。学生可

以根据自己的课程修习计划，自主选择参加考试的时间和科目，参加同一科目学业水平考试次数可达 2 次，以最好成绩记入档案。

进一步完善学分认定、学生成长记录和综合素质评价制度。建立学分认定诚信制度，确保学分认定的严肃性和真实性。学生综合素质评价重在过程，重在导向，坚持过程性评价与终结性评价相结合的原则，全面准确地将课程修习情况、个性特长发展情况记入学生成长记录档案。坚持进一步公开、公平、公正的原则，确保评价结果全面、客观、科学，真实反映学生的学习成果和发展状况。

（五）创条件，整合各种有利于推进深化课改的资源

各级行政部门积极做好教育资源的统筹工作，各个学校在充分利用现有办学条件的基础上，积极开发和利用社会课程资源。同时区域增量教育资源重点向课程改革倾斜，向薄弱学校特别是农村普通高中学校倾斜，加强选课走班设施与设备等方面的硬件保障，重视教师培训，提升教师专业素养，逐步提高教师配备与培训、选课走班设施与设备等方面的课程支撑能力。

逐步实行普通高中学分制收费。在不增加学生经济负担的基础上，将学费分为注册学费和学分学费两部分，实行学分制收费。在 2012—2013 学年选择若干普通高中进行试点。2014 年秋季入学，在全省全面执行普通高中学分制收费制度。

三、探索与措施

（一）确立课改总体思路和基本原则

2010 年 4 月，教育部印发《教育部关于深化基础教育课程改革进一

步推进素质教育的意见》，提出“课程改革进入到总结经验、完善制度、突破难点、深入推进的新阶段”，“必须高度重视，采取有力措施，坚定不移地推动课程改革向纵深发展”。2010年7月颁布的《教育规划纲要》指出，要“推动普通高中多样化发展”，“全面提高普通高中学生综合素质”。为贯彻落实第四次全国教育工作会议和《教育规划纲要》精神，教育部在全国范围内征集试点项目，浙江省提出“调结构、减总量、优方法、改评价、创条件”的深化课改总体思路，积极参与项目申报工作，2010年10月，在教育部评审推荐的基础上，经国务院批准，浙江省普通高中课程改革试点正式列入国家教育体制改革试点。2011年7月完成《浙江省深化普通高中课程改革方案（征求意见稿）》及附件起草工作。随之，浙江省先后组织了四轮大规模的意见征求活动，广泛听取各级教育行政部门、教研室和各个普通高中学校意见。2012年4月，向省政府作专题汇报与请示，经省政府批准同意，2012年6月，省教育厅公布《浙江省深化普通高中课程改革方案》，召开全省深化普通高中课程改革视频会议，宣布从2012年秋季学期开始在全省普通高中实施。

浙江省深化普通高中课程改革，继续坚持了“实现普通高中学生有选择地学习，促进学生全面而有个性发展”的改革方向，继续坚持了知识与技能、过程与方法、情感态度与价值观的三维课程目标；继续坚持了注重终身学习必备的基础知识和技能，改变“繁、难、偏、旧”和过于注重书本知识的课程内容；继续坚持了发挥评价促进学生发展、教师提高和教学改进的功能等2006年普通高中新课程改革的目标，提出了“坚持有利于培育普通高中的学校特色、有利于促进学生的个性发展、有利于为国家培养各级各类合格人才的原则，加快选修课程建设，转变育人模式，把更多的课程选择权交给学生，把更多的课程开发权交给教师，把更多的课程设置权交给学校，促进高中多样化、特色化，实现学生在共同基础上有个性的发展”的指导思想。

深化课改指导思想的“三个交给”，凸显了完善课程设置，推进选修课程建设，增强选择性学习，转变育人模式的课程改革核心理念。旨在让学校从因材施教出发，打破高度统一的育人模式和教学方式，构建富有时代精神、体现多元开放、充满生机活力、多层次、可选择的课程体系，让学生、教师真正成为教育的主体，从而真正实现学生的个性化学习、教师的因材施教和学校的特色化多样化发展，满足经济社会发展对多样化人才的需求，以巩固和发展课程改革成果，实现教育的现代化发展。

浙江省深化高中课程改革按照“调结构、减总量、优方法、改评价、创条件”的总体思路，以完善课程设置，推进选修课程建设为重点，实践的基本原则是：

（1）多样化原则。推进高中多样化和育人模式多样化，为学生提供丰富且有特色的课程体系，满足不同潜质学生的发展需要。

（2）选择性原则。推进选课走班，建立多层次、多元化、可选择的课程体系和自主选择课程制度，为学生自主学习、个性发展创造条件。

（3）可持续发展原则。注重基础知识、基本能力和核心价值观教学，为全体学生终身学习和可持续发展奠定坚实基础。

（4）循序渐进原则。普通高中课程改革是一项系统工程，不可能一蹴而就，既要坚定课程改革的决心和信心，又要积极稳妥，循序渐进，分步到位。

建设多样化课程是实现学生学习个性化的前提，也是深化课改的关键所在。一直以来，只是重视书本知识单一传授的课程体系，往往有着结构性缺陷，它和学生的多元异质相矛盾，直接影响学生的全面素养和可持续发展能力的培养。深化高中课程改革的指导思想和基本原则，在高度重视基础知识、基本能力和核心价值观教学的同时，凸显了增强选择性学习，转变育人模式，创造适合学生发展的教育的核心理念，着力研究课程与学生需求、兴趣、发展之间的关系，研究怎样打破高度统一的育人模式和教学方式，建立多层次、多元化、可选择的课程体系，弥补现有实施课程的不足，研究推进选课走班，以促进学生学习的个性化，研究教育究竟如何为全体学生终身学习和可持续发展奠定坚实基础，从而真正实现学生的个性化学习、教师的因材施教和学校的特色化、多样化发展。

（二）充分调查研究，统一思想认识

在《浙江省深化普通高中课程改革方案》研制过程中，省教育厅做了大量的前期调研论证和征求意见工作。从2009年始，省厅多次组织相关人员，对全省普通高中实施新课程实验作全面调研，并与国内外普通高中课程设置作比较研究。2011年10月，第一次将深化普通高中课程改革方案印发至全省各级教育行政部门、教研室和普通高中学校征求意见。11月起，省教育厅赴设区市先后召开座谈会34座次，参会人员738人，充分听取各级教育行政部门、教研室和各个普通高中学校意见。2011年12月，教育厅召开省内课程专家座谈会，听取对深化普通高中课程改革方案的意见。2012年2月，教育部基教二司在北京召集有关专家研讨会，听取浙江省深化普通高中课程改革方案。2012年3月，教育厅在上海向国家教育咨询委员会专家汇报了深化普通高中课程改革方案。2012年4月，第二次向全省各级教育行政部门和普通高中学校征求课改深化方案意见，要求各学校同时帮助征求学生及家长意见，并在省教育厅门户网站上向社会公布方案征求意见稿。这期间，我们还向教育部主要领导汇报了课改深化方案。

历经两年多时间的广泛调研与征求意见，通过多角度的调研比较研究，通过四轮多层面的征求意见，不仅向各级教育行政、校长、教师宣传了浙江省深化普通高中课程改革的理念，统一了思想认识，不断坚定了深化普通高中课程改革的信心，同时，也让浙江省深化普通高中课程改革的方案更趋科学、完善、可行。

（三）启动试点实验，示范引领实践

加强选修课程建设是浙江省深化课程改革的重点和难点，十分需要一些学校先行先试，奉献改革的智慧，提供实践的证据，协同行政、专家、校长、教师各方力量，探索各个难点的突破。2011年4月，省教育厅启动“普通高中多样化发展选修课程建设试点”工作，在全省范围内确定30所试点学校，并成立“浙江省普通高中选修课程建设指导小组”，明确试点任务，研制各类选修课程实施方案。30所试点学校积极行动，2011年，率先制订学校选修课程建设规划，开发选修课程，建立和实行选课走班制度。为指导推动试点工作，发挥试点的引领作用，省教育厅两次召开深化普通高中课程改革选修课程试点工作交流会，及时总结试点经验。

【链接1】切合学生实际，对国家课程实施二次开发。宁波效实中学以“培养基础厚，后劲足，全面发展，富有个性的时代精英”为育人总目标，提出通过“国家课程校本化实施”夯实基础，凭借“促进学生个性发展的学校选修课程体系”发展潜能，依托“以‘忠信笃敬’为核心的德育课程体系”提升境界。依据学生的现实基础，着力于时代精英的目标，学校对目前实施的学科教材进行大胆的分析、优化，实施二次开发，形成各个学科三年教学较为完善的课程实施方案，为培养资优学生构建了富有特色的课程体系。

【链接2】充分挖掘校内资源，开发选修课程。杭州市萧山区第二高级中学充分发挥校内教师的特长，利用校友资源，挖掘校园文化资源，凭借学校现有教学场馆，开发选修课程。他们在图书馆开设了萧山南片文化研究、国学研究等选修课程；在艺术楼开设绘画技巧、形体舞蹈基础课程、铜管乐队、电声乐队、播音与主持表演等选修课程；在农业基地开设蔬菜花卉培植选修课程，在食堂开设简易糕点制作选修课程；在学校天文台开设天体物理、天文观测选修课程等。学校已开设了150余门选修课程，为浙江省深化课程改革的作了示范。

【链接3】利用职业学校等校外资源，开发选修课程。湖州市练市中学作为一所农村普通高中，生源质量一般，20世纪90年代曾是一所综合高中。2006年以来，学校积极尝试对学生分类指导和选课走班，成为浙江省普通高中分类指导和选课走班的典型。在深化课程改革中，针对每年有近40%的学生主动报考Ⅲ类，而报考Ⅲ类的学生进入高三学习后课程匮乏的实际情况，他们与职业学院合作，努力构建符合农村普通高中特征和学生发展需要的、以机械汽修、电子电工、电子商务等为主的学校职业技能类选修课程体系，受到学生与家长的欢迎。

（四）开展分类培训，提升课程能力

深化课程改革，迫切需要行政、校长、教师等有一种教育信仰、价值追求、文化自觉和专业能力。加强课程改革专项培训，这对于提升各级教育行政的课程决策指导能力、校长的课程规划设计能力、教研人员的课程开发指导和实施引领能力、教师的课程开发开设能力起到重要作用。为配合深化课改，省教育厅进一步完善省、市、县、校四级深化普通高中培训机制，做到部署在先，认真落实。

省教育厅2011年11月启动全省569所普通高中校长全员培训，2012年春夏，省教育厅又分别组织全省各市、县教育局长、分管局长赴国家教育行政学院、浙江师范大学集中培训。2012年5—8月，省教研室开展深化高中课程改革二项培训，组织全省教研室主任、高中学科教研员、高中学科骨干教师学习明确深化普通高中课程改革的总体要求，研究高中课程的建设与实施。2012年8月，全省普通高中业务校长与选修课程建设骨干教师培训又已启动。迄今为止，参加深化普通高中课程改革的省级培训的人员已有5 000多人次。各市县及学校围绕深化高中课程改革的各项培训与工作也已展开。

（五）征集精品课程，加强资源建设

从浙江省普通高中总体情况看，无论是城市学校，还是农村学校，虽已基本具备开设选修课程的条件，但农村普通高中学校及城镇薄弱学校开发选修课程的资源和条件相对不足的现实确实存在。为推进深化普通高中选修课程建设，调动学校开发课程的积极性，促进课程多样化建设，促进学生个性化发展，在区域做好课程资源建设规划、选修课程资源统筹的基础上，省教育厅开始统筹建设选修课程资源库，重点提供给农村普通高中学校和薄弱高中学校，为各类学校开设选修课程、推进深化课改提供支持和帮助。

2012 年上半年，省教育厅各相关单位通过各种途径面向高校、普通高中、中等职业学校和社会机构征集课程资源，如省教研室组织的“高中精品选课程”征集活动，省基教处组织的优秀选修课程电子教材征集活动，省高教处计划发动在浙高校为普通高中开发大学初级课程等。在征集基础上，组织课程评审，开发网络课程和电子学习平台，建立选修课程资源库，实现优质资源共享，免费为普通高中选用。通过上半年省厅相关部门的征集，共收到选修课程 400 多门，经过专家审议，将把精品选修课程推荐至浙江教育资源网。省教育厅计划在 2012 年下半年至少开发 100 门网络课程，供全省普通高中选用。

（六）改革教学管理，注重专业指导

学校是深化普通高中课程改革的主体和关键。深化普通高中课程改革对于现行的学校管理提出了新要求。在深化课改实施过程中，各高中学校要制订具有学校特色的课程规划和课程体系，建立选修课程评审委员会、学分认定委员会、学生选课指导中心等机构，要完善学生发展指导、学生选课指导、走班管理、学分认定、学生综合素质评价等与深化课程改革相配套的制度，不断探索教学管理机制改革，使课程改革的各项工作落到实处，取得实效。

2012 年秋季开始，全省高中不再实行统一课表，这对学校的课程领导力、学校教学管理制度，形成巨大的挑战。各级教育行政及教研人员指导学校统筹选修课程资源、制订选修课程建设规划、教师开发开设选修课程。学校在把选修课程开起来的同时，高度关注课程的质量，通过成立课程评审准入制度，提升选修课程的质量。

为加强对课程改革的专业指导，2011 年 11 月，成立了浙江省基础教育课程改革专业指导委员会，专业指导委员会下设 30 个专业。由大学教授、特级教师、教研员组成的高中学科专家组直接参与了《浙江省普通高中必修课程调整方案》、《浙江省普通高中选修课程实施指导意见》、《浙江省普通高中学业水平考试实施方案》等方案的起草工作，研究制订了《浙江省普通高中学科教学指导意见》、《浙江省普通高中知识拓展类选修课程实施方案》等。

（七）构建评估体系，加强考核督查

2011 年 11 月，为推动浙江省普通高中多样化、特色化发展，省教育厅制定了《浙江省普通高中特色示范学校建设标准（试行）》，决定以创建课程特色为主要内容，开展省普通高中特色示范学校建设评估工作。2012 年 9 月，省教育厅将正式启动普通高中特色示范学校申报工作。

深化课改任务很重，条件仍需不断完善。随着深化普通高中课程改革的实施，全省将把此项工作纳入对地方政府教育现代化的达标评估，纳入对教育局的教育科学和谐发展体系，强化上述考核督查，促进各地积极推进深化普通高中课程改革。全省各市十分重视深化课改的工作，2011 年年底，杭州等市纷纷召开深化普通高中课程改革现场会，宁波市给市本级各普通高中学校增拨了选修课程开发经费，绍兴市给市本级普通高中学校增加教师编制等，各地渐次行动。

四、经验与启示

浙江省深化普通高中课程改革方案从开始制订到实施，受到教育部领导、课程专家的高度重视以及社会各界的广泛关注。

（一）继续坚持了普通高中课程改革的方向

2011年下半年至今，浙江省深化普通高中课程改革的方案曾多次向教育部领导作专题汇报，得到领导的重视。在2012年2月“国家教育体制改革有关试点项目工作会”和3月国家教育咨询委员会召开的“推进素质教育座谈会”上，浙江省就深化普通高中课程改革的方案也作专题汇报，相关专家充分肯定了浙江省深化普通高中课程改革的改革方向和改革思路。认为课程改革方案的设计继续坚持了我国普通高中新课程实验“实现普通高中学生有选择地学习，促进学生全面而又个性发展”的课改方向，坚持了知识与技能、过程与方法、情感态度与较直观的三维课程目标；把深化普通高中课改、加强选修课程建设、增强选择性作为重点，强调学生在选择中学会选择，特色鲜明，思路清晰，体现了普通高中教育的基础性、多样性和选择性，既有对传统课程缺陷的超越，也有对未来挑战的应对，既解决当前普通高中办学中面临的实际问题，又在未来预设中超前先走一步，对于全国深化普通高中课程改革富有启发意义。

（二）让高中学生有了更多的培养兴趣、发展个性的机会

2012年6月18日，省教育厅召开全省深化普通高中课程改革视频会议以后，全国报纸和大型媒体如《人民日报》、《中国教育报》、《浙江日报》、新华网、中国新闻网、光明网、浙江在线等，对浙江省深化普通高中课程改革都作了报道。新华社和《人民日报》的报道标题为“浙江普

通高中‘新课改’：可提前毕业　可跨校选课”。《中国教育报》的报道标题为“浙江高中课改新政，鼓励‘自主学习’”。中国新闻网和光明网的报道标题为“追求学习的快乐和幸福　浙江深化高中课程改革”。《中国青年报》的报道标题为“浙江普通高中将不再‘千校一面’”，对浙江省增加选修课程，鼓励“自主学习”、实行学分制和弹性学制，允许提前毕业等方面的重大突破给予了充分肯定。

各媒体报道以后，不少网民也在论坛与微博发表评论：“这样的课改真的很好，真正从孩子兴趣出发，让更多的高中生从进入高中那刻起，就思索自己的兴趣所在，初步规划自己的人生轨迹。”“这样的课改，让高中的小孩有了更多发现和培养兴趣爱好的机会。”

浙江省部分选修课程建设试点学校的学生先行尝试自主选择知识拓展、职业技能、兴趣特长、社会实践四类选修课程，面对几十门选修课程的菜单，学生对这样的学习方式表现出极大的兴趣。学生们认为，拥有了更多的课程自主选择权，就是拥有了更多的自主学习、自主发展的时空，他们高中三年的学习生活一定会更丰富、更有收获。

普通高中学生家长对高中课程改革的评价是：教育部门在努力让孩子成为自己的主人，成为对社会有用的人，让孩子在今后选择职业时少走弯路，明确自己的理想和目标。

家长们还建议学校应增加学习策略研究、领导力、动手能力、生存能力和心理辅导方面的选修课程，努力拓宽学生的知识面，培养学生的创新能力和实践能力，让学生在更深入、更多元的专业层面进行学习，为高中生根据自己的兴趣和意向选择学习和发展方向创造条件。

（三）为教师专业提升、学校多样化发展提供了契机

当今“高考第一”、“分数唯一”的评价导致了所有普通学校的应试过度，“千校一面”，造成了学生苦、教师累、学校压力大的现实。校长们认为：深化普通高中课程改革，直面了学生的共同基础——人之为人的

现代公民素养；直面了学生的差异发展——顺应学生的选择；直面了学生成长的质量——基于每个人的幸福成长；这是现代教育最人性的风采、最理性的光芒。

在改革的实践中，校长们建议，如果说浙江普通高中2006年进入新课改实验是自上而下地展开，那么深化课程改革就应该进入到一个自下而上的阶段，必须从学校实际出发，从学生实际出发，从教师实际出发，做好实践推进的文章。学校教学要从分数导向的课程形态走向选择导向的课程模块，从校长中心的课程管理走向师生中心的课程合作，从集约式的课程组织走向个体化的课程学习，从分层型的课程评价走向分类化的课程诊断，在探索增强课程选择性的同时，高度关注课堂教学模式的改进，关注教师的专业提升，关注学校的多样化、内涵式发展。

（四）实现人才培养模式有效对接的探索

浙江深化普通高中课程改革方案公布以后，在省内高校引起了较好反响。“人才培养模式的选择取决于社会对于人才的需要及人的个性化发展的需要。现代社会开放性发展是一个多元的状态，对于人才需求是多类型的。因此，人才培养类型结构必然是多样的，如应用型人才、复合型人才和各类创新型人才。高度同质化的教育安排，无法适应经济社会对人才培养的需要，也无法满足不同的人的不同发展需要。”省内有所高校的校长认为，以学生为中心的课程设计将是未来课程改革的必然选择。

高校校长和教授们认为：作为高校，对基础教育这样的改革充满期待。高校教育，应该尽快实现有效对接。一是通过沟通交流做好大学与高中知识体系的有机衔接，避免教学内容的简单重复，避免认知规律出现偏差；二要指导与帮助高中开设选修课程，积极参与开发适合高中教育、又有利于高中与大学衔接的网络课程和视频课程，丰富高中选修课程库；三是直接为高中学生开设选修课程，允许学有余力的拔尖高中学生到大学走班上课，利用暑期等时间为优秀中学生开设能激发学生对科学向往的知识拓展类课程；四是在学生思想教育上保持一致，积极引导学生做好终身学习规划。

（五）对社会教育资源的有效利用给予了重视

本次深化普通高中课程改革，提出整合各种课程资源，扩大学生选课范围。鼓励职业高中、高等院校、企业和社会办学机构开发开设符合普通高中学生需要的选修课程。省科技馆等社会文化教育机构，对这样的设计表示赞同。社会有十分丰富的教育资源，这些资源都希望“被整合”，被利用。社会各界建议，要向世界发达国家学习，建立健全的校内外合作机制，改变目前存在的信息不对称、科技馆、博物馆少有人问津、学校与社会隔绝的现状，从制度上保证学校与社会机构合作渠道的畅通，提高学校和老师利用现有校外资源开展课程教学的积极性和主动性。

五、结　语

深化普通高中课程改革任重道远。由于社会环境的影响，尤其是激烈的社会竞争已深深渗入教育内部，深化普通高中教育还存在着理念更新、师资队伍建设、育人模式变革、课程资源开发、场地实施等方面的现实困难。目前全省各级教育行政和普通高中已积极行动起来，纷纷按照深化普通高中课程改革方案的要求，组织教育行政干部、校长专题学习浙江省深化普通高中课程改革方案，组织各种形式的教师培训，部署开展相关工作。普通高中认真分析学校实际，根据学校定位制定学校课程规划，大力开发各类选修课程，精心设计学校开课计划，确保深化普通高中课程改革顺利进行。我们将坚定不移地推进改革，既要明确改革方向，大胆探索实践，又要注意工作节奏，循序渐进，分步到位，确保课程改革扎实推进，取得实效。

下　编

市县实施

加快制度改革
为全面素质教育实施提供原动力
——山东省潍坊市教育管理制度改革的探索与实践

一、域情与教情

潍坊市，地处山东半岛中部，辖4区、6市、2县，设有国家级高新技术产业开发区、滨海经济技术开发区、综合保税区。全市总面积16 140平方千米，约占全省总面积的10%。据2010年第六次人口普查统计，全市常住人口为908.62万人。

潍坊市历史悠久，人才辈出，矿产资源丰富，是世界著名的风筝之城，先后荣获中国人居环境奖城市、国家环保模范城市、国家卫生城市、国家园林城市、全国双拥模范城市、全国科技进步先进市、中国优秀旅游城市、中国人居环境奖水环境治理优秀范例城市、中国优秀创新型城市、全国创建文明城市工作先进城市和国家知识产权工作示范城市。

近年来，潍坊作为山东半岛蓝色经济区和黄河三角洲高效生态经济区两个国家区域发展战略的叠加城市，抓住机遇，着力转方式、调结构，实现了经济社会又好又快发展。2011年，全市完成地区生产总值3 542亿元，增长11%；全市财政总收入完成466.8亿元，增长22.5%，其中，地方财政收入253.9亿元，增长25.4%，经济总量居山东省第四位。同时，文化建设、社会建设、生态文明建设全面推进，社会保持和谐稳定。

潍坊具有重教兴学的优良传统，历史上曾有“两汉诸儒半齐人，五经博士多潍生”的美誉；在宋朝，苏轼知密州时其弟苏辙发出了“至今东武遗风在，十万人家尽读书”的感叹；郑板桥的“教子论”在潍坊至今传为美谈，影响了一代又一代人。全市现有各级各类学校 1 483 所，在校生 133 万人，教职工 93 173 人。其中，小学 1 057 所，在校生 539 043 人，教职工 39 376 人；初中 309 处，在校生 328 517 人，教职工 28 817 人；普通高中 51 所，在校生 161 832 人，教职工 16 281 人。各级各类幼儿园 1 671 处，专任幼儿教师 1.42 万人，在园幼儿 22.6 万人。被国务院确定为“探索中小学校长职级制，深化中小学教师职称制度”试点市，被教育部确立为全国课程改革实验区、中考改革试点市，是中国教育学会确定的全国唯一地市级教育综合改革实验区。先后被评为全国基础教育先进市、全国教育督导工作先进市、全国艺术教育工作先进市。

1996 年，全市所有县市区全部普及九年义务教育。

1998 年，潍坊市委、市政府向全市推广高密一中实施素质教育的经验，形成了独具潍坊特色的“高中突破，三段联动，区域推进”的素质教育模式。

2002 年，教育部副部长王湛对潍坊寿光市基础教育均衡发展的报道作了重要批示：“均衡发展是基础教育的本质要求，也是社会主义教育事业的本质要求。希望有更多的地区能像潍坊的寿光市这样坚持基础教育的均衡发展。”

2001 年潍坊市下辖的高密市作为国家首批课改实验区开始实施新课程，2003 年义务教育课改在所有县市区全面推开，2004 年全市所有高中学校开始实施新课程。

2006 年潍坊市被中宣部、教育部、人事部、社科院、团中央五部门确定为“全国素质教育先进典型”。

2007 年被中国教育学会确定为“全国教育改革实验区”。

2008 年 1 月，潍坊市全面实施了免费义务教育。

2008 年 1 月，山东省政府在潍坊召开全省中小学素质教育工作会议，推广潍坊市 9 项素质教育工作经验。

2008 年 3 月和 7 月，教育部先后两次推广潍坊市中考改革和基础教育质量保障体系经验。

2009 年 3 月，潍坊市被教育部、人社部确定为“全国中小学教师职称改革试点市”。

2010 年 10 月 24 日，潍坊市被国务院确定为“全国深化中小学职称改革试点市”。

2010 年 12 月 7 日，潍坊市“组建教育惠民服务中心、建设服务型政府”被评为“全国第二届地方教育制度创新奖优胜奖”。

潍坊市坚持以办好让人民满意教育为目标，不懈怠、不动摇、不折腾，一以贯之，敢为人先，改革创新，加快发展，让潍坊的孩子接受到更好的教育，实现了“有学上”到“上好学”的历史性转变。

二、亮点与成效

在推动经济社会科学发展的进程中，潍坊始终坚持教育优先发展战略，认真落实《教育规划纲要》，将教育作为全市重点提升和打造的“三大亮点（另外两个是农业产业化和城市建设）”之一，全力推进教育事业的科学发展，努力办好高质量、人民群众满意的教育，在山东省委、省政府组织的对地市科学发展综合考核电话随机访谈中，人民群众对潍坊中小学教育的满意率连续四年名列各行业之首，市教育局被山东省委、省政府表彰为“人民满意公务员集体”，被中央文明委表彰为“全国文明单位”，连续两届获得全国教育改革创新特别奖，在 2011 年 7 月 14 日教育部党组召开的《教育规划纲要》颁布实施一周年座谈会上，被教育部确定为实施素质教育、办好让人民满意教育的先进典型。

教育部基础教育课程教材发展中心曾经在2010年对潍坊进行大样本抽测。这项涉及城乡310所中小学的3.4万名中小学在校生的抽测结果表明：潍坊学生学业水平、课后课业辅导、合理休息时间、学习动机等各项指标明显优于全国“常模”水平。在全国青少年科技创新大赛、中小学生电脑制作和机器人比赛中获奖项目总数连续9年位居全国地级市之首，潍坊已经成为全国“211”、“985”等著名高校的优质生源输送基地。这说明，潍坊一流的教育质量，不是在学生负担加重，而是在学生相对轻松和愉悦的状态下取得的。人民群众反映强烈的乱收费、乱办班、乱摊派教辅资料、加班加点加重学生课业负担以及重教书轻育人等问题在潍坊都得到了有效解决，这正是全国教育工作者多少年来孜孜以求的理想状态。

潍坊素质教育之所以能够取得显著效果，主要得益于通过一系列机制、制度的重建，形成了小学、初中、高中三段联动，学校、家长、社会三位一体，市、县、校三级贯通衔接，整体推进素质教育的新局面。

潍坊市坚持育人为本，以全面实施素质教育为主旋律，持续全面提高育人质量。建立起上下贯通、衔接的12项学校育人为本基本制度和18项区域推进素质教育制度，把育人为本落实到学校的日常行为之中，为各级各类学校面向全体学生、促进每一位学生健康成长提供了坚强有力的制度保障。国家教育体制改革领导小组于2012年5月31日以《重建五大机制、十八项制度——山东潍坊整体推进素质教育》为题，全面系统地推介了这一做法。

经过十多年的探索，潍坊形成了一系列保障素质教育深化实施的制度，其中最具代表性的是中考招生制度、校长职级制度、社会参与的规范办学行为制度、教育督导制度。

从2004年开始推行的中考招生改革，使多次考试、等级表达、减轻学生课业负担成为现实；综合评价、组合录取，育人为本、健康第一、全面发展落到实处；学校自主、社会监督，招生录取保障和促进每位学生健康成长，适合每一个孩子发展的需要。中考招生录取成为素质教育的“指挥棒”。

从2004年实施的中小学校长职级制，全部取消学校行政级别，校长由教育部门“归口”管理，“管人”与“管事”统一起来了。到目前已建立起校长后备人才、校长专家遴选、校长职级管理、职级绩效薪酬和与教育部门交流任职、局长专业任职资格等制度，鼓励和保证每一位校长积极主动地走向教育家办学的路子。

从2008年开始，潍坊加快建立社会参与的规范办学行为制度，成立教育惠民服务中心，全面畅通群众诉求表达渠道，将全部学校和教师的办学育人行为置于公开监督之下；通过市场机制组建教育督导巡视团，形成有报必查、违规必究的快速维权机制；建立学校满意度测评和教师评优晋级师德前置审核制度，让学生和家长参与到评议学校和教师中来；建立育人为本12项基本制度，让每个学生的成长状况影响校长和教师的前途命运。促使所有学校和教师面向每一位学生，全力保障学生的基本权益，促进学生健康发展。

从2001年开展的教育综合督导，结果都要于每年“两会”期间在当地媒体上公示，各个县（市、区）对教育的投入、师资队伍建设、办学条件改善等近百项评估指标全部公开在全市人民面前。教育让群众监督、评判，保障了教育“优先发展”地位的落实。

上述四大改革，相互衔接贯通，缺一不可，促使潍坊素质教育不断深化，成为独具特色的“潍坊素质教育模式”。

三、探索与措施

（一）“中考改革”——开辟素质教育新天地

2002年的一天，一封人民来信，摆在了时任潍坊市教育局局长的案头。信中说："孩子们实在太辛苦了！晚上写作业一般都要熬到10点、11点多才能上床，早上5点多就急急忙忙往学校赶。你们早上到大街上看看吧，第一批行人除了环卫工人，就是学生和家长。孩子们连觉都不能睡足，让人心痛啊！"

这封信，让潍坊决策者颇受刺激，为什么教育改革搞了这么多年，学生的负担却越来越重？为什么下了这么多减负的文件却管不住一个小小的书包？问题的症结究竟在哪里？归根结底就是考试制度。只要考试评价制度这个"指挥棒"不改变，学生过重的课业负担就是一个无解的难题。

几经努力，历时近一年，一份颇具历史意义的"新中考"方案新鲜出炉，方案的出台得到了国家教育部的大力支持和热情鼓励。

为稳妥起见，方案需提交市长办公会研究，因为，中考牵连着千家万户，传统中考延续了几十年，教师接受，家长认可，现在要进行伤筋动骨的改革，势必会引来社会高度关注，可谓牵一发而动全身，不能有丝毫马虎！一份中考改革方案，提到地市级政府常务会议上研究，这恐怕在全国也不多见。

2002年，经市政府常务会议研究决定，全面推行以"综合评价、多次考试、等级表达、多元录取"为主要内容的中考招生制度改革。但是，如何让社会、让家长能够从心底认可和理解"新中考"，就要动用非同寻常的宣传策略。潍坊电视台新闻频道、教育频道当晚向社会宣布中考改革方案出台，《潍坊广播电视报》、《潍坊晚报》开辟专栏，详细解读了"新中考"方案。

"新中考"制度实施之后，民意测验结果显示，对于"新中考"家长满意和非常满意度高达96.9%，学生满意和非常满意度也达到了92.3%。中考改革进行得如此顺利，家长、学生满意度如此之高，这得益于社会对中考改革的理解和支持，得益于教育部门保证了学生、家长的知情权，增强了全社会对教育改革的认可和支持。

这是一次成功的改革，更是老百姓的由衷期待。

2004 年在潍坊市辖区内的高密市先行试点，2005 年在五个县市区实施，2006 年在全市全面铺开。至目前，已基本建立起“等级表达、综合评价、多次考试、多元录取、社会参与”的中考招生制度，这项改革改变了成千上万学生的命运，开启了潍坊素质教育的新时代。

1. 等级表达解除了套在学生身上的分数枷锁

传统中考的分数评价方式，有一万个学生，就有一万个名次，迫使学生和家长分分必争——因为有时候半分之差，就决定一个学生能否升上理想的高中。分数评价，让绝大部分学生成了失败者，让整个初中阶段都笼罩在分分必争的阴云之下，这片阴云甚至已经蔓延遮蔽到小学的时空。分分必争给每个学生带来了精神紧张与过度焦虑。

“新中考”彻底改变了延续几十年的分数评价，改用等级评价。

具体操作策略是：依据学生成绩的正态分布规律，将语文、数学、英语、物理、化学、生物、思想品德、历史、地理、体育与健康 10 门学科考试成绩分别转化为 A、B、C、D、E 五个等级，中考成绩就以这五个等级来公布。如此一来，分数的精细区别在中考中就基本被模糊掉了。

对于这一点，学生的体会最为深刻：“如果按照分数排名，压力多大啊！谁都想进入班级前几名，要想进入前几名，就必须一分一分地争，太苦啦！实行等级制，考 99 分和 90 分都是 A 等，没有啥区别，又何必拼命去争取那个 99 分呢？我可以腾出更多的空闲去做自己喜欢的事情。”去年刚刚升入高中的刘雅丽同学说起等级制，赞不绝口：“就拿我原先那个班级来说吧，有 15% 的学生 9 个学科都拿到了 A，有一半的同学至少有一门学科获得 A 等，人人都充满信心，多好啊！”学生的话，不经意间说出了等级制的另一个优势：按照分数评价，中考成绩是各学科分数相加的和，这个成绩把学生的学科优势遮蔽了。等级制之后，即使按总分排名处于下游的学生，也会有一门甚至两门、三门功课为 A 等。2012 年，中心市区初三年级 8 747 名考生中，有 5 214 人至少获得一个 A，占考生总数的59.61%。这样把学生从对分数的极端追求中解放出来，把学生的学科特长、个性才华凸显出来，让越来越多的学生找到了成长的自信、快乐和自己生命的亮点。

2. 综合评价、多元录取搭建学生成长“立交桥”

潍坊市“新中考”制度的另一个鲜亮特点是：对用学业考试无法体现的各方面素质和初中三年的成长过程全部作为学生综合素质进行评价认定，认定结果与语、数、英学科成绩等值对待。把分数录取的“华山一条道”变成了“综合录取、特长录取、推荐录取”三条道，过去的“独木桥”变成了“立交桥”。

综合录取方案设计了三大组合：第一组合是语文、数学、英语和综合素质组合，第二组合是把体育学科与物理、化学等值对待，第三组合是政治、历史、地理、生物。过去天天吆喝要开全开齐课程，要重视学生综合素质培养，但是，音体美课、综合实践活动课被语数英等考试学科挤占的现象屡禁不止，为什么？考试制度不变，仅靠口头吆喝或下文件是没有用的。在“新中考”面前，这些焦点问题迎刃而解！

“新中考”把综合素质界定为道德素养、学习能力、交流与合作能力、运动与健康、审美与表现、创新意识和实践能力六个方面。综合素质考评从初一学生入学就开始了，学校要为每个学生建立成长档案，以学生的日常表现为依据，以道德素养、学习能力、交流与合作能力、运动与健康、审美与表现、创新意识和实践能力为评价内容，对学生进行日常评价、学期学年评价、终结评价。学生参加社团活动、社会实践、竞赛，甚至担任校报主编、校园电视台主持人这些过去在家长看起来是“玩”的事情，只要取得了成绩，都作为“标志性成果”记入档案。

学生的综合素质，依据学生初中三年成长记录和“标志性成果”，由所报考的第一志愿高中学校，来为考生确定综合素质等级。这里又涉及“新中考”的另一个重要变革：下放招生权力，由各高中学校自主招生，促进高中学校特色办学。高中学校拥有了自主招生的权力，就可以根据自己的办学特色，制定个性化的招生方案，招录个性化的学生。高中特色办学有考试制度的支撑，才有了底气，有了可持续发展的动力。

综合素质与语、数、英三大学科等值，那些综合素质比较高的学生就受益良多。但是还有一些学生，学科成绩一般，综合素质也不见得有多高，却有着某些过人的特殊才华，这类“偏才怪才”怎么办？“新中考”从综合录取中开出一条“贵宾通道”，设计了推荐录取方式，由初中学校诚信推荐，高中学校测试，适当降低中考成绩，专门破格录取具有特殊才能的学生。此举，为“奇才、怪才”打开了“机遇之窗”。

高密实验中学的郭宗帅，设计制作的“地面低空气象卫星”在山东首届中小学生创造活动竞赛中荣获一等奖。如果按文化课成绩录取，他肯定会被挡在高中校门之外，但通过“诚信推荐”这条“贵宾通道”，他不仅上了高中，还在高中三年学习生活中充分激发出创造潜能，凭着“火箭”领域的研究成果被南昌理工学院航天航空系破格录取，大学期间，获首届“未来之星”中国优秀特长生称号，应邀现场见证了“神舟六号”载人飞船的发射升空。谈到现在的成就，他激动地说：没有潍坊的“新中考”，没有高密实验中学的那些高度敬业的老师，我现在可能只是一个在生活旋涡里挣扎的泥瓦匠。

2011年，全市51名“偏才、怪才”或凭借深厚的国学底蕴，或凭借突出的程序设计，或凭借创造发明的突出成就，或凭借模特表演方面的突出优势，直接进入高中学习。

3. 多次考试力克一考定终身

传统中考，学习三年一次考试，近乎一考定终身。“新中考”对此进行了拓展：学完一门学科，学生就可以参加一次考试，这次考试的成绩记入档案，毕业时折算成相应等级，作为高中录取的依据。如初一结束时，学生可参加地理、生物两学科的学业水平考试；初二结束时，可参加除化学外的其他学科考试；初三结束时可参加全部学科的考试，如果对前两次考试某门学科考试成绩不满意，可以进行第二次甚至第三次考试，并以最好的成绩参加高中录取。

2010年，全市7.33万名考生中有1.39万人次选择参加了第二次考试，其中政治学科第二次考试的学生占学生总数的17.7%，其中有29.88%的学生取得了比第一次考试更好的成绩。

这一改革化整为零，增加选择，减少了一次中考决定成败的压力，减少了偶然性，更容易考查学生的真实水平。此举，不仅受到学生热烈欢迎，学生家长也深表赞同。潍坊市长电子邮箱中，曾收到潍坊育才中学学生王丽霞妈妈发来的电子邮件，她深有感触地写道："回想起自己当年参加中考，那可是一场疲惫不堪的战斗啊！现在我女儿正赶上中考改革，九个学科分散考试，包袱一个一个地扔，一个一个地突破，结果很轻松地拿了两个A，而且也没影响其他学科学习……"朴素的话语、由衷的称赞，道出了"新中考"的卓然成效。

4. 中考改革催生课程改革千枝竞秀

中考改革，这是蝴蝶扇动的翅膀，引发了课程改革的"飓风"，刮起了课堂教学改革的"风暴"。

中考的"压力弹簧"一松开，孩子们有了"看星星的时间"，被分数压抑的兴趣、爱好、特长开始"苏醒"，个性得到了"解放"。音、体、美全面复兴，各种社团和兴趣小组如雨后春笋。全市以"励志修身、体验感悟、实践探究"等为主题，在全市开发了560多种校本课程，引导和帮助学校开发了"朝阳读书"课程、"五个一成长"课程、"人生规划与职业指导"课程、"阳光60分"健身活动课程、"名家进校园"课程、社团活动课程、传统节日课程、社区教育与服务课程等一大批精品活动育人课程，帮助全市中小学打造了以参与、体验、感悟为特色的校本课程体系。目前，全市有90%以上的中小学校开发了10门以上的校本课程。

为弥补创新精神和实践能力教育资源的不足，从2001年起潍坊市拿出上亿元，建立了全国第一所中小学科技创新教育实践基地，所属8个县市总投资2.5亿多元建起了各自的实践基地。基地设施齐全，开发了无土栽培、智能机器人、细胞组织培养、安全救护等11大类210多种基地课程。满足500批次近20万学生的实践创新教育，保证所有初中学生接受不少于一周的实践创新教育。还在各高中和规模较大初中，分别建设了四千到一万平方米不等的自修楼或自修室，在部分学校新建了“创造发明工作室”、“电脑机器人实验室”等特种教室，实行全天候开放，鼓励学生自主创新。

在潍坊，占用音体美课时进行数理化的补习已经是不可能的事。某学校因假期建筑施工占了操场，开学后无法上体育课，结果不到一周学校便遭到家长举报，因为体育课不开，会直接影响到中考体育科的成绩，这是实实在在的利益之争啊！落实好国家课程方案已经成为学生、家长和学校的内在追求。

“新中考”引发了课堂教学的深度变革。2004年开始，市教育局以调整课堂关系、重建课堂结构为重点，以典型示范、分类指导、分层推进、评价引领、督导保障为基本策略，以重大问题创新奖、燎原奖、金点子案例奖为保障激励机制，2006年起连续4年把课堂改革作为年度工作的第一要务，2007年起连续3年对课堂进行专项督导，总结推出了“自主互助学习型”课堂教学新流程。

在“自主互助学习型课堂”的引领下，教师教、学生被动听，大量机械重复训练得到根本改变，在潍坊中小学的课堂上先学后教、主动思考、合作探究、大胆质疑成为常态。昌乐二中一所学校2011年就有来自全国30个省30 135名校长、教师到学校考察课堂教学改革，还应邀请派出近500人次的教师到26个省培训教师。此外，潍坊高新区北海学校韩兴娥海量阅读教学法，高密康成小学王香兰生活化作文教学法，赵红单元整体教学法，毕英春1+X教学法，李红霞综合教学法……一大批有着鲜明个性色彩的教学法千姿百态，纷纷亮相，成为潍坊教育一个又一个闪闪发光的品牌。

中考改革还促进了学科教学变革。就文科来说，潍坊市以整合课内外教学内容，在课内实现大阅读为着力点，大力度地推进语文教与学的调整。开展了中小学“语文主题学习”，指导学生利用三分之一的课时学习教材上的精品课文，三分之二的课时围绕单元主题进行大量课内阅读和写作。潍坊市部分小学阶段学生的课内外阅读量即达到 1 000 万字左右，几乎是课程标准规定阅读量的 10 倍。理科类课程开发了“引桥课程”，帮助学生增加生活体验和感性认识，便于大多数学生突破教学难点。

与此同时，据省新华书店统计，潍坊新华书店教辅资料销售额在全省 17 地市中连续四年最低。这说明，对教辅材料说“不”，已经成为潍坊老师和学生的“集体无意识”。

有数字为证：全市学生参与实践活动取得的标志性成果逐年增加，由改革之初的生均 1.2 件，上升到 2010 年的生均 3.8 件；每年中小学生获各级各类奖平均在 20 万件以上，居于全国地级市前茅；在全国青少年科技创新大赛、中小学生电脑制作和机器人比赛中，潍坊市获奖项目总数连续 8 年居全国地级市首位。

学习成果硕果累累，学生体质明显改善。分析 2010—2012 年体育考试成绩，体质测试优秀率从 2010 年的 11.6% 提高到 2012 年的 41.2%，及格率由 86.6% 提高到 92.9%。

一石击破水中天，潍坊“新中考”引发诸多高层人士的关注和思考。原国家教委副主任、国家总督学柳斌先生看了潍坊中考改革的材料，兴奋得两眼发亮，很激动地说：“现在高考的巨大压力已经下移到小学阶段，太可怕了！我一直呼吁，在没有更好的办法改革高考制度之前，一定要把高考压力封闭在高中学段。要通过中考改革，让小学和初中阶段的孩子充分放开，快乐地成长，你们的‘新中考’很有价值，意义重大！”

（二）推行中小学校长职级制，让专家办学成为现实

1. 摘掉“官帽”，让校长专业回归

北京师范大学一个研究小组的一份跟踪调查显示：小学校长一年里只有二分之一的时间能够待在学校，高中校长更少，在学校的时间只占正常工作时间的五分之一，初中校长居中。那么，校长们的大部分时间在干什么呢？很多人是在参加各种不相干的会议，在迎来送往、觥筹交错中度过一天又一天。

校长被捆绑在行政序列里，还给教育部门的管理带来一些困扰。一般而言，县级教育局都是科级单位，而县里的重点高中如县一中则是副处级单位，科级的局长领导处级的校长就会出现“纠结”。教育局的决策和政令到了比自己级别高的学校，能否落实，那就要看校长的素质了。

校长的流动也因为行政化而产生了几乎不可逾越的障碍。行政层级的升迁特点是只能从低级别往高级别走，除非是犯了错误，否则不可能高职低就。而大校、强校、城里学校普遍“级别”较高，于是校长只能从小学校向大学校、从弱校向强校、从农村学校向城里学校流动，人才往高处汇集的结果就是强校越来越强，弱校越来越弱，教育差异的鸿沟越来越深。

也正因为一些高中学校级别高，便时常有一些从来没有干过教育的政府干部，为了解决级别问题，跑到学校来解决“身份”问题，由此带来的问题是外行领导教育，很多背离教育规律的事情不断发生也就不足为奇了。校长行政化，已经成了众所周知的阻碍教育均衡发展、阻碍现代教育制度重建、阻碍教育家成长的一大体制障碍。

不摘掉校长的“官帽”，不搬掉这座大山，教育改革就很难往纵深处推进。这是一项“深水区”的改革，只有涉过“深水区”，教育才有希望。

2004 年 9 月 17 日，一个在潍坊教育史上值得书写的文件——《中共潍坊市委办公室潍坊市人民政府办公室关于推行中小学校长职级制度的

实施意见》正式颁布。文件开宗明义，直抵核心：

“在全市范围内，一次性取消中小学校长原有的行政级别，中小学校长作为行政干部身份的人事档案，从原来的组织部门、人事部门管理，全部划到教育局归口管理。”

到2004年10月底，全市559所学校撤销行政级别，935名校长的人事档案悉数从组织部门、人事部门取出来，全部放到教育部门归口管理，这就意味着长期戴在校长头上的“乌纱帽”从此被摘了下来。

摘掉了“官帽”的校长，实行6个级别的职级管理：最高是特级校长，其次是一级至五级校长。过去，校长的行政级别跟学校关联在一起，只要在县一中当校长，无论干得好坏，校长都是副处级；现在，职级只跟业绩相关，而跟学校没有了太大关系，即便是在一个乡村中学，只要你干得出色，照样可以被评为高级甚至特级校长。如此一来，所有校长都站在了同一条起跑线上，以后比的不再是级别高低，而是专业发展的水平。

取消了校长的行政级别，扫清了校长校际交流的障碍。一个校长可以在一中干，也完全可以到乡下中学干，因为待遇是随着职级走的，在哪里干都一样。取消了校长的行政级别，把那些不懂教育的政府干部为解决级别问题，跑到学校占位子的人挡在了门外。

2.“系统升级”——校长职级制再深化再完善

校长去行政化、实行职级制管理，是中国教育发展的必由之路。一名好校长就意味着一所好学校。学校育人的特殊性要求校长是一个经不起“失败”的职业。因此，如何选校长，怎样能够选到好校长，必须建立一个长效机制。

潍坊市广泛调研，几经酝酿，对2004年版的校长职级制进行了“系统升级”。2011年，中共潍坊市委办公室、潍坊市人民政府办公室转发了市委组织部、教育局、财政局、人社局《关于深化和完善校长职级制改革的实施意见》，对校长的产生、职级评定、任职年限、职级酬薪、校长后备人才建设等作出了明确规定。

建立校长后备人才库，把校长当成一种公开追求的职业。“升级版”职级制，首先设立了高中校长准入门槛：市教育局建立高中校长后备人才库，市域内高中校长出现空缺，必须从后备人才库中公开选聘。而要想“入库”，现任高中学校校级干部、优秀中层必须经过自愿申报、组织推荐、面试考选。此举彻底堵死了非教育系统人员进入校长行列的门径。

“升级版”职级制，赋予了校长“组阁”权：副校长由校长提名，经全体教职工投票70%以上通过后，教育主管部门负责聘任，校长届满，副校长则同时届满；学校的中层干部一律采取公开竞聘的方式产生，在公开竞争的基础上，由校长聘任。“组阁”权让校长拥有了最充分的自主办学空间——这一政策，与很多地方连学校的中层干部都要由教育局或者组织部门任命的做法，形成了强烈反差。

适当延长校长任职年限，实行校长职级酬薪。行政序列里的校长，按照党政干部退休标准，科级干部到52岁就要退居二线。一位老师走上正职校长的岗位，一般都要到45岁以后，干不到几年就要退休，这显然是一个巨大的人才浪费。要知道，52岁正是一个校长阅历、思想、经验都进入成熟期的最佳年龄段。为了让校长能够着眼长远谋划工作和人生，为了推动教育家的成长，“升级版”职级制对退休年龄做了重大突破：高级和特级校长可以延长任职年龄，最长可达65周岁。

“升级版”重新拟定校长绩效工资标准，根据不同职级，绩效工资增加个人应发工资总额的25%—80%。这样，中高级以上校长的收入得到较大幅度提高。

为了给校长发展提供更大的空间，同时也为了吸纳优秀的专家进入管理行列，“升级版”明确规定：优秀校长可以调任教育行政部门担任领导。

“升级版”对校长的产生做了硬性的制度约束：新任校长全部实行考

选制，由教育部门、教育专家和学校教师代表，共同组成推选委员会来确定校长人选。

升级版的校长分为四级：特级校长、高级校长（分一、二、三档）、中级校长（分一、二、三档）、初级校长（分一、二档）。校长职级实行评级晋档、动态管理制度。目前，全市941名规模以上学校校长均纳入职级管理序列，其中高级校长215名，中级校长432名，初级校长267名，试聘期校长27名，呈现出分布合理、渐次递进的职级分布态势。

3. 设置门槛，规范教育局长任职资格

县教育局长除具备党政干部任用的基本条件外，还应热爱事业，一般为师范类院校（专业）毕业或具有从事教育工作的经历；熟悉人才工作政策，尊重教育规律和人才成长规律；具有一定的学术研究水平。教育行政部门领导班子成员中，有教育工作经历的人员一般不少于三分之二，原则上要有担任过校长职务的人。

这是我国地方第一次对教育局长的任职资格作出明确规定，这是史无前例的破天荒之举，遏止了非教育出身人员担任教育干部的现象和趋势。

4. 搭建平台，让专家办学成为现实

在潍坊更多的校长们开始由琢磨怎么当“教育官员”转为思考怎么当“教育专家”。做一名专业校长，乃至做一名教育家的梦想，已经植入每一个校长的心底。昌邑一中校长张景和，原来是昌邑教育局副局长，一年前，转身一变，由副局长变成了昌邑一中校长。2010年至今，已有7位县区教育局副局长走上了校长岗位，还有13位县区教育局副局长经过自愿参加专业测试，进入了校长后备人才库。

据不完全统计：现在潍坊市的中小学校长都能做到平均每个工作日至少听一节课、读一小时书、与10名以上的教师和学生进行面对面深入沟通交流。如潍坊四中的韩忠玉校长，几乎每年听课都保持在200节左右。新的平台促成了一批在校内外有影响的知名校长：以“把每个孩子的一生变成一个成功而精彩的故事”的昌乐二中校长赵丰平；以课改而闻名的潍坊广文中学校长赵桂霞；以“让农村孩子接受更好的教育”为毕生信念的临朐县海尔希望小学校长韩相福；以“信心教育法”破解了学生成长动力难题的潍坊四中校长韩忠玉；以全力打造“技术创新人才”的高密一中校长侯宗凯；以“追求发展高境界”著称的诸城一中校长李宪阳；以打造“根基教育”为特色的潍坊外国语学校校长程新民；以“参与教育”为特色的高密实验二小校长张群；以“科研兴校”闻名的首位“小学教授”昌邑奎聚小学校长姜言邦；等等。

目前，在全市纳入职级管理的941名校长中，具备市级以上教学能手、优秀校长、特级教师、名师等称号的占61%，具备县级称号的占92%。全市乡镇中心小学以上67%的校长出版过专著或在国家级教育报刊发表过论文，获得齐鲁名校长人选的比例在全省最高。

校长去行政化，彻底堵死了非教育出身的干部为了行政级别进入学校的门径。以青州市为例，2000—2004年全市共调入外系统干部28人，约占全体学校干部总数的10%，而校长去行政化之后，没有一名外系统干部调入学校任职。

校长去行政化，还极大地推动了校长交流。自2004年改革开始至今，各县（市、区）每年都有近10%的校长进行校际轮岗交流，市直学校校长轮岗面超过80%。全市中小学中层干部由5 507人减至4 147人，162名校长、251名副校长被调离领导岗位，830名学校原中层干部落聘，717名原中层干部应聘了教辅和工勤岗位，469名县（市、区）驻地学校领导干部到乡镇学校任职。

5. 下放权力，推进学校自主办学

潍坊校长职级制改革的核心是放权。改革前，曾有人断言：让权力部门让出权力，让既得利益者让出利益，无异于“与虎谋皮”。但是，潍坊决策者做到了；潍坊的组织、人事、财政、人社部门做到了。他们以“壮士断腕”的勇气，果断地迈出了这一步。

潍坊不仅把选校长的权力放出去了，近年来又把教师岗位竞聘和推荐权力下放到学校。2009 年，作为全国三个试点城市之一，潍坊率先进行了中小学教师职称改革，将中小学统一系列、职级内再分档、设立正教授职称作为职称改革的主要内容，由学校自主制定方案经教职工投票 85% 以上同意后方可实施，真正把职称竞聘权力还给了学校、交给了教师。此举彻底解决了过去职称评聘出现的矛盾，激发了广大教师追求专业成长、争上教育教学一线的热情。

国家教育咨询委员会委员、中国教育学会原副会长张民生，对潍坊中小学校长职级制改革作了这样的评价：潍坊的校长去行政化，是一项了不起的改革，它冲破了传统的利益格局，构建了新型政校关系，恢复了校长本来的“职业面目”，赋予了校长充分的办学自主权，为校长成长搭建了平台，为教育家办学提供了制度保障。

这项改革的意义，还不仅仅在于为全国推进校长专业化、实行校长职级制提供了一条可借鉴的路径。它同时让我们思考，教育领域一些长期存在但又解决不了的难题，看似是学校、教师的问题，实际上，很可能是制度的问题。只要下定决心，上下同心，在制度创新方面勇于突破，敢于尝试，再困难的问题也是有可能解决的。

（三）创新社会参与的规范办学机制，构建素质教育实施的良好环境

潍坊的教育改革触及了体制和机制“高压线”，“中考制度改革”牵动了社会的敏感“神经”，但让人不解的是，如此一场“教育变法”居然风平浪静、波澜不惊；“校长职级制”平稳过渡；“中考改革”7 年无一人上访。更让人惊叹的是：人民群众对教育局“满意率”，非但没有因改革出现波动，而且屡创新高，连续四年居全市各行业之首。在信息如天、反应如电的“网络时代”，这不能不说是一个奇迹。

潍坊是个教育大市。全市有中小学生 108 万人，加上学前教育、职业教育，总数不下 160 万人，如果再加上家长，全市有三分之一以上的

人口与教育直接相关。深刻的教育改革，对应着海量的人口，用一位专家的话说，搞教育改革，“出点事儿很正常”。在教育改革这块“是非之地”，潍坊凭借什么，赢得公众的理解和支持，达成了如此广泛的“改革共识”？

1. **畅通社会教育诉求渠道，架起人民群众“连心桥”**

从百姓需要出发，为群众利益着想。处在波峰的潍坊教育局一直执着于现代教育制度思考。按市教育局局长张国华的说法，制度这个战略问题不解决，其他所有策略无论多么有创意，都属于战术范畴，无法从根本上扭转战局。建立新型的公共服务制度，这是必须要思考的一个问题。

2008年3月，教育局面向市区家长搞了一个问卷调查——你最需要教育局提供哪些教育服务、解决哪些问题？问卷调查汇总上来，大家都吃了一惊，问题还真不少：从孩子入学入托，到各种职业培训，从乱收费到课业负担……林林总总，多达数千条。

教育局对征集到的所有问题仔细归类，反复分析，最后梳理出了入学、考试、就业、社会培训、家庭教育、心理咨询、困难资助和政策咨询与投诉等众多领域，显然，要解决涉及面如此广泛的问题，单靠某几个科室是不行的。于是，一个整合了8个科室和3个直属单位的服务职能、下设7个分中心的“教育惠民服务中心”诞生了。相关科室21名工作人员被抽调上来成为专职的工作人员，机关各科室主任轮流前来惠民中心“主政”，每次为期一个月。

2008年5月5日的启动仪式上，潍坊教育局局长张国华郑重地向社会承诺：“只要涉及教育方面的咨询和需求，均可在教育惠民服务中心得到满意的答复和解决。”这是国内第一家“一站式”教育服务窗口。

中心配备了14台网络咨询电脑，开通了8791010教育服务热线电话。24小时接听投诉和咨询。现在每天平均101条电话记录。分中心电话一天20多个，网上咨询五六十个。

潍坊广播电台和《潍坊日报》常年做广告，宣传热线电话，单是这两项支出每年就高达几十万元。现在的社会知晓率达到了 80%。

如今的分中心，已经从最初的 7 个变成了 9 个，它们是：校企合作服务中心、社会培训服务中心、幼儿教育服务中心、校友资源开发服务中心、家庭教育服务中心、毕业生分配服务中心、学生资助管理服务中心、咨询与投诉服务中心、出国留学服务中心。

惯常见到的是机关部门千方百计回避问题和矛盾、千方百计搪塞百姓需求，而潍坊市教育局每年花巨款广而告之，主动寻找问题和矛盾、主动寻找百姓需求。

作为全国首家教育“一站式”服务中心，潍坊市教育惠民服务中心成立至今，已受理咨询 6 301 人次、投诉 2 674 件次、办理事项 7 070 件、发布信息 8 113 条，网站点击 100 多万人次……

惠民中心主任的手机里一直保留着这样一条短信：“本来抱着试一试的念头打出求助电话，真没想到你们这么认真。如果所有政府机构都像你们这样办事，就不会有老百姓骂娘了！”短信寥寥数语表达了人民群众对惠民服务中心的高度认可。

测查民心民意的体温表，把握人民群众脉搏的跳动。开办一个高效的便民窗口，这是当初惠民中心为自己的定位。现在看来，惠民中心的职能和价值，已经远远超越了当初的设计。每天早晨 8 点，当局领导走进办公室，每个人桌上都摆着一份来自惠民中心的“每日动态”；各科室主任走进办公室，都会看到一份来自惠民中心的“咨询事项”。每隔一段时间，惠民中心又会将群众反映的热点、难点问题，通过书面的“焦点分析”，向教育局提出解决意见和建议。这种真实而迅速的问题和信息反馈机制，让教育局“耳聪目明”，面对矛盾能够反应机敏，处置得当。

通过教育惠民服务中心，市教育局能够及时而真切地感受到广大家长的呼吸，触摸到师生的心跳。小小中心，已经成为潍坊市教育局测查民心民意的体温表。

惠民中心运行数年，有效改变了机关工作人员对待群众、对待工作的情感，改变了机关工作人员的作风，这是没有想到的意外收获，是衍生效益。

潍坊市教育惠民服务中心的成功，主要来自于其制度设计的科学性。过去，我们很多制度设计是把群众单纯当作管理的对象。基于这样的理念，制度设计的出发点就是穷尽一切办法来管理、防范和约束，这样的制度带来的必然是与群众的对立和冲突。教育惠民服务中心则与传统做法完全不同，它的设计原点就是直面问题和矛盾，为每一个需要的人提供量身定制式的具体服务和帮助，如此一来，原本高高在上的制度就与百姓需要零距离亲密接触，就有了温度和情感，有了人性和关怀，成了社会安定的稳压器、释压阀。

潍坊近年来不断推出关联到上百万家长利益各种改革举措，却没有引发一次针对教育改革的上访事件，老百姓对教育的满意度如此之高，能够赢得这样好的口碑，惠民服务中心的制度设计功不可没。

2. 购买服务，引进“第三方督导”

引进“第三方督导”是潍坊教育“社会参与式改革”的一大亮点。过去，关起门来搞测评，既当运动员又当裁判员，很难保证评价的客观公正。潍坊把评价权从教育局分离出来，以“购买服务”的方式，让独立的社会中介机构来进行评价，许多问题迎刃而解。

2008 年，22 名已经退休的校长、专家、教育管理干部、教科研人员，成立了一个民间机构——潍坊市创新教育评估中心，组建了教育督导巡视团，教育局与其签订协议，教育局每年出资 30 万到 50 万元，“购买”其督导服务，如果督查质量发生问题，将依法解决、扣减费用。

22 位督学都是从事几十年工作的“老教育”，他们品行端正，热爱教育，敢于担当，有责任意识，熟悉管理，懂得教学，经验丰富，巡视中既“督”又“导”，为学校出了不少主意，还写了很多分析报告，像《关于初三学生分流问题的分析》、《关于校内小卖部问题的分析》、《关于学校两张课表问题的分析》、《关于师德问题投诉量过大的情况分析》、《关于普通高中近期投诉量骤增的情况分析》……一个个报告，具体扎实，敏锐前瞻，成为教育部门决策的重要依据。

为了保障问题查处客观公正、处理得当，实行查处分离。教育督导巡视团负责对违规办学行为查真查实，市政府教育督导室会同教育局有关科室对违规办学行为查实情况、进行会商，并作出处理、处罚，处理结果及时向投诉者回复，满意率几乎达到100%。自2008年以来，共收到来自惠民中心和市长热线的群众投诉6 800件，查处6 800件，且件件能满意，件件有回应。制度确保违规办学行为有报必查、查实必究。

3. **满意度测评，让利益相关方加入到监督行列。**

谁是教育的利益相关方？谁最关心办学质量？谁最在意班主任？谁对学校安全最上心？当然是家长，如果让家长来评头论足，那肯定是一股强大的监督力量。

人民群众对教育满意不满意，高兴不高兴，是衡量教育改革成功与否的重要尺度。2010年，潍坊市推出了满意度测评制度。要确保满意度测评的公正，就必须请独立的第三方来运作。潍坊市社情民意调查中心是一家独立的大型专业民意调查机构，力量雄厚，声誉颇佳，潍坊市绝大部分政府部门都委托它们开展各种调查。

要确保满意度测评的准确，就必须做到样本选取数量足够多、样本抽取随机。调查中心根据各个区县的人口数字，按照一定比例，面向全市所有学生家长，电脑随机抽取调查对象，现场电话调查。

要确保满意度测评的公平，就必须公开和透明。调查期间，各个区县的教育局“一把手”到调查中心现场，通过扬声器，可以清楚地听到调查员跟家长的对话。

调查围绕“整体办学、班主任工作、校长和教育局领导干部作风、学校安全”等五个方面，提供“满意、一般、不满意”三个维度供家长选择。

为什么一个满意度调查，能让各个县市区的教育局长们这么上心？因为市教育局在测评制度设计上动足了脑子：满意度测评的分数，乘以县市区当年的督导成绩，得出的成绩与潍坊市委市政府对区县一把手的政绩考核挂钩。

满意度测评，并非潍坊首创，全国很多地方都在搞，为什么“风景这边独好”？很简单，是测评制度创新的结果。至此，我们可以发现，潍坊教育发展的最大推力全部来自于制度创新，在各个层面、各个维度、各个领域，只要遇到问题，他们首先选择的就是从改变制度入手寻求突破。

一位县教育局局长曾经深有感触地说：“市教育局这一点的确很了不起，我们基层单位出了问题，他们从不埋怨、不指责、不推诿，而是深入研究问题症结，研究如何创新制度来从根本上治理和防范问题再度发生……”

的确，“制度变了，一切才能变；制度好了，一切都好！”一位教育家的话，最能精辟概括潍坊教育改革的真谛！

潍坊市把家长直接请进学校，让家长参与其中，亲身感受，自己得出结论。高密密水街办城南中学，2012 年 4 月 28 号，搞了一个体育节，学校邀请学生家长和孩子一起到学校参与活动。孩子在活动中取得了成绩，老师当着家长的面，把孩子获得的荣誉放在档案袋里，并告诉家长，这个成绩在孩子的“综合素质评价”中，将起到一定的作用。这样一来，家长不仅明白了什么是“标志性成果”，而且亲身体验到参加活动对孩子个性发展的好处，主动要求让孩子参加学校的活动。

这个学校每周都向学生家长发邀请函，邀请家长到课堂听课。听完课之后，还要请家长评课，提改进意见。原先许多家长对中考改革后的课堂是个什么样子，一无所知，心里没底。到学校听上两节课，亲眼目睹了改革给课堂带来的变化，特别是看到自己孩子，在课堂上思想活跃，大胆提问，疑虑顿消。有家长感叹道，“虽然我们没赶上这么好的教育，但我们的孩子赶上了！”对教育改革的支持溢于言表。

这只是“利益相关者”参与教育改革的一个缩影。

满意度测评制度是潍坊市 12 项育人为本基本制度其中的一项。为保障学校工作全面导向育人为本，办好人民群众满意的教育，潍坊市教育局建立了市、县、校三级联动，贯通衔接的12项育人为本制度体系，包括从落实公平对待每一位学生角度建立的全员育人导师制度、学生安全目标责任制度、资助救助制度、毕业生去向考核制度4项制度；从保证教师落实育人为本角度建立的师德考核评议制度、学情会商制度2项制度；从保证家长知情权、参与权、表达权、监督权角度建立的教师与家长经常沟通制度、家长学校制度、家长学生评议教师制度、家长参与学校管理评价制度4项制度；从保障学校依法管理角度建立的问责制度和学生违反校规校纪惩戒制度2项制度。

12项育人为本基本制度把师德、安全、育人等作为评先树优的前置审核条件，切实保障每一位学生的合法权益不受侵害。市教育局每学期委托独立的第三方机构就学生和家长对学校办学以及师德情况进行满意度调查，让学生和家长的意见能够影响校长和教师的去留进退，依靠制度改变促使每位教育工作者牢固树立以人为本的教育价值理念。教育部在全国推广了这一做法。

中国人民大学制度分析与公共政策研究中心主任毛寿龙教授分析评价潍坊市惠民服务中心的价值取向："潍坊教育局惠民服务中心的改革实践，巧妙地呼应着时代节拍，是前沿，是萌芽，隐藏着未来事物发展的种子。我相信，有一天，它一定会成长为参天大树。""以人为本"是服务型政府的基本特征之一。不能让教育管理部门的需求和行政目标成为最主要的目标，而是应该回归社会、回归学生、回归家长。潍坊的做法正体现了服务型政府的特征，它强调了"寓管理于服务"之中。

国家教育咨询委员会委员、教授、博士生导师杨东平以"我们充满期待"为题对潍坊社会参与规范办学机制高度概括、赞赏有加：潍坊市教育局意识到强化政府公共服务职能，并不意味着集中资源、强化行政控制；而必须转变观念，由传统的政府包揽、直接提供服务，转为采用政府购买、委托管理多种方式，将公共服务、事务性的事项，逐步转移给有能力的民间组织承担，促进政社合作，支持民间组织发展。潍坊市教育局将他们做不了、做不好的“分内事”，富有创意地“外包”出去，巧借外力，以较小的投入，换取了较大的社会效益，在满足社会需要的同时极大地提升了教育服务的品质——正是在这个大环境中，潍坊市教育局的改革别具价值，十分难能可贵。我们对潍坊市教育局的未来充满期待。

（四）构建立体化教育督导，保障素质教育健康可持续发展

1. 年度教育综合督导，触动了党政一把手的神经，教育成为各级党政领导的“兴奋点”

每年的2月中旬，潍坊“两会”如期召开。此时此刻，各县（市）委书记、县（市）长都很关注《潍坊日报》，因为，一年一度的教育综合督导成绩公报要在《潍坊日报》上发布，并发至人大代表、政协委员手中。

在潍坊，教育督导结果为什么能如此牵动党政官员的心？教育督导成绩为什么要在《潍坊日报》上公开发布，而且恰恰选在“两会”期间？

这要追溯到2001年前后，潍坊市面临着严峻的挑战：农村义务教育管理体制刚刚走向“以县为主”，制约农村教育发展的矛盾与问题依然比较突出。教育投入相对不足，“三个增长”落实不理想，一些区县的教师工资没有落实到县财政统一发放，教师工资城乡标准不统一，公用经费不能足额拨付；教育资源不足，多数学校办学条件不能满足教学需要；“人民教育人民办”时期的一大批校舍进入了危房期；教育发展不均衡，县城之间、城乡之间、学校之间发展不均衡的状况比较突出，教师队伍的数量与质量不能完全适应素质教育的需要；教育评价制度不健全，政府给学校下达升学指标，以升学率为唯一标准评价学校，以教学考试成绩为唯一标准评价教师，以学科考试分数为唯一标准评价学生的现象依然存在……解决这些问题，必须依靠县市区党委政府。

2001年9月，潍坊市委、市政府正式发文：每年一度，对县市区、

乡镇党委政府及有关部门，进行教育工作综合督导评估。教育指标纳入党政干部政绩考核，作为提拔任用的重要依据。没有落实以县为主管理体制、教师工资没有实行县级财政统一发放的，考核视为“不合格”；教师工资不能按要求发放、教育投入不能保证“三个增长”的，考核不得定为“优秀”。评估“优秀”的先进县市区表彰奖励，经复评仍“不合格”的，责令限期整改。

把教育发展指标纳入党政干部政绩考核，作为提拔重用的重要依据。正是这关键的一句话，让潍坊的督导变得刚性十足，以至于后来人们都称之为“刚性督政”。

“刚性督政”让教育督导摆脱了“软骨症”，挺直了脊梁，潍坊教育从此有了一个重要的抓手。

各县市区相继建立健全了教育发展目标责任制；原先拖了多少年不能解决的教师工资由县财政统一发放问题，明显加快了解决的步伐。

督政要督出效果，督导结果要力求客观公正，潍坊市推出了教育督导廉政制度，明确了“三公”（督导前公告、督导成绩公示、督导结果公报），规定了督导人员的“三自”（食宿自理、车辆自备、费用自出）、“四禁”（严禁陪餐、严禁饮酒、严禁接受馈赠、严禁接受宴请），确保公正廉明，违者严肃查处。

监督要取得效果，最重要的是公开，一公开就有了公正，一公开就有了压力。2002 年 10 月，潍坊“两会”正在热烈地召开着，一份登载着各县区教育督导成绩排名的《潍坊日报》送到了代表们手里。教育督导成绩一公布，一下就把教育的知情权、评议权和监督权扩大到全社会，置于全社会的监督之下。县市区党政领导手里端着党报、两眼盯着督导公报公布的各有关数据，有喜悦、有动力。

连续十一年的教育综合督导，督出了潍坊教育的新天地，导出了素质教育的好环境。每年把各县区教育督导成绩“晒”在党报上，这一招确实收到了巨大效果。教育优先发展的地位基本确立。全市教育经费投入大幅度增加。预算内教育经费投入占财政总支出的比例连续六年（自2006年起）名列全省第一，全市“两项附加”的征收和拨付全部达到了100%。生均公用经费连年递增，2011年全市义务教育学校生均公用经费均超过了省定标准，11个县市区达到山东省“教育工作示范县”公用经费标准。中小学教师工资水平持续提高。全市中小学教师月均工资由2006年的1 704.31元，提高到2011年的3 445.77元，年均递增17.03%。所有县市区教师工资全部纳入县级财政、城乡一个标准发放，养老、住房、医疗等社会保障制度得到了全面落实。新教师不断补充引进。2006—2011年，6年间引进大学毕业生11 743名，80%以上安排到了农村学校任教，农村教师老龄化问题得到有效缓解，极大改善了农村学校教师结构。中小学校舍安全工程顺利推进。2009年校舍安全工程启动以来，至2011年年底已完成校舍改造规划总任务的90%以上，投资数额和改造面积占到全省的近三分之一。

现在，各县市区党政领导早已经习惯了这种强大有力的“督政”，习惯了借督导的力量来提升教育品质。

更重要的是，一把手们都已经从内心深处认可了发展教育的重要性，党委政府重视教育在潍坊已蔚成风气。市委、市府把教育定为全市重点提升的“三大亮点”之一。

2.“包督到人”，实现教育督导全覆盖、无缝隙、常态化

面对教育发展的大好形势，潍坊市教育局冷静思考、深入分析，认为，潍坊教育发展的主旋律是健康的，但一些不和谐的音符时常存在，如学校的收费过乱，学生课业负担过重，课程设置与实施不够规范，教师有偿家教等，这些问题年年都强调，分管科室经常下去巡查，但全市近2 000所学校、幼儿园，跑断腿也全跑不到，按下葫芦瓢起来。

正如潍坊市教育局主要负责同志所说，不怕出现问题，就怕找不到解决问题的策略。

抓教育督导，仅仅“矛头”向外强力“督政”还远远不够，还必须勇敢“向自我开刀”，面向教育自身严格细致地“督学”。有什么办法，能让督导的触须延伸到教育的每个角落呢？不久，一支随访督导队伍组建起来，他们被委以重任，手持“尚方宝剑”，重点随访督导市区学校学生负担过重、在校时间过长等热点问题。两年下来，收获颇丰，市区学校的种种问题得到有效遏制。

“随访督导”，效果立竿见影。但如何把这种“随访督导”的效果常态化、扩大化，延伸到全市所有学校，做到对全市学校督导的无缝隙覆盖呢？经过一番思维火花的碰撞，借鉴当年“包产到户”的经验，实行“包督到人”。于是，2006 年 10 月 27 日，潍坊市教育局印发了《关于建立潍坊市教育督导责任区制度的通知》；2009 年 7 月 29 日，潍坊市人民政府办公室印发了《关于建立督学责任区制度的意见》，由此产生了在全国基础教育领域颇具影响的“督学责任区”。

市教育局将全市所有中小学、幼儿园，划分为 11 个市级督学责任区和 145 个县级督学责任区，聘请市、县两级教育部门的科室人员、教研员为督学，每个责任区包括 10 所左右的学校，委派 2 名以上督学，通过明查暗访、推门听课、列席会议、座谈问卷、查阅资料、校园巡视等方式，对学校规范办学、安全稳定、教育教学管理等进行经常性督查指导。

市教育局明确要求，责任区督学要合理安排督导周期，制定学期、学年督导计划；每月提交督导工作纪实，每学期提交督导报告；责任区工作考核与督学绩效考核挂钩……

从那时起，潍坊市所有中小学校门口都多了一块特别的标志牌——“督学责任区公示牌”，上面有责任区负责人、责任督学姓名，违规举报电话。家长、学生可随时打电话举报不良现象。督学督导，一览无余地置于阳光之下。

对督学发现违规行为，作如下处理：小问题，督学可直接指导学校改正。重大违规行为，要及时向督导室和主管部门报告，对问题较多或解决不力的县市区，责任区督学可直接约谈教育部门负责人。最关键的是，各类教育评选表彰，督学推荐的先进典型具有优先权，督学不予认可的，可实行一票否决。2010 年仅 1—8 月，全市 568 名督学督导学校数量就多达 1 000 多所，几乎将所有学校都督导一遍。市级督学发现的突出问题 267 个，反馈给主管部门，102 个得到解决，其余问题限期整改。各责任区督学共提报经验典型 155 个，其中 35 个上报局常务会议，反复审议后采取多种方式予以推广。原先多少年市级督学到不了的学校，因为"包督到户"，现在每所学校每年都能去好几趟。据市督导室统计，现在每年督学们平均在基层督导约 20 天。

市教育局学前教育科科长发现幼儿园之间教师配备差距大，很多教师都未取得幼儿教育资格证，马上汇报领导，出台了整顿幼儿园的文件。她说："不下去看看还真不行！"市教科院小教科科长、数学教研员角色转化为督学，经常深入基层听课，而且有听必评。他不仅听本学科的课，还经常听物理、语文等，以便全面了解情况。他说："督学这个岗位，使我对基层教学有了更深入的认识！"

如果说潍坊的教育综合督导是一条线，那么随访督导就是一个点，"包督到人"则是一个面，如今，潍坊的教育督导已经形成一线贯穿、点面结合，全覆盖、无缝隙、常态化、立体化教育督导大格局。

3. 督导委员会制度，保障潍坊教育更好更快发展

2011 年 8 月 29 日，潍坊市人民政府办公室下发了《潍坊市人民政府办公室关于成立潍坊市教育督导委员会的通知》，成立了教育督导委员会，诞生了全国第一个由市长亲自担任主任的教育督导机构。教育委员会聘请全国和省人大代表、政协委员、知名企业家、德高望重的校长为委员，其主要职责及实施重点是对市级教育、财政、人社、编制等相关部门进行监督；对市属院校办学情况进行督导评估；对县市区教育工作进行督导评估决策。确保对各级教育的监控无空白；确保相关部门依法履行教育职责，使之到位而不越位和缺位，真正把教育置于政府的监控，而为学校自主办学提供强有力的支持和保障。我们坚信下一步潍坊教育督导的形势会更好。

国家基础教育课程教材专家工作委员会主任委员王湛来潍坊教育调研时，以较长的篇幅对潍坊的教育督导作出评价：潍坊的教育督导在全国独具特色，有三个突出变化：一是加强督政，政府把督政责任挑起来，督导结果在媒体上公布，在“两会”期间发布，强化社会舆论监督，调动了区县党政一把手办教育的积极性；二是建立内外结合、以内为主的督学队伍，推出了“包督到户”的督学责任区建设，督好自己的事，促进教育内涵发展；三是通过购买督导服务来强化督导的客观性和独立性，通过引进第三方力量参与督导评估，促进了“管、办、评”现代教育制度的建立，体制内督导和体制外督导相辅相成，督导效益大大提升。

四、经验与启示

上述四个方面的改革，如同四个轮子同时驱动，如同制度供应链条相互衔接、环环相扣，四个轮子密不可分、缺一不可。其中，社会参与的规范办学是优化素质教育外部环境的前提，中考改革是实施素质教育全面解放中小学生的核心和指挥棒，校长职级制是实施素质教育、激活人力资源、提高内驱力的根本，加强教育督导与社会监督是全面深入推进素质教育的保障。这四个方面的改革都是基于素质教育的需要提出来的，都立足于为每个学生创造适合的教育。

中国教育从来就不缺少在某个时间段内风生水起、红红火火的改革典型。但是，往往这些红极一时的典型通常不会持续太久，随着领导的更迭，人去政息，改革转向，典型也随之成为昨日黄花，烟消云散。令人赞叹的是，潍坊教育改革历时十年，历经李希贵和张国华两任局长却始终保持着健康、稳定、快速发展的势头，各项改革和创新领先全国，创造了一个又一个教育奇迹。

素质教育之所以能在潍坊开花结果，其经验核心是找到了破解素质教育的关键点。

一是党政领导对教育专业化的极大尊重。遵循教育事业发展规律，不断改善对教育工作的领导，这是“潍坊素质教育模式”形成的基石。潍坊党政领导以高度的历史责任感和使命感，倾心倾力办教育，加大教育投入，扎实推进教育改革，素质教育取得了良好成效。在每年市委市政府为民办的十件实事中教育至少有两件。潍坊市委市政府一班人带着责任抓教育，带着感情抓教育。在认识和理念方面体现出一种改革的高度自觉和高度自信；在方案的设计方面，既着力于破解当前基础教育的热点、难点问题，同时又着眼于整个基础教育本质的回归和自然的提升，体现了一种战略眼光和务实精神的结合；在实施方面，思路清晰，路径明确，措施实在，成效显著；在保障体制的建设方面，坚持政府主导，统筹综合，构建了一个良好的支撑保障和改革推进的平台。

二是坚持以地市为主、区域整体推进素质教育。这是“潍坊素质教育模式”形成的关键。1985 年颁布的《中共中央关于教育体制改革的决定》，就明确提出了基础教育实行地方为主、分级管理的体制。实施素质教育涉及的各项改革，如人事、财务、招生等权限多是在市级层面，如果市级不改很难突破。如果从省级入手，管理幅度过大，很难对基层学校实施强有力、经常性的督导；而县一级在干部管理、中考招生等方面又会力不从心。因此，以市作为整体推进素质教育是比较理想的选择。潍坊充分利用“地方负责”的体制，勇于承担责任，在区域内整体设计，破冰前行，走上了素质教育的宽阔大道。

三是从部门自身改革做起。这是“潍坊素质教育模式”形成的动力源泉。潍坊市素质教育之所以能够开花结果，教育部门发挥了至关重要的作用。教育改革必须首先从部门自身改革做起，潍坊市的改革无不是教育部门敢于下放权力、勇于承担责任、敢于突破固有利益格局的结果。

这其中，教育部门的专业化建设显得尤为重要。与党政领导的良性互动需要教育部门、特别是教育局长要具有较高的专业水平；引领教育改革，赢得社会支持，与人民群众的良性互动同样需要教育部门要有较高的专业水平。外行是领导不了素质教育的，潍坊已经制定出了全国第一个县市区教育局局长的专业任职资格标准，这为内行领导、专家办学提供了制度保障。

构建新型公共教育服务制度，转变部门服务职能，强化服务意识。正确理解和把握“三个关系”。即处理好学校、老师和家长、社会的关系，保护群众的教育权益不受侵犯；处理好教育主管部门和学校的关系，为学校的自主办学撑腰鼓劲、遮风挡雨；处理好教育行业利益和其他部门利益的关系，在教育利益面前敢于担当。

四是把教育改革置于舆论和公众的监督之下。这是“潍坊素质教育模式”形成的助推器。当今社会是一个开放的时代、公民权利时代；是一个信息如电、舆论如潮的时代。潍坊市把舆论为我所用，作为推动教育发展的积极力量。利用舆论的力量来推动工作，就是让工作透明、公开，置于公众监督之下，把知情权、参与权、表达权、监督权彻底还给了人民群众。潍坊市做的最成功的就是把督导结果向全社会公布，将教育工作由党政内部考核变成了谁也无法回避的舆论监督。

潍坊的各项改革大都是从制度层面，从创新的角度，进行系统设计，综合规划，整体推进，所以潍坊教育才有了持续十年的稳定发展。而这些创新制度的实施，都是通过舆论力量、公开监督来推动的。

五、结　语

潍坊市在素质教育方面的改革与探索得到了中央领导、教育部和山东省教育厅的大力支持和充分肯定。全国人大副委员长严隽琪，全国政协副主席罗富，教育部副部长刘利民，教育部党组成员、国家教育行政学院院长顾海良，国家教育咨询委员会省级政府教育统筹综合改革调研组组长、教育部原副部长王湛等领导都曾到潍坊调研和检查工作，专题听取潍坊市教育工作汇报，对潍坊市教育改革创新做法给予了充分肯定和高度评价。2012 年 7 月 4 日至 5 日，新华社、中央电视台、中央人民广播电台、《光明日报》、中国新闻社以及山东电视台、《大众日》报等 20 家中央新闻媒体集中来到潍坊采访素质教育实施情况。

中央和上级部门的支持加快了潍坊素质教育又好又快发展的步伐！潍坊教育发展的经验可以用一句话来概括：只要制度好，教育就好，社会就好！

从教育原点出发　走减负提质之路

——湖南省株洲市减轻中小学生过重课业负担的探索与实践

【引言】“教育是实现社会公平正义最给力的那条‘起跑线’，要办好每一所学校，关注每一个孩子，让每一个学生都能幸福快乐成长，都能身心健康，赢在起跑线上。”这是株洲市市委书记陈君文对株洲教育发展的要求，给了株洲教育人以新的启示。在激发株洲教育活力、全面打造株洲教育名片的基础上，株洲教育系统将减负增效确立为全面落实素质教育的突围点，并在课堂效益提升、学生个性化成长、学生活动课程建设、教育评价制度改革等方面全面展开探索，从而逐步实现办人民满意的教育目标。

一、域情与教情

株洲，古称建宁，位于湖南省东部，湘江中游。公元 214 年，三国东吴在此设建宁郡，南宋绍熙元年（公元 1190 年）正式定名为株洲。

六十年前，在共和国布局全新发展蓝图时，株洲成为全国首批重点建设的 8 个工业城市之一。六十载光阴荏苒，这座新生的城市以奋勇争先、一往无前的“火车头精神”，制造出新中国第一台航空发动机、第一辆电力机车……创造了100多个新中国工业史上的“第一”。

令人印象深刻的“株洲制造”，在共和国的工业发展史册上留下了重重的一笔。在工业经济的推动下，2011年，GDP达到1 550亿元，财政收入达到175.3亿元，综合实力位居中部地区非省会城市之首，被评为“2010年全国十大最具投资价值城市”。

株洲经济旺盛的生命力来自于深厚的工业底蕴，更得益于株洲教育提供的智力和人才支撑。六十年前的株洲，只有零星几所学校。六十年后的株洲，已经拥有各级各类学校1 511所，包括普通中小学637所，幼儿园823所，中等职业学校28所，特殊教育学校4所，高等院校8所。全市在校学生61.7万人，教职工4.74万人，专任教师3.49万人。拥有了从幼儿园到大学的完整的国民教育体系。

办出一流的教育，培养一流的人才，创造一流的事业，一直是株洲教育人矢志不渝的追求。

2008年，株洲市委、市政府作出了“建设教育强市”的决定，提出到2015年，在全省率先建成教育强市。集结号吹响后的三年多时间里，市委、市政府三次召开高规格的教育强市推进会。2010年，市委、市政府亮出政策组合拳，先后颁布了《株洲市建设教育强市行动计划（2010—2015年）》、《株洲市城区基础教育三年攻坚计划》等，绘就了一张全新的教育强市蓝图。这张蓝图的主题是——“高水平的普及教育、惠及全民的公平教育、更加丰富的优质教育、体系完备的终身教育”。市委书记陈君文多次强调，“各级党委政府怎么重视教育都不为过，各级财政怎么投入教育都不为过，全社会怎么支持都不为过”。在株洲，优先谋划教育发展战略，优先落实教育投入，优先保障教师待遇，优先安排教育用地已经深深融入各级政府的执政理念中。

在教育强市和教育优先发展的理念支撑下，近年来，株洲教育也取得了一系列成就，形成了自己的教育特色。

2006年，将义务教育管理权限全部下放到区，成为全省第一个实现

“义务教育以县为主管理”的市，同步调整了财政体制，有效强化了市、区两级政府的教育责任。2010年，又制定了《城区基础教育三年攻坚计划》，实施“小学扩容”、“初中创优”、“高中提质”三大工程，仅2011年，新、改扩建义务教育学校13所，城区增加学位7 724个，城区学校“大班额”问题得到有效化解；连续三年单列“城区基础教育三年攻坚”专项经费每年3 000万元，重点推进建立质量监测体系、提高课堂效益、建设精品课程等五个项目，促使城区一批优质公办初中脱颖而出，“择校热”得到有效“降温”；严格执行高中招生“三限”政策；坚持“小班化”办学，全市高中平均班额不到44人，城区高中平均班额不到39人。在全省率先按新课程标准配齐理化生实验设备设施，启动20个学科基地和特色项目建设，直属高中基础设施和办学水平全面提质。

株洲市把义务教育作为教育发展的重中之重，把均衡发展作为义务教育的重中之重，坚持“三个同步”：城乡学校同步建设，并在硬件建设、基础设施投入上，重点向农村倾斜；师资力量同步加强，加强师资力量调配，加大岗位交流力度，加大城乡交流力度，加大对口支教力度；办学效益同步提升，推广“城乡结对”帮扶和委托管理、集团办学模式。在此基础上，在全省率先启动创建义务教育均衡发展先进县市区评估，着重从政府层面，通过奖励机制，推动区域整体义务教育均衡发展。

义务教育以县为主的探索、教育均衡发展、择校热难题破解、教师专业化发展、个性化学校建设、督学责任区建设、艺体“2＋1”、学校社区资源整合利用、育人为本的“三育”模式、学科基地建设……一项项探索和实践，在为株洲教育带来活力的同时，也铸就了株洲教育一张张的“特色名片”，株洲教育也在实践中逐渐形成了其“厚德崇学、思源立新”的教育区域文化。

在亲自调研和思考的基础上，市长王群提出了“快乐德育、人文智育、阳光体育”的“三育”教育理念，并已经在实践中改善着株洲的教育生态。提供适合每一个孩子的教育，关注学生的全面发展、健康成长，成为株洲教育人更为踏实的教育实践。

二、亮点与成效

切实减轻中小学生过重的课业负担，是株洲市综合教育改革的重要组成部分，也是教育综合改革的“突破点”。其主要思路是：从人才培养和成长的基本规律出发，以制度化减轻学生课业负担为出发点，以提升教育教学质量和效益为支撑点，以综合配套改革为保障点，以全面提高教育水平和育人质量为落脚点。

2010 年 12 月，株洲市出台《株洲市中长期教育改革和发展规划纲要（2010—2020 年）》，明确提出“提供适合每一个学生的教育”的主导理念，要求全面推进素质教育，更好地适应所有学生的全面发展，切实减轻学生过重课业负担，努力提升学生综合素养，让每一位学生健康快乐成长，这一理念也为株洲市全面减轻中小学生课业负担、提高教育质量和效益指明了方向。

在纲要的指引下，株洲教育确立了“减负增效提质”之路，并打出了“组合拳”，其基本路径如下。

（一）以制度为保障，切实减轻学生的课业负担，为改革的顺利推进护航

2011 年 4 月，株洲市举行了规范办学行为暨天元区“让学生健康快乐成长”项目启动仪式，仪式上转发了《天元区教育局关于“让学生健康快乐成长”实施方案》，要求各县市区承诺三个保证（即保证学生睡眠时间、保证阳光体育每天锻炼一小时、参加社会实践活动和社团活动时间），从制度层面确保形成面向全体学生、促进学生全面发展、符合素质

教育要求的办学环境。

随后，修订出台了一系列制度，从管理，到教学，到学校、校长、教师成长，从各个方面为切实减轻学生的课业负担提供保障。

（二）全面提升教育教学质量和效益，为切实减轻学生课业负担提供支撑

如果减负以质量下降为代价，那么这样的实践注定难逃失败的命运。正是基于这种认识，株洲教育把课堂效益提高作为基础，将 2011 年定为课堂效益建设年，启动市级“课改”样板校建设，成立“市级课改推广中心”。深入课堂收集教学问题，分学科开展系列“有效课堂”研讨活动，研究解决方案。建立课程资源库，充分利用远程教学设备，实现城乡学校资源高度共享。广泛开展个性化作业设计比赛活动，倡导教师设计探究性、开放性、体验性和实践性作业，建立校本作业资源库，促进学生学习方式的转变。

教师教学水平是实现学生减负的关键，因此，株洲市全面启动了教师专业化成长计划。“四名”工作室建设、学科基地建设、“马安健教育奖”评选、“百优十佳”教师评选、“名师集结营”网络平台、“青年教育英才成长计划”、“教育特派员工程”等，相继启动，使教师整体水平大幅提升。

通过全面提升教育质量，保证了学生课业负担减轻的同时，学生的学业水平却能全面提升，从而赢得了社会各界的支持。

（三）以综合配套改革为保障点，用减轻学生课业负担拉动综合改革，用综合配套改革保障学生课业负担的减轻

以均衡为要义，启动中小学“百校结对帮扶”行动，全面提升学校教育质量，在促进均衡的基础上，营造相对统一的改革环境。按照“地缘相近、规模匹配”的原则，以盟校结盟教研为龙头和突破口，实施

"结盟捆绑考核";引进、推广"新基础教育"和"适才教育"试验;以优质学校为引领,培育创建一批注重学校内涵发展的样板学校。

启动学校发展模式改革,以办特色学校为目标,在基础设施建设中重点倾斜,在日常管理中政策扶持,在学校全面发展中突出特色,着力培育科技创新、书香校园、课程改革、阳光体育、传统文化传承、语言文字、快乐德育 7 类特色学校,通过提升学校品质和特色为学生负担的减轻扫清道路。目前全市有培育校 165 所,已认定 80 所,"一校一品"正成为学校的自觉追求。

改革对县市区教育局和直属学校年度考核评价办法,倡导发展性、过程性和多元性评价,并将减负提质作为各级政府教育履职的重要内容。将减负提质、课改增效与学科带头人、骨干教师评选挂钩,推行教师职级制,破解教师职业倦怠现象,加强对教师的专业引领。

(四)以全面提高教育水平和育人质量为落脚点,打造学生喜爱、家长社会满意的育人环境

以丰富课程内容为重点,彻底纠正唯高考科目论的错误观念,开发适合青少年快乐成长的课程体系。成立快乐德育研究会,开通快乐德育网站,建设 100 所"心育"示范校,推广快乐德育课程化建设。整体推进阳光体育、体艺"2+1"项目,将该项工作纳入县市区年度教育履职考核。建设未成年人综合素质基地、青少年活动中心、乡村(社区)少年宫等活动阵地 50 所,规范综合实践活动课程实施,开发攸县皮影、炎陵瑶舞、醴陵鬼歌等富有地域特征的校本课程,为学生的全面发展、综合素养及创造力的提升提供鲜活的教材。

以评价为导向,强化学生综合素质考核,整体调动全面实施素质教育的积极性。从 2004 年起,改革学生综合素质评价办法,将学生参加社会实践活动、生活德育、综合实践课程等表现按等级计入档案,并作为学生升学、评优的主要指标,育人水平和质量全面提升。

一分耕耘，一分收获。通过一系列减负提质的措施，株洲教育的内涵不断提升，办学品质不断改善，教育生态不断优化，从而在实现“让每一个学生健康快乐成长”教育理想的道路上迈出了坚实的步伐。

2010 年 10 月，教育部基础教育课程教材发展中心下属的“建立中小学生学业质量分析、反馈与指导系统”项目组来到湖南株洲，对株洲所有学校的四年级学生和九年级学生进行测试，并出具了《2010 年株洲市中小学生学业质量分析报告》。报告显示，株洲学生的睡眠时间比较充足，完成作业的时间不是太长，学生创造能力得以有效提升，学生对教师教学的认可程度相对较高。正如芦淞区庆云山小学杨璞玉校长所说的那样，要让株洲的孩子们如同自由绽放的花儿，享受着幸福的童年时光、欢快的少年时代……

高中学业水平和高考数据也显示，株洲高中学业水平考试合格率、人均分三年全省第一，高考二本上线率、学科人均分等多项指标均居全省前列，总上线率连续三年 99% 以上。

调查数据还显示，近几年来，株洲的孩子体质明显增强，中小学生的身高、肺活量等身体形态指标，力量、速度、耐力等身体素质和运动能力指标较每一年都有明显提高，学生的近视率、肥胖率均有所下降。

不仅如此，在 2011 年，全市参加省级、国家级科技发明、创新大赛等硕果累累，获奖累计 100 余项。4 所学校挂牌湖南省科技创新基地学校，占全省半壁江山。代表湖南省接受国家“两基”验收，获特殊贡献奖；代表湖南省接受国家教育督导团对中小学生体卫艺工作的督察，受到高度评价；全省义务教育均衡发展现场会在株洲召开，经验得到充分肯定；2011 年 10 月，全国中小学校科技创新教育研讨会还将在株洲召开。

三、探索与措施

减轻学生负担是素质教育的目标之一，但终极目标应该提质增效。提质增效必须要有明晰的改革路径。基于以上的认识和思考，株洲市确立了“加强制度建设，促进高位均衡”的减负举措，并围绕这一工作主题，依据当地教育发展实际，详细规划、设计了一条从减负到增效提质的科学路径。

（一）两大措施：为学生减负，为教育松绑

教育改革，首先是教育教学行为的规范，即制度的建设和完善。乱补课、乱发资料、超量布置作业等，是学生负担沉重的具体表现，要解决这个问题，必须通过制度来规范办学行为，通过督导来检查落实各项制度，进行刚性减负，对违规办学行为实施“零容忍”。所以，株洲市从制度入手，通过强制手段减负。以督导入手，力促均衡，从评价入手，引领方向，从根本上为减负推行创造良好的条件。

1. 加强制度建设，规范办学行为，促进教育公平

为切实执行和落实教育部《关于当前加强中小学管理规范办学行为的指导意见》精神，有效解决义务教育阶段学校存在的中小学生课业负担过重问题，株洲市政府教育督导室下发了《关于切实减轻义务教育阶段中小学生过重课业负担的通知》的文件。坚决反对和制止造成学生过重课业负担的各类办学行为；层层落实减轻中小学生过重课业负担的责任；着力解决导致学生课业负担过重的各类突出问题；健全降低学生过重课业负担的机制；加强督查，确保减轻学生过重课业负担各项规定的落实；完善奖惩措施，严肃查处各种违规办学、加重学生课业负担的行为；对学生课业负担过重且状况长期得不到扭转的地方，当年“教育强县市区年度考核”为不合格，“一票否决”。

与此同时，在堵住违规办学的基础上，株洲市还通过建立中学生心理辅导总站、100 所心育基地校建设、教育公平推进等方面的制度建设，通过疏导的办法全面推动学生负担的减轻。

【链接 1】减负重在减轻学生心理负担

减负的关键在于减轻学生的心理负担。因此，在解决中小学生过重的课业负担的同时，更重要的是要解决学生的心理负担，市教育局与市文明办联合下发了《关于进一步加强中小学心理健康教育的若干意见》的文件。明确了中小学心理健康教育的目标、任务、主要内容、实施方法与步骤，提出要加强师资培训、落实督导考核、建立长效机制。并成立了全市中小学心理健康教育领导小组，由市教育局局长担任领导小组的组长。

2012 年 4 月 20 日，在株洲市一中举办了株洲市未成年人心理健康辅导总站暨株洲市心理健康教育特色项目基地揭牌仪式，邀请了华中师范大学专家进行了心理健康教师培训讲座；4 月 25 日至 5 月 2 日组织了城区部分心理教师到北京参加中国科学院心理研究所举办的箱庭疗法培训班；5 月全国心理健康教育活动月，株洲市一中、市二中、市四中、市七中、市十八中、市十九中、市中等职业技术学校等学校、天元区泰山学校开展了大型的心理健康教育活动宣传，内容包括心理知识讲座、现场心理咨询、心理游戏、心理测量、心理健康教育抢答、心理健康教育板报等系列心理健康教育活动在株洲市全面展开。

与此同时，株洲市出台政策，年内投入 100 万元，建好 100 个心理咨询室和 100 所心育基地校，为青少年健康成长保驾护航。

【链接 2】多措并举力促教育公平

教育公平是社会公平的重要组成部分，教育公平包括起点公平、过程公平和结果公平。株洲市的做法是一方面让每个孩子有书读，特别是流动人口子女的教育问题，各级政府、教育行政部门非常关心，让他们享受城市人口同等待遇；另一方面，实施城区初级公办中学创优工程，政府、教育行政部门、学校、社区等公共参与，力求在三年之内将城区所有的公办初级中学建设成优质学校，让每个孩子都能享受优质的教育资源；其三，老百姓关注最多是中考和高中招生。十年前，株洲市普通高中就严格执行“三限”政策，即限人数、限分数、限钱数。并在全省范围内率先实行普高的“小班额”教学，每个班的学生一般在 36 人，最多不能超过 40 人。

制度设计要注意“堵”“疏”结合。株洲市在加强制度建设的过程中，一方面强化了对违规办学行为、加重学生课业负担等行为的打击和查处的力度，并为此出台了一系列的规章制度，从而确保了对违规办学、加重学生课业负担等行为查处的制度化、常态化。另一方面又从关注学生心灵成长方面，制定了不少有效的政策，通过建立长效机制，确保全市学校的心理健康教育的开展，并尽最大努力的保证教育公平，为孩子们营造身心舒畅的教育环境。

可以说，对违规办学行为等的打击是从制度上堵住违规行为，而关注心理成长和营造公平环境，则是从疏导的层面改善教育生态。正是这堵疏结合的制度建设，对改革的推进起到了有效的保障。

2. 加强督导评估，强化评价引导，力促均衡发展

在一系列制度保障的基础上，株洲市全面发挥教育督导和教育评价的作用，全面推进教育均衡发展，为素质教育突围、学生减负创造更加良好的环境。

株洲市政府教育督导室建立健全了义务教育均衡发展的督导评估制度，根据各地规划和要求，科学设立评估指标体系，结合政绩考核和党政一把手教育工作年度督导评估，每年进行一次专项督导评估。督导评估结果作为县市区党政主要领导评优评先提拔使用的重要依据，对均衡发展程度高的给予一定经济奖励，督导评估结果向社会公示。

从 2005 开始，株洲市人民政府督导室每年要对县市区进行两项督导评估，取得了很好的实效。随着教育强省、教育强市战略的出台，为落实《株洲市建设教育强市行动计划（2010—2015 年）》、《株洲市城区基础教育三年攻坚计划（2011—2013 年）》以及省市教育工作为重点，从 2010 年 6 月起，株洲市开始实施督学责任区制度。

择校热一直是备受社会关注的热点问题，为缓解择校压力，《株洲市城区基础教育三年攻坚计划（2011—2013 年）》就提出了明确的目标是用三年时间做到“小学扩容、初中创优、高中提质”，办好每一所学校。

评价在教育改革与发展过程中起到了导向性的作用，对改革的成败有着至关重要的价值。为切实落实“减负增效提质”要求，株洲市强化评价的导向性作用，围绕“减负提质”展开的督评主要有师资队伍、教育教学和学生发展 3 大项，涵盖 9 个子项 34 个小项，从而起到以评价促发展，以评价促改革的目的。

在教育督导的推动下，株洲市梳理出了一系列促进教育均衡发展的举措和目标：通过完善城市建设过程中中小学、幼儿园配套建设，到今年年底为止，将解决好城市建设过程中中小学、幼儿园的新建问题；要彻底消除薄弱学校，100％的学校达到湖南省合格学校标准；并建立健全校长、教师区域内流动的长效机制；要求城区小学班额控制在 45 人以内、初中班额控制在 50 人以内，农村小学班额控制在 40 人以内、初中班额控制在 45 人以内，有效治理超规定班额和择校问题；完善控流保学长效机制，小学适龄儿童入学率达到 100%，初中入学率达到 100%，三类残疾儿童少年义务教育入学率达到 97% 以上；从根本上解决好进城务工人员、留守人员及贫困家庭子女入学问题，确保每一名适龄儿童完成义务教育；特教学校、特教班办学水平显著提高；残疾儿童少年随班就读良好发展；素质教育深入推进，教育质量明显提高。

2010 年 4 月 26—27 日，湖南省委、省政府以“办好每一所学校，培养好每一个学生”为主题，在株洲召开全省推进义务教育均衡发展现场会，株洲市天元区、醴陵市推介了典型经验，进一步带动了全市教育的均衡发展。

【链接 1】督学责任区建设

两年来，株洲市上下紧紧围绕建设教育强市总目标，把督学责任区工作作为抓教育内涵发展、办人民满意教育的重要抓手。坚持督学与督政并重，监督与指导并重，过程与结果并重，坚持“三个关注”，即关注学校办学行为，关注课堂教学效益，关注学生课业负担。

责任区随访督导，重在关注课堂。市、县责任区督学经常深入课堂，采取随堂听课、查阅教案和作业试卷的方式，检查学校教学常规管理、课堂教学情况、校本教研开展情况、师资队伍情况等。及时与上课教师、中层干部、学校校长、教育局相关领导进行情况交流。各责任区督学均公示了责任督学姓名和联系方式，这种深入一线、融入社会的作风，受到被访学校的一致好评。

规范学校办学行为，减轻学生负担，是督学主要内容。在督学责任区公示了举报电话、设立了接待中心。仅 2011 年下半年，累计接到群众举报电话 60 余个，均由责任督学落实到位，并逐一向举报人进行回复，将问题或不规范办学行为处理在萌发状态。加大了对寒、暑假期间补课学校的查处力度，对全市所有中小学校进行“地毯式”暗访，仅 2011 年寒暑假就及时纠正违规补课事件 20 多起，下发了整改通知书 30 余份，并向全市通报，建议有关教育行政部门处理了三位相关责任人。

2012 年 4 月，教育部国家督学、督导办副巡视员程锦慧一行到株洲市开展督学责任区工作调研时，给予了充分肯定。截至目前，市县两级责任区督学共开展随访督查 1 600 余次，督查范围覆盖至全市所有中小学校（含职业学校）及幼儿园，听课 2 300 余节，下发随访督查整改通知 500 余份，回收各学校整改意见书 356 份。

【链接 2】学生发展评价

2004 年开始，株洲市建立了学生发展评价机制，核心内容是取消纯分数评价，建立包括学业水平、综合素质各五个维度的综合评价模式，将这十个维度的评价结果作为学生毕业、升学、评优、评先的依据。高中招生时，以学业等第入围，以综合素质排队，按排序先后录取。真正起到了解放学生，从评价上引导学校为学生减负，引导学生全面发展的作用。

在学业成长水平方面，评价的内容主要包括：学段学科课程学习目标的全面达成、学生成长记录袋建设、阶段性与终结性学业水平监测等。督导评价的方法是：重点查看学校毕业年级学业水平考试的合格率、肄业班形成性学业水平检测的合格率；重点查看学生的成长记录袋记录（幼儿园及中小学）；课堂观察中，重点观察学生的课堂作业与参与表现情况、学生的家庭作业、学科练习册完成情况；抽取一定样本的学生进行当场学业检测，对参与教育部教育质量监测的学校，重点查看监测的数据与评价报告；通过问卷调查，了解学生学业状况与学习心理需求。

在学生综合素质发展评价方面，则主要看重道德品质与公民素养、学习能力、交流与合作能力、实践能力、运动与健康状况、审美与表现能力等方面。评价的主要方法包括：查看学生综合素质报告手册结果记录（中小学及职业学校），家校练习册（幼儿园）；现场考察学生英语口语交流能力、理科实验操作能力和艺术表现能力（中小学）、实践操作能力（职业学校）、动手能力（幼儿园）；观察学生精神面貌与体质健康状况；查看两课两操与阳光体育行动计划实施情况；查看学校心理咨询室学生心理健康卡记录；课堂或主题活动观察学生的人际交往与合作交流能力；文献调阅学生的各级各类获奖、发表、创造发明、DI 等作品与成果；查阅学生成长记录袋的实证记录（包括学生的自我评价、最佳作品（成绩记录及各种作品）、社会实践和社会公益活动记录、体育与文艺活动记录，教师、同学的观察和评价，来自家长的信息，考试和测验的信息等）；登录学校综合素质评价系统平台，查看学生综合素质评价结果。

学生特长与潜能评价，则主要包括：学校有活跃的学生体育与文艺社团、学生积极参加各类课外兴趣小组活动。督导评价的方法是：查看学生参与各级各类专业比赛、学科辩论赛等成绩与获奖证书；体育、艺术等考级证书；现场查看学生社团活动表现情况以及校本课程实施情况；查看学生创造发明成果以及获得知识产权的成果。

【链接3】多元化评价

在减负增效提质的过程中，株洲市的教育评价工作，一是强调工作的整体性推进，二是强调阶段性重点，为此，在实施评价中株洲市做到整体性评价和重点性评价结合，即以县市区为单位，将阶段性重点工作的整体推进纳入到县市区政府和教育行政部门的教育工作考核，并随着阶段性重点工作的变化而及时调整。如：在2012年度株洲市县级教育行政部门年度重要指标考核中，将“加强心理健康教育”、“整体推进课程改革”、“全面开展体艺2+1”、区域范围内的“小升初直升率”等四大项目作为考核指标；在2012年度县级政府履行教育工作职责考核中，将“未成年人思想道德建设”作为对县级政府履职情况考核的重要内容。

株洲教育评价方式的多元化还体现在对学校的发展性评价、对教师的成长性评价、对教育教学的多维度评价等方面。株洲教育的评价讲究多维度、多主体，不同的尺子量出不同发展阶段的学校，不同智能学生的发展水平。对学校评价时，让学校制定长期规划和年度发展目标，教育行政部门在考核时根据其自行设定的目标，进行过程性评价和终结性评价；在评价时，将学生、教师、家长、社会各界人士和主管部门的评价分别设置不同的权重，作为整体评价的组成部分。

督导要有力评价要有效。在推进改革的过程中，株洲市有效发挥了督导的作用。在强化督导的过程中，注重了督导结果运用，使督导成为了党委政府管理教育工作的第三股力量。通过督学责任区建设，使督导渗透到了教育教学的各个层面，措施可谓有力。

在推进改革的过程，株洲同时也尤为注重评价的引领作用，而且注重评价引领的有效性，为强化有效性，株洲特别强化评价的多元化，而针对减负问题，则更加强化学生素质评价的多元性，其效果甚佳。

正是督导的有力和评价的有效，株洲教育为学生减负的各项措施也真正落到了实处。

（二）四条路径：让株洲走上高效提质之路

减负是外在的形，提质才是株洲教育追求的内在的神。而提质增效必须有明晰的改革路径。为此，株洲教育人在“强队伍、树形象、创特色、提质量、促均衡”的工作方针的指导下，重点选择了四大提质路径，并采取项目引领、任务推进的工作方针来整体推进。

1. 加强教师队伍建设

没有高水平的教师，就没有高质量的教育。株洲市十分重视教师队伍建设，特别是义务教育阶段的教师队伍建设，坚持以建设一支适应新课程改革的高素质有活力教育人才队伍为目标，以师德教育为基础，以完善制度和深化改革为动力，以提升教育人才的专业能力为重点，以提高培训的针对性和实效性为支撑，以科学完善的激励机制为保障，切实加强教育人才队伍建设。

株洲市从研究教师专业成长的规律入手，对不同发展程度的教师采取了不同的发展策略。对于新教师从上好一堂课开始，进行微格训练，如何备课、上课、听课、评课；对于中等程度的教师，通过专家引领与案例研修相结合的办法来提高专业素养；对于优秀教师，给他们建设名师（名校长）工作室，既研究解决实际问题，又带动中等程度教师的发展。同时，针对不同发展程度的教师设立了不同的发展平台，有师徒结对，有学科网络资源共享平台，有学科基地，有名师工作室，有校长论坛和校长专业委员会等。另外，鼓励学校开展教师成长规律和途径的研究。

有的学校还提出“三六九”教师成长模式，即三年成长，六年成熟，九年成家；有的学校突出校本教研，特别是通过“课堂观察与诊断”，用数据和典型案例来诊断课堂，取得了良好成效；有的学校成立了青年教师成长俱乐部，定期开展活动，成效显著，不仅获得专业发展，还获得了更多的职业幸福感和归属感……一系列举措促进了株洲市教师群体性专业发展，为增效提质打下了人才基础。

【链接 1】“四名”工作室，为减负提质提供人才保障

名师是引领，工作室是名师的摇篮。根据《株洲市教育人才素质提升项目规划》安排，2011 年出台《株洲市“四名”工作室建设与管理办法》，力争用 3—5 年，造就 50 名具有良好的师德修养、先进的教育理念、开阔的教育视野、厚实的专业素养的名校长、名教师、名班主任和名教研员。

“四名”工作室主持人面向全市公开选拔。选拔环节设计力求科学、全面，共 4 个环节，即专业通识测试、说课考查、单位考查和面试答辩等。专业通识测试占 40%，主要考查选手的教育理论素养；说课考查占 40%，主要考查选手的实践能力；面试答辩占 10%，主要考查选手的规划管理能力和思维反应；单位考查占 10%，主要考查选手的工作实绩。2011 年 6 月，全市公开选拔第一期“四名”工作室主持人 23 人，涵盖幼儿园、小学、初中、高中、特殊教育和职高等不同学段和类别，覆盖区域内五县五区和市直学校。

除主持人之外，“四名”工作室团队成员还有专家顾问、核心成员和学员等。目前，23 个“四名”工作室共聘请专家顾问 100 名，核心成员 100 名，加盟培训学员 500 名。为加强管理，市教育局推出“四名”工作室退出机制和补充机制，主持人、核心成员及学员每三年为一期，三年后重新认定；每年对主持人、核心成员、学员和工作室自身建设进行考核，不合格的予以淘汰。对主持人、核心成员及学员在政策上予以支持，主持人拥有市级学科带头人评选推荐权和评判权，加重主持人专业话语权；经考核，所认定的优秀核心成员和学员可在评优晋级中优先。

“四名”工作室是名师的摇篮。因此，首先要加大对主持人和核心成员的培养。2011 年，共组织专题沙龙、考察学习、专业培训、现场观摩等 36 场次，组织工作室主持人赴深圳、上海、香港、新加坡等地考

察、培训，不断提高主持人专业素养和管理水平。同时，充分依托株洲教育网，实现资源高度共享，现已建成“四名”网络工作室22个，发布论文、培训心得、教学案例5 000多篇，名师资源库、案例库已初具雏形。

为改变过去教师培训费时低效的现状，“四名”工作室在培训形式、内容上进行突破，变传统讲授式培训为跟岗培训，变理论讲座为实战演练、探讨交流。通过集体备课、双向听课、会议交流、项目参与、课题研究和专题讲座等形式，组织“四名”主持人示范课、核心成员展示课、学员汇报课，校长、班主任管理案例分析说课“四课”业务大比拼，促进工作室全体成员业务整体提升。

“四名”工作室成立的时间不长，但在教师中产生的影响较大，不少学校自发联系各工作室，组织教师跟岗培训，已累计完成了近2 000人次的培训任务，得到了《株洲日报》、《株洲晚报》、《基础教育简报》、株洲各大网站等媒体的大力宣传和推介，工作室作为“成长阶梯、研究中心、名师摇篮”的功能日益显现。

【链接2】学科基地建设，打造教师的精神家园

2011年初，《株洲市学科基地建设方案》出台，计划用三年左右时间，在市直普通高中打造一批优质学科基地和特色项目基地，将这些基地建设成为学科教学课程改革实验中心、课程资源中心、教师培训中心、教学交流中心，将学科基地建设成为学科教师共同的精神家园。它们涵盖普通高中的各学科，覆盖心理健康教育、舞蹈、科技创新、传媒等特色项目。

基地的评选办法如下：一是学科基地实施年度动态管理，不搞终身制，不搞摊派制，由基层学校自主申报；二是“学科基地建设领导小组”委托其下设的评审组制订《申报和评选办法》，据此评价；三是申报评选工作由教科院牵头，相关科室、部门配合，根据《申报和评选办法》进行评选。

基地从以下七个方面加强自身建设：一是研究课堂教学有效性，基地校教师的课堂教学效益高；二是研究学生学科能力发展评价，学生考试、竞赛成绩在全市居领先地位；三是加强校本课程研究，三年内至少开发一门特色校本课程；四是加强学科命题与考试研究，具备命制高水平高考模拟试卷的能力；五是加强集体备课有效性研究，集体备课有实效；六是加强课堂观察与诊断的研究，具备科学诊断课堂的能力；七是建设全国一流的学科功能教室（含实验室、练功房、心理咨询室等）。

基地的运行机制如下。（1）基地在行政上由所在学校领导和管理，在业务上由教科院、教师培训中心、装备所共同指导、管理和评价。（2）成立教学研究指导组，由市教育科学研究院院长任组长，指导组成员由有关教研员担任。指导组成员要积极参与相关学科基地的教学研究活动，指导和依托基地开展教学研究，充分发挥基地在教学研究方面的示范和引领作用。（3）成立教师培训指导组，由教师培训中心主任任组长，指导组成员由培训中心相关业务骨干担任。指导组成员要指导和依托基地开展相关学科教师培训工作，充分发挥基地在教师培训方面的示范和引领作用。（4）成立装备建设指导组，由市装备所所长任组长，装备所相关业务骨干任成员。指导基地做好基础设施设备和功能室的建设。（5）基地的日常管理由基地主持人负责，在全市范围内邀请相应学科的特级教师、部分市学科带头人和县（市）教研员作为基地核心成员，在此基础上，成立若干工作小组，如学科专家组、资料编辑组（包括命题组、审题组）、信息收集采编组等，实行力量整合、分工合作。（6）基地核心团队要根据自身职责，制订年度工作计划，其中要设定年度工作目标，作出经费预算，申请专项活动经费，在教科院、教师培训中心、装备所的指导下开展工作。（7）基地所在学校负责制订《基地建设三年规划》，基地的核心团队成员要参与《规划》的制订，组织核心成员考察国内最先进的功能室，拜访学科名师，开阔视野，并进行规划论证。确保功能室的建设达到全国先进水平。（8）建立校长为第一责任人的学科基地建设工作机制。基地校要成立以校长为组长的基地建设领导小组，一把手要亲自抓基地建设，校长要站在全市的高度对本校的基地建设给予倾斜政策，优先扶持这些基地的建设。教育局要把基地建设目标纳入校长的年度考核内容。（9）全市各高中学校都要主动为基地建设作出贡献，支持本校教师积极参与基地的活动，并为有关教师参加活动提供时间与经费保障。

基地的经费保障方面，2011—2013 年，市教育局每年设立 1 500 万元学科基地建设专项经费，保证专款专用。经费使用分为四大块：一是各基地的基础设施及功能室建设经费；二是各基地的日常工作经费；三是专项活动经费；四是奖励经费。三年后，不再投入硬件建设经费，只保证日常工作经费、专项活动经费和奖励经费。

在株洲市，各个学科基地于 2011 年下半年先后建成，充分发挥了其示范和引领作用，实现了“四个促进”的目标：即促进教师专业发展，打造一批学科品牌；促进教学方法改革，提高学科教学质量；促进学校抓内涵，营造研究与创新、交流与合作、开放与多元的教学文化；促进学科教学资源共享，实现全市基础教育均衡发展和办学水平整体提升，促进了教师的成长。

教师成长需要好的土壤。不论是“四名”工作室的打造，还是学科基地的建设，目的都是发挥先进的示范带头作用，带动整个教师队伍共同学习，在相互学习与交流中，完善自我，共同提高，从而实现全市教育均衡发展和办学水平整体提升，为减负提质提供可靠的人才保障。

从评选环节来说，“四名”工作室主持人、学科基地要先提出申请，经过严格的评审程序产生。这样，就把真正热爱教育事业、师德高尚的教学能手、科研专家，以及具有较强专业引领、培训指导和组织协调能力的教育工作者推选出来，成为教师团队成长的带头人，就真正把学科基地建设成为学科教师共同的精神家园，如此一来，研究与创新、交流与合作、开放与多元的教学文化就被营造了出来，从而对学科教学资源共享，实现全市基础教育均衡发展和办学水平整体提升产生了积极的影响。

从完善机制上来说，“四名”工作室和学科基地从完善内部组织管理机制和外部条件保障机制入手，使之可以有序、可控、规范、合理、高效运行，把参与教师的教学价值取向统一到一起，充分发挥其引领、示范、辐射和共享的作用，使优质教师资源发挥出强大的“再生功效”，从而为区域教育科学、和谐、优质、均衡发展鼓足了后劲。

这些措施和办法，说到底是为教师成长培植了一块土壤，而恰恰是有了这样的土壤，也才有了教师的更快成长。

2. 深化课堂改革，提高教学质量

课堂是素质教育的主阵地，只有提高课堂教学效益才能真正落实素质教育。株洲市通过深入课堂收集教学问题，分学科开展系列“有效课堂”研讨活动，启动市级“课改”基地校的建设，做好评选课改人物，加强教育信息化建设，成立市级课改推广中心等探索，提高了课堂教学的有效性。

同时，株洲市通过启动市、县、学校三级联动推动课堂改革，通过三大举措推进课改进程，通过高效课堂建设使减负落到实处，从而构建起了提高教育教学质量的强大的助推力。

除此之外，株洲市课堂教学改革“十大人物”的评选为课堂教学展示了基本标准，引领了教育观念的转变；教育信息化建设改变了课堂教学手段和教学方式，提高了课堂教学的现代化水平，实现城乡学校资源高度共享；个性化作业的设计促进了学生个性发展，凸显了以人为本和以学生为主体……

【链接 1】三级联动推进课堂改革

在推进高效课堂建设中，株洲市教育局始终坚持突出课堂的高效和区域整体推进。在推进高效课堂建设中，做到了三级负责制，即市级、县级和学校，各司其职，各负其责。由于明确了课改的管理的责任在县市区教育局，实施责任在各级各类学校，进而调动了各地各校课改的积极性、主动性，在推进课改过程中，各地各校能结合实际，积极探索区域整体推进课程改革的路径，积极探索课堂教学的教学模式和管理方式，不断强化推进高效课堂的教学管理。

市级层面：主要是提要求、出政策，负责宏观层面的工作，即使是各种检查、指导和评价，主要也只是针对各县市区教育局。市级层面，一是抓好课改基地和课改样板校建设，出台了《株洲市基础教育课程改革样板校建设实施方案》，明确了基础教育课程改革样板校建设目标与路径，明确了基础教育课程改革样板校建设基本要求，在办学思想、课程建设、课堂教学改革、校本教研、课程资源建设、教师队伍建设等方面作了具体安排，制订了《株洲市基础教育课程改革样板校建设评估细则（试行）》，设置了 7 个一级指标，23 个二级指标，45 个三级指标。二是加强对各地各校的高效课堂建设的督查与指导，已经对县市区及所有市直单位的高效课堂建设进行了全方位的督查，并点对点地写出了督查报告。

县级层面：负责本区域内的高效课堂的规划、管理和推进，并明确由各县市教育局主管教学副局长的直接责任。在区域整体推进课堂改革，在区域整体推进学科教研和教师培训，在区域整体推进学生减负增效等方面，各县市区都已进行了深入的探索，也已取得了显著的成效。如：天元区在推进“活力课堂”中，实行“城乡结盟，捆绑考核”，按照“地缘相近，规模匹配”的原则，将城区六所优质学校与农村中小学结盟，成立了六所盟校，并实施了捆绑考核，真正加强了薄弱学校的帮助，加强了课堂教学效率的整体提升；芦淞区建立健全了课改制度，提出了打造“主体性课堂”的要求，抓课改措施行之有效，重视校本培训和校本研究，重视在人财物等方面向课改学校和课改教师倾斜；石峰区分学科、学校制定具体的课程改革实施方案，区内形成两个层面、两条线同时推进的课改格局，确保课程改革的各项措施落实到位；荷塘区以“聚焦课堂，再造课堂教学模式和流程，实现有效教学，提高教育教学质量”为总目标，致力于有效课堂和品牌课程建设，重点抓好课改样板校的建设，扎实推进课改纵深发展，各校通过扎实的校本教研，均形成了不同层次、有发展潜质和价值的教学文化，教师发展和学科建设都取得了明显成效……

学校层面：学校全面负责课堂效益要求的落实，明确校长是学校提高课堂教学效益的第一责任人。在落实课程要求和构建课堂教学模式方面，株洲市三中、景宏中学、株洲市七中、醴陵一中等一批学校都形成了成熟的经验。

【链接 2】三大举措推进课改深入实施

为了形成本土课改经验，培植本土课改典型，让典型在课改中起引领作用，株洲市着重做了三个方面的工作。

首先，建立课改基地。经过学校自主申报，各县市区教育局考查推荐，全市确定了 95 所课改实验基地，95 所课改基地，涉及小学、初中、高中三个学段，涵盖城市学校、城镇学校和农村学校，包括公办学校和农村学校，既有规模大的学校，也有规模小的学校，由市、县两级教育行政和科研部门进行重点指导、培植，对课改基地进行动态管理，不合格的将淘汰，课改效果好的将给予奖励，并创建成省、市级课改样板校。

其次，建立了课改典型人物和典型学校引领机制。为推进课改，在全市由下而上的进行了“十大课改人物”的评选，评出了株洲市的课改典范，也让更多的草根典型成为课改的标杆。

推进课堂教学改革，市教育局要求各学校做到不懈怠，不折腾，不盲从，必须认认真真研究课堂的每一个环节，必须扎扎实实做好课改的每一个细节。集中优势力量培植课改典型，构建各具特色的课堂教学模式。

最后，进行了区域整体推进课改的探索。对区域整体推进课程改革，选取了炎陵县教育局作为试点，已经取得一定成效，今年已就炎陵的经验在全市进行了推广。

【链接 3】高效课堂建设让提质落到实处

在打造高效课堂中，株洲市变单一的行政管理为主动的为基层服务，不断改进服务方式，不断丰富服务内容。全面整合教育行政和教育科研两只力量。教育行政负责课堂教学改革的整体安排、全程管理、全面评价，组织相应的培训、交流和推广活动等。教育科研对课堂教学改革进行研究、指导和服务，为教育行政的决策提供参考意见，对实施中存在的操作层面的问题进行对策研究等。

打造高效课堂，教学管理层如何行动，教师如何行动，如何减少盲目性、如何增强针对性，培训和交流就起了关键的作用。深入推进课堂教学改革中，面临的很多问题是共同的，解决的办法也可以相互借鉴，为此，建立了多种形式的交流平台，相互学习、取长补短：一是编制了株洲市基础教育简报，借助这个平台，各地课改的信息、课改的经验、教学的模式、管理的方式，都能及时进行宣传、及时交流；二是分层分类举行了课改现场经验交流会。

打造高效课堂，涉及课堂教学中很多深层次的问题，并且各个县市、各个学校又是有所不同的，如何发现和解决课改中存在的不同问题，如何更加有效地推进课改，对课堂教学改革进行专项视导显得尤为重要，教育行政和教育科研部门联合起来，对各地各校的课改进行全面视导，教育行政侧重于管理层面，突出视导县市区教育局在课改中的工作开展情况，教研部门侧重于教学层面，突出视导学校及教师课堂教学实施情况。

在打造高效课堂中，涌现了一批典型，炎陵县、天元区在区域整体推进方面走在全市的前列，醴陵一中、景弘学校、株洲市七中、天台小学为各学段的课改提供了经验，市内外媒体经常报道，兄弟学校参观学习络绎不绝。这些地区和学校提供的经验，不仅仅是教育发展方式和课堂教学模式，更多的是找到了一种改善教育品质的途径。

如在以“一三六”高效课堂模式而闻名的景弘学校，教室三面墙都是黑板，学生分成六个模块组并以田字型围坐，课堂上让学生当小老师，让学生自己讲解、自己演练、相互交流，老师把主要话语权交给学生，老师上课不再搞“一言堂”，而是引导、追问、质疑、点评，培养学生自主、探究、合作、学习能力、演讲能力、表达能力、与人交流与创新能力，每节课都成了交际课——学生互相讨论、交流、帮助、检测，学习在分工、合作下进行；每节课都是口才课——学生积极讲解、大胆展示，可以演讲、辩论、叙述故事、朗诵诗歌；每节课都成了体育课——学生可以有序走动，可以舒展肢体、活动筋骨；每节课都成为书法课——三面黑板都是字帖，学生反复利用，不断规范，让字迹更加漂亮；每节课都是艺术课，学生可以发挥个性特长，表演、吟唱、绘图、弹奏随性而行……景弘中学让课堂成为了“知识的超市、生命的狂欢”。如今，“景弘”已成为株洲乃至全省教育界的一道靓丽风景，两年以来，来景弘观摩考察的教育界人士已有2万多人次，涉及数百个学校。《中国教师报》、《湖南教育》等全国、省市级媒体对此现象进行了深度报道。正如景弘中学苏校长所说：“几年的课改，我由衷地感受到：创新让我们的课堂生态发生了根本的变化，教育开始回到它的原点，回归到生命的自然生成；创新让我们的师生状态有了可喜的变化，学生成了学习的主人，课堂的主宰，成绩只是课改的副产品，学生的综合素质全面发展，老师成了学生学习的摆渡者，学校成了学生自由生长，快乐发展的学习天堂。”

又如醴陵一中，针对学校高考多年徘徊不前的局面，学校经过充分酝酿，决定从课堂教学进行突破，经过多年的努力，提炼总结出了“自主学习—合作探究—展示交流—点评小结—目标检测”的“五环节”教学模式，并出台了《醴陵一中课堂教学改革实施方案》等方案，建立了课堂教学、集体备课、导学案编制和使用、教学评价、小组合作学习等一系列教学常规管理制度，从此课堂教学改革开始走上制度化、规范化的轨道。课堂教学改革促进了学生的全面发展和个性发展，促进了以高考和学业水平考试成绩为重要标志的教学质量大幅提升，促进了学校办学特色的发展，促进了教师专业成长，提升了学校的品牌形象，仅2012年上学期，接待省内外教师学习考察1 300多人次。

课堂也是减负的主战场。从三级联动的多层次、立体化推进，到三大举措产生的辐射带动作用，再到各种深层次问题的多角度解决，再加上各种有助于改革推进活动的开展，株洲市的高效课堂建设已经形成了具有深厚底蕴的系统化工程。而也正是这种系统化的质量提升，才使得课堂改革具有了生命力和鲜活力。也正是因为课堂教学质量上有了保证，减轻学生负担才成为了可能。课堂是学生学习的主战场，也是推动学生减轻课业负担的主战场。

3. 丰富课程内容搭建成长平台

在实行国家、地方、校本三级课程管理体制的同时，株洲市还充分发挥地州市教育行政部门的行政职能，牵头组织设计、开发与实施拓展型课程和研究型课程，通过落实“快乐德育、人文智育、阳光体育”，积极建设市级示范性综合实践基地，开展学生社团活动，建设社区少年宫等一系列举措，使育人为本的基本理念有了很好的课程载体。

丰富多彩的活动课程内容，让学生们有了更多的选择空间，课余生活更加多姿多彩，思维更加开放，知识愈加丰富，综合素质得到提升。在这些过程中，从理念指引，到平台搭建，从课程开发，到渠道拓展，都是从人的成长规律出发，回归教育的本源，在切实减轻了中小学生课业负担的同时，为他们开辟了一片全新的、有益于他们终生发展的成长天地。

【链接1】株洲“三育”教育

以“快乐德育、人文智育、阳光体育”为核心内容的“三育”教育，是株洲教育的一大亮点和特色。

推广“快乐德育”。快乐德育就是丢掉枯燥的说教，让学生在愉快的体验中接受教育，使德育“润物细无声”。株洲市专门成立了快乐德育研究会，出版了快乐德育的课题研究成果《德润》，着力进行校园文化建设，将校园文化融入到具体的活动中，用艺术演绎德育。开展“快乐德育特色学校”的创建活动，构建融中国传统教育、理想信念教育、养成教育、心理健康教育、家庭教育、特殊群体教育于一体的德育体系，实现德育课程化、序列化、生活化。引导学校积极探索，建立“寓教于乐”的德育模式。株洲市第五中学针对该校大部分外来务工人员子女家庭教育普遍缺失的实际，选定了“三礼教育”（即礼仪、礼节、礼貌）作为切入点，编排礼仪操和大型舞蹈，“讲礼仪、懂礼节、有礼貌”的浓厚文明氛围弥漫、充盈在校园各处。炎陵县为了让留守儿童既能感受到家的温馨，安心学习，又能够学会生活自理，着力在全县各小学打造“寝室文化”。学校精心布置寝室楼道，为学生营造“健康、温馨、童趣”的整体生活氛围，而寝室内部的美化任务则交给学生自己负责。孩子们既充分发展了个性、爱好和特长，锻炼了他们自我管理的能力，又在亲手布置“家”的过程中，获得了温馨和快乐的体验。株洲市第十八中学基于“21天养成一个习惯”的心理常识，启动了“21天不抱怨活动”，而最受学生欢迎的无疑是心理知识竞答和“心理趣味绕口令挑战”活动。活动中，由学生自行设计的“初入江湖”到“天外飞仙”七级的绕口令素材，吸引同学们争先恐后、跃跃欲试。有的选手错得有味儿，引来片片笑声；有的选手念得又快又清晰，赢得阵阵掌声。心理健康教育以它“亲切的面容”，发挥出自身特有的功能，为学生的成长和发展服务。

实施“人文智育”。“智育”体现“人文”特色，坚持“以人为本”，尊重人的成长和发展规律，对学生进行分层施教、分别辅导，争取让每一个学生学有所长、学有所成。株洲市的具体做法是：以提高教学效益为目标，建立起各学段的质量监控分析评价体系。引进教育部中小学学业质量分析反馈指导项目，对10个县市区的小学六年级进行教学质量抽测，根据统计分析，研究存在问题，提出解决方案。确定2011年为“课堂效益建设年”，深入课堂收集存在的问题并进行诊断，提出改进计划。引进“适才教育”、“新基础教育”等教学方式，分学科开展“有效课堂”

研讨活动。试行创新型人才培养改革，确定市二中等6所学校为创新型人才培养试点学校。给予这6所学校自主招生权，探索创新型人才的培养方式和管理模式。培育创建“快乐德育”示范校、课改样板校、科技创新示范校、中华优秀文化艺术传承学校、书香校园等7类特色学校。组织学校特色发展论坛，引导学校特色发展。

开展“阳光体育”。坚持“健康第一”，提倡终身锻炼的理念，跳出传统体育课“跑一跑”、“测一测”的模式，让学生走出教室、走出校园、走进自然、走进社区。株洲市在《建设教育强市行动计划》中，将“阳光体育”运动作为实施素质教育的重要组成部分;《“十二五”教育发展规划》把提高学生身体素质和艺术素养作为提升幸福指数的基础;《教育规划纲要》将实施“学生身心健康促进工程”作为教育工作的重点内容。市教育局先后出台《株洲市阳光体育运动五年发展规划》、《株洲市学生阳光体育运动三年行动计划》等文件，对全市学校体育卫生和艺术教育工作进行全面规划和统筹安排。将体育考试成绩纳入学生综合素质评价，与学生升学挂钩。建立学生体质健康信息反馈制度，各县市区设立专门的数据测试管理员，及时掌握和登记各中小学生的体质健康信息。按照《学生体质健康标准》开展测试，结果作为学校教学质量的主要内容，通过媒体向市民公开。实行体卫艺工作目标制度，把学校体育工作纳入各级学校办学目标、校长任期目标考核，实行责任制。每学期开展两次视力检测，建立了“青少年近视眼防控基地”，实施视力动态监测系统及时发现问题，干预指导。全面推广“体艺2+1”项目，确保每个学生参与2项体育活动，具备1项艺术特长。荷塘区在全区22所中小学校全面实行大课间活动制度，将上午8: 00—8: 30；中学上午7: 40—8: 10定为课前体育活动时间，并在学校醒目的地方将体艺“2+1”活动时间、活动内容、活动项目、活动班级以及参与管理和指导的教师的安排进行公示，接受社会各界监督。该区还开展了“阳光体育示范校”的创建活动，做到“校校有特色，班班有活动，人人有项目，周周有安排，月月有比赛”。该区荷塘小学的益智棋类活动已成为校本课程在全校推广；红旗路小学的健美操、轮滑，跆拳道已成为学校的一大亮点；实验小学的“攻城堡”、“跳房子”等20世纪70年代孩子们钟情的体育项目又在校园内焕发了生机；博雅小学的千人书法和校园鼓号队在全区已有一定的影响；星光小学的自编绳操，星河小学的五步拳，戴家岭小学自编的呼啦圈操深受师生的喜爱。

【链接2】综合实践基地建设

株洲市是长株潭两型社会实验区的中心地区之一。新课改之初，株洲市教育行政部门就十分重视学生综合素质的培养与评价，在所辖各县市区均建有青少年活动实践基地，在基地管理、教育教学、课程开发等各方面积累了丰富的经验，产生了较大的社会效益。为进一步整合资源，株洲以“两型”为特色，以课题为引领，积极创建市级示范性综合实践基地，全面落实新课程改革理念，培养学生创新精神和实践能力。

为建设好市级示范性综合实践基地，市委市政府在交通便利、环境友好、资源集中的武广新城划拨教育用地110亩，支持基地建设，现已与城发集团签署框架合作协议，由政府全资建设。同时，召开各部门协调会，要求市各委办局、知名企业、儒学会、非物质文化遗产保护协等支持基地建设。在2012年中央专项彩票公益金支持示范性综合实践基地项目申报工作中，全省排名第一，材料已报送教育部、财政部。

综合实践活动课程需要专业的教师队伍。与传统的教师相比，对综合能力、实践能力、操作能力要求特别高。为此，基地建立了五级培训模式，即“个人自学—组内研讨—校内培训—市内跟岗—省内外考察”五个不同层次的学习培训。先后选派150人次到株洲市枫叶中学、长沙市浏阳实践基地、广州劳动技术学校等地跟岗学习、对口考察，开展20场专题培训、8次专题研讨，完成考察报告58篇、课程项目设计100余篇、读书笔记60余万字、心得体会200余篇，促进了教师专业发展，提高了教师课程开发和研究的水平。

以课题研究为载体，深层次探讨综合实践活动课程的内涵与外延。成立以主管局长为主持人的课题研究小组，向湖南省教育科学规划办申报了“十二五”重点规划课题——“两型社会试验区示范性综合实践基地课程建设与研究”，以课题为载体，引领全体教师参与综合实践活动的研究与实践，在长株潭试验区开展各类调研活动，形成了《株洲市中小学综合实践活动场所情况调研报告》、《综合实践活动课程教学调研报告》和《长株潭实验区“初高中生喜爱的综合实践活动课程”调查报告》三个报告，基础研究十分充分，使深层次探讨有了较高的起点，也提高了课程开发的科研含量。

收集整理资料，做好课程开发与利用研究。创新编制了近 1 000 项设备的示范性综合实践基地设备目录，开展了“课堂大练兵”活动，以德育体验课程、智育延伸课程、体育拓展课程为主体，基本形成 8 个课程模块、32 个课程类别、103 个课程项目为主体的课程体系，项目库第一期建设基本完成。

如今，株洲市中小学生综合实践基地已经成为实践体验类课程的策源地，将全面担负起该市中小学生拓展体验类课程的推进。

【链接 3】社区少年宫建设

近年来，随着城市化进程不断加快，大量农民工涌入城市，子女随迁进城就读，已经成为多数农民工的选择。未能进城的留守儿童也会选择假期从农村赶往城市与父母团聚。由于农民工文化程度普遍偏低，往往从事时间长、强度大的体力劳动，因而没有很好的方式和精力管护孩子，孩子难以真正融入城市生活。对于大多数城市“上班族”来说，暑期孩子放假了，自己并没有休息，孩子到哪里去，已经成为问题。大多数孩子选择了上培训班，或者“蜗居”在家，成为“宅童”。小学生放学在下午 4 点半左右，如果父母都上班的话，一般而言要到下午 6 点才能回家。这一段“空档期”，孩子们在干吗？这是家长们担心的问题。针对这一系列问题，株洲市推出了一项新举措——建设社区少年宫。

引进义工服务，开设特色课程，开展文体活动，促进学生交往，为小学生放学后营造温馨的学习、活动、交往环境，经过一段时间的实践探索，已初见课程形态，实际效果十分明显。

社区少年宫能否满足“孩子、家长、义工”三方需求，是顺利推进的重要前提。为此，市教育局开展了广泛调研，调研结果表明，三方对社区少年宫活动给予了很高的期望，其中，“玩得开心”是孩子第一需求，“安全放心”是家长的第一需求，“服务舒心”是义工的第一需求。据此，市教育局将社区少年宫的工作目标定为：打造孩子开心的活动场所、家长放心的教育阵地、义工舒心的服务平台、社会德育的经典品牌。

社区少年宫坚持趣味性、实践性、教育性的原则，通过开设“活动、实践、培训”三类课程形态，吸引孩子积极参加，初步凸显了社区少年宫的特色。一是开展校际联谊、经典诵读、漫画欣赏、手工制作、花样篮球、儿歌比赛等活动，增强了社区少年宫的吸引力，彰显了社区少年宫的趣味特色。二是广泛开展“进车间学工人、进农村学农民、进部队学军人”的“三进三学”活动，开阔了孩子的视野，增长了孩子的见识，彰显了社区少年宫的实践特色。三是在社区少年宫开设作业辅导、少儿瑜伽、乐曲演奏等十多门课程，发展了学生兴趣，有效补充了学校教育的不足，彰显了社区少年宫的教育特色。

社区少年宫将素质教育理念贯穿教育全程，课程突出趣味性、实践性、教育性，符合孩子心理特点，吸引孩子积极参加，促进了孩子成长。社区少年宫让不同家庭、不同学校、不同年龄、不同地域的孩子玩在一起，学习在一起，扩大了孩子的交往面，增强了孩子交往能力。社区少年宫开设十多门课程，作为学校教育的有效补充，进一步开拓了学生的视野，丰富了学生的知识。社区少年宫广泛开展社会实践和社区服务，引导学生体验生活、观察社会、奉献爱心，进一步提升了学生思想道德素质。正是因为有利于孩子成长，社区少年宫受到家长的热捧，“放学了，送孩子上社区少年宫”已经成为株洲市新风尚。

让教育资源和社会资源流动起来。减负提质的大环境下，提升学生综合素质需要多方面入手。既需要有足以唤起学生内心参与实践活动热情的先进理念，又要有推动实践活动科学、有序进行的课程体系；既要有宽阔的实践活动平台，又要有适合学生发展完整、合理的运行机制。这就需要教育工作者有不断突破局限、勇于探索的开创性思维。在“快乐德育、人文智育、阳光体育”的育人理念指引下，创建市级示范性综合实践基地、开展学生社团活动、建设社区少年宫，为的就是给拓展体验类课程提供更利于学生成长和发展的载体。这个载体是多元化的，有实实在在的实施空间，也有与之配套的运行机制。这个载体大大地拓宽了育人渠道。这也是办“大教育”、打开校门与社会携手落实育人为本的有效探索。这个过程充分体现了教育资源和社会资源共享所带来的价值，坚信，让教育资源和社会资源流动起来，就一定能够为孩子们开辟更多的成长空间。

4. 推进特色学校建设，提升教育品位

特色发展是学校内涵发展的必然选择。株洲市以“全面启动，点面结合，文化引领，项目驱动，分类指导，自主发展”为特色发展策略，以“缩小区域间、校际间差异，促进优质均衡发展”为义务教育阶段发展目标，以“提升学生综合素质，培养优质、个性化人才”为高中教育阶段发展目标，以达到“一校一品牌，校校有特色”为特色发展目标。

全市学校共分成八大类特色：创新型人才培养类特色项目建设校、学科教育类特色项目建设校、活动课程实践类特色项目建设校、艺体教育项目类特色项目建设校、学校管理与办学思想类特色项目建设校、教学模式类特色项目建设校、校园文化类特色项目建设校、德育类特色项目建设校。教育行政部门根据区域内各校的优势项目、特色项目对学校的特色建设进行指导。对于不同类型学校的特色建设，市教育局政策与管理的侧重点不同，如：学科教育特色类学校，主要从学校办学体制创新、经费、教学管理方式等方面予以政策支持；办学思想特色、教学模式特色类学校主要在先进教育理念引领、队伍建设、教育教学改革实验等方面予以支持；其他艺体教育特色、科技创新教育特色、活动特色类主要予以硬件、经费和资源共享等方面的政策支持。

特色建设必须考虑全体学生的利益，因此学校特色建设需要全体师生共同参与研究，发展的结果需要师生的广泛认同。为此，市教育局要求各学校开展学校特色发展大讨论，广泛征求全体师生的意见，用职工代表大会的形式进行集中，形成统一的结论。市教育局以"区域推进中小学特色发展"为总课题，在全市范围内征集子课题实验校，全市开展同一课题研究，共享研究成果；每年组织一至两次现场会、交流研讨会、主题推广会等形式的活动，定期送教和研讨，实现本土化资源共享。同时要求，各地各校要通过利用各种媒体渠道，树立典型，宣传特色创建的经验和成果，加强校级之间的横向联系，形成全社会关注特色建设的社会环境。

经过多年的努力，株洲市已经培育了一批特色项目、形成了大量学校特色、评定了一批特色学校，整体改善了学校办学品质，满足了学生个性化成长的需要。

【链接】一所山区学校的特色确立

革命老区茶陵县的八团学校，地处大山深处。该校因校制宜，开展了提高学生素质为目标的"剪纸教学"活动，通过剪纸艺术的熏陶，提升了学生的道德情操、审美情趣，培养了学生细心、耐心等优良品质，并将其迁移至学习和生活中，为边远山区的孩子终身发展奠定了基础。

在推进"剪纸艺术"特色建设中，该校努力做到教学方式多样化。一是将剪纸作为校本课程，引入课堂教学。学校每个班级每周开设一节校本剪纸课程，并安排专门的剪纸教师进行剪纸教学。主要使学生掌握剪纸基础知识和基本技术，并能运用知识仿照、临摹一些简单的剪纸作品。二是成立剪纸兴趣小组，培养专门人才。剪纸兴趣小组的教学与全校普及性的教学有所不同，突出一个字——"精"。讲授有一定难度的技法，使学生能灵活运用各种剪纸纹样进行自主创作。三是适时开展剪纸竞赛，锻炼学生自主创作能力。学校教导处不定期的组织开展校本剪纸竞赛。为学生搭建平台，展示自我，不断提升学生的自主创作能力。并将学生剪得好的作品展示出来，扩大了该校快乐剪纸教学的影响力。

同时，做到评价方式多角度化。剪纸校本课程的评价主要实行多主体、多形式、多手段的教学评价过程。评价的成员有教师、学生、家长，分别采用了自我评价、同学评价、师生共评、他人评价等多层次评价。形式上，采用自评、互评、小组评、展评、批改；手法上，采用口头评价、实物评价（如摘星）、体验评价。

另外，学校还将剪纸文化氛围浓郁化。一是让剪纸走出展室。努力让剪纸在校园楼道、教室、食堂、寝室等地展示，定期进行有主题的作品更换。二是让剪纸走进生活。通过教寝室文化建设，用学生自己的作品装饰自己的生活区域。让学校的每一个角落都能闻到民间艺术的气息，让学生生活在艺术的海洋中。

特色校建设是促进均衡的有效途径。创办特色学校的过程实际上也是深刻认识、理解和把握学校个性或特殊性的过程。显而易见，创办特色学校是探究办学规律的简捷、必要的手段。学校条件不同，情况各异，在建设和发展上必须保持区别、必须体现个性。唯有建设特色、成就特色，才能更充分地展示学校自身的存在价值，并在竞争中立于不败之地。可以肯定地说，特色化学校建设，是缩小区域间、校际间差异，促进优质均衡发展，提升学生综合素质，培养优质、个性化人才的有效渠道。

四、经验与启示

株洲市的教育改革，尤其是其在减轻中小学生过重的课业负担方面的改革，在短短几年时间内，就取得了显著的成就，究其原因，最重要的莫过于株洲教育改革内在逻辑的缜密，布局推进的合理。

（一）从教育的原点出发，遵循教育规律

株洲市在确立教育改革目标时，更多的考虑的是教育发展的基本规律和人才成长的基本规律，从而确立了从这两个基本点出发，改善中小学生的成长生态环境。

基于这样的认识，市教育局在深刻分析造成中小学生课业负担过重各方面原因的基础上，以人为本，从教育的原点出发，按教育的规律办事，整体设计、标本兼治、综合治理，将减负、增效、提质这一改革全面化、立体化、系统化，从制度完善、课堂改革、队伍建设、评价优化、均衡发展等多个层面出发，努力打造着一项具有株洲特色的减负增效提质工程。

（二）从难点上切入，从总体上推进

株洲市切实减轻中小学生过重的课业负担的教育实践不是单纯的一纸减轻学生课业负担的文件，也不仅仅是表面上所呈现的学生自由支配的时间增多了，作业量减少了，活动育人课程增多了，而是一项系统教育改革工程。可以这样说，切实减轻中小学生过重的课业负担的教育实践是株洲市素质教育综合改革的切入点，其背后是完备的素质教育推进体系，是一项系统的教育改革工程。

在实践中，株洲市以制度为保障，以课堂为载体，以课程为重点，以队伍建设为关键，以评价为导向……各个方面协调并进，相互支撑，从不同层面和角度，全面推动素质教育的实施。

（三）做减法更做加法，重减负更重提质

为什么株洲市敢于进行以切实减轻中小学生过重的课业负担为突破口的素质教育综合改革呢？其中一个很重要的原因是其稳步提升的教育

教学质量。最近几年，株洲市全面推行教育教学改革，在课堂教学、学科建设、名师成长工程、特色学校建设等方面，使全市教育水平取得了长足发展，学生学业水平成绩优异，社会对教育满意度高，从而为改革提供了稳定的教育教学质量的保证。

可以说，株洲的教育改革"噱头"在减负，核心在提质。在做减法的同时，株洲更多的精力是放在做加法上，从不同层面提升教育教学质量。

（四）重结果更重过程，解放学生更是成就老师和学校

在株洲市教育改革的过程，与其说是减轻中小学生课业负担的过程，不如说是学生、教师、校长和学校共同成长的过程，因为在这一过程中，株洲市的教育资源全部启动，教育活力全面激活。其中教师队伍建设、特色学校建设等，都把教师、校长和学校推到了改革的前沿，使他们在改革中不断完善和超越，从而使整个株洲教育系统活力迸发，成长迅速。正因为如此，在株洲，教师成为减负增效提质的主力军，校长成为全面改革的推动者，学校成为了孩子们成长的理想场所……一座城市的教育发展水平全面提升。

（五）依靠自我努力，还要政府和社会支持

在株洲，改革得以推行的动力，还来自于社会各界的广泛支持。作为湖南省的重工业基地，株洲市对外开放较早，经济和社会发展水平相对较高，老百姓的意识也相对超前，他们对改变现行的教育模式有着很高的呼声。株洲市的教育改革，恰恰符合了株洲百姓对高品质教育的需求。

不仅如此，在株洲，市委、市政府及社会各界对教育的支持力度，也是其综合改革能够顺利推进的重要原因。其中株洲市委、市政府确立了教育强市的目标，主要市领导都有着浓厚的教育情结，教育部和省教育厅，都在专业领域对株洲教育给予了大量支持……

可以说，株洲市减轻学生课业负担的改革，之所以能够取得一系列成就，就是因为这是一场符合教育基本规律和人才成长的基本规律的改革，是一场全面的、立体的、系统的素质教育改革，是一场同时成就学生、老师、校长和学校的改革，更是符合社会教育发展需求、标本兼治的改革。

五、结　语

在这条从教育原点出发的减负提质之路上，株洲教育人始终在思考：减负之后，我们为孩子做了些什么？这些探索是否真正地符合孩子成长的需求？是否能够得到家长、社会的认可？同时，在这一过程中，我们的学校、校长、教师应该获得怎样的成长？通过这一阶段的实践来看，效果是令人欣慰的。孩子、家长的认同，社会的满意，以及学校、校长、教师发展潜力的显现，成为了株洲继续回归教育原点，将减负提质的探索进行下去的动力之源。

减负提质，让孩子收获了自主成长的快乐。把孩子们从过重的课业负担中解放了出来，目的就是要给予他们更自由、更广阔、更有价值的成长空间，让他们在学习、活动中具备完善人格，发掘自身潜力，提升创造能力，享受自主成长的快乐，这才是减负提质的最终落脚点。“新的课堂模式，让我们可以与老师一同交流，也可以与同学一起探讨，民主的氛围，让我们更放松；学校举行的阳光体育活动，艺体 2 + 1 活动、快乐大舞台活动，能够展示我们的才华；还有丰富多彩的社会实践活动，更是让我们开了眼界，长了知识。最令我们欣慰的是，当我们心中有秘密和困惑时，我们可以信任的倾诉给心理老师，她们不仅会理解我们，还会给我们提出建议解除困惑。这让我们感觉很幸福。”这是株洲市景宏中学一名学生的心里话。减负提质的过程中，学生的反馈让株洲更加明确了这条探索之路的方向。

减负提质，让家长理解了素质教育的真谛。素质教育的推行离不开家长的支持和参与。减负提质工作的开展，首先需要家长的理解和认可。在减负提质各项工作中，通过问卷调查、家访等渠道，家长们表达了他们的心声，表达了他们对学校推进素质教育的支持和认同。这些声音给予了株洲教育人不竭的动力。“现在，孩子放学后经常和我一起分享他的快乐：班里的新鲜事啦、参加合唱比赛啦、考了好成绩啦、老师如何关心他们啦，老师上课如何有水平啦……看他目前的精神状态，我打心眼儿里高兴。我非常感谢学校，感谢每一位老师。”“孩子的成绩进步了，学习更自觉了。他每天回家不再是应付没完没了的枯燥习题，而是有目的，有方法，分学科的自觉完成学案，学习效率明显提高，自学能力也逐渐增强。”“最让我们家长欣慰的，就是孩子们在学校得到了锻炼，综合素质和思想道德大大提高，比以前更懂事了，能体谅父母，与父母沟通，学校里发生的一些事也会跟我们说说，甚至有时还会主动帮大人们分担些家务。”家长们这样说。

减负提质，让学校走上了内涵发展的道路。减负提质不是“一减了之”，而是既有“减”，也有“加”。课程建设、课堂改革、教师队伍打造等一系列工作都是需要在学校层面来落实和推进的。这就要求学校必须主动行动起来，根据自身实际，从学生身心成长的切实需求出发，努力改善办学品质，推进学校特色建设，从而走上内涵发展之路。株洲七中校长刘建洪说：“减负增效提质是一项全方位、立体化的工程，涉及学校工作的方方面面。这就对学校、对校长提出了更高的要求。如何协调好各方面工作之间的关系，如何在减负的同时实现增效提质，如何做好与社会的沟通，与家长的交流，都是需要认真思考下功夫的。学校的内涵发展就是要在这个过程中不断来实现的。”湖南省首批挂牌的特色实验学校——株洲市十八中校长李国柱说：“在减负提质的推进过程中，我们首先明确了自己突出的、个性化的办学风貌，然后围绕减负提质的要求和目的，对我们长期的办学实践进行提炼、扩散和升华。由此确立自己富有个性的校园文化、鲜明的办学目标和办学定位、严明的规章制度、扎实有效的教育科研、丰富多彩的学生生活、简捷高效的管理模式和精良进取的师资队伍等。”

减负提质，让教师体会了为人师者的幸福。为了给减负提质提供可靠的人才基础，株洲从研究教师专业成长的规律入手，对不同发展程度的教师采取了不同的发展策略。同时，各种层次的教学研究与创新、交流与合作，学科教学的资源共享，对教师的专业成长起到了很大的推动作用，让他们在减负提质中收获了成长的喜悦以及为人师者的幸福。体育路中学的袁瑞芳老师说：“作为教师来说，课堂教学是我们的中心工作，让自己上的每一堂课都成为‘优质课’、‘高效课’是我们追求的目标。当我们真正把学生当成学习的主人，从他们的实际和需求出发设计教学方案，引导他们自主学习时，当我们将集体备课做实、做细，积极地听课、评课并认真做好反馈和反思时，当我们进行年级组、教研组、备课组‘捆绑评比’，力求将集体的智慧、团队的力量发挥到极致时，当我们成立了课堂教学‘验评组’，开展批评与自我批评时，我们发现，从课堂模式转变中受益的，不仅仅是学生，还有我们老师自己。”作为农村学校教师，雷打石学校的林太泉老师这样说：“可以说，课改就是一项幸福工程。但如同其他通往幸福的路一样，课改之路注定曲折而坎坷。一年来，我们一线教师经历了从‘尝试’到‘投入’再到‘信仰’的过程，课改的甜头让学生们更自信、更健康、更好学会学、更善思严谨，更让我们如痴如醉地徜徉在专业成长的海洋里。”

孩子的笑脸，家长的赞许，学校的发展，教师的幸福，让株洲市对推进素质教育充满了信心。接下来，株洲市将继续从教育原点出发，走好减负提质之路，力争使这项改革更加符合教育本质和教育发展规律，更加顺应教育和社会发展需求。

推进课程改革　打造农村素质教育样本

——重庆市綦江区基础教育课程改革的探索与实践

【引言】在城乡教育发展不均衡、教育软硬件条件均相对落后的重庆市綦江区，县委、县政府、县人大、县政协四套班子协力推进基础教育课程改革，别出心裁的校本课程、新颖别致的课堂模型在各校竞相涌现。课程改革的推进，丰富了学生的成长经验，调动了教师的工作热情，并且形成了区域推进素质教育的新样本。

一、域情与教情

綦江区（2011 年 12 月撤綦江县、万盛区，建綦江区；原万盛区设经开区，由市委、市政府直管；现綦江区管辖范围仍为原綦江县）地处四川盆地与云贵高原结合部，位于重庆南部，紧邻贵州遵义，全区以山地、丘陵为主，海拔 188—1 814 米，面积 2 182 平方千米，人口 95 万人，其中农村人口 75 万人，2011 年，全区城镇居民人均可支配收入、农民人均纯收入分别达到 17 045 元、7 510 元，城乡发展差距较大，属于典型的城乡二元经济结构。

綦江教育属典型的农村教育，村镇学校占学校总数的 90%，70% 的学生在村镇学校就读，70% 的教师在村镇学校任教。教师“先天素质”

整体不高，代转公教师、民办转正教师和大批新聘教师占教师总数的三分之一。课改前，全县应试教育盛行，义务教育质量不高，学生辍学现象突出，近三成学生学业不合格（据2003年统计，全县12 000多名初中毕业生参加中考，750分为满分，不足150分的占了41%）；高中发展滞后，居全市同类区县倒数第二位；每年有近200名教师转岗或流失。

二、亮点与成效

（一）政府主导，四套班子协力推进基础教育课程改革，是綦江经验的亮点

綦江完善“以县为主”的教育管理体制，强化课程改革的领导职能，成立以分管县长任组长，教育、编制、人事、财政等部门领导为成员的课程改革领导小组，定期召开联席会议，解决课程改革中涉及的宏观规划、教师编制、经费投入、社会宣传、督导评估等重大问题。县课程改革领导小组下设基础教育课程改革与发展中心，教委主要领导任主任，突出一条线，与教委行政职能合并运行，具体负责组织、实施和推进课程改革。各学区、各学校成立了相应机构，学校在教务处设立课程处，专门负责课堂教学改革具体工作。

2005年以来，县委、县政府三次召开教育工作会，研究部署教育改革发展问题。在深入研究基础上，制定出台了《关于进一步推进义务教育均衡发展的实施意见》和《进一步加快教育改革与发展的若干意见》两个纲领性文件，加快建设“区域教育均衡发展特色县”和“素质教育先进县”。按照上级安排，结合自身实际，綦江县制订了2001—2012年三期课改规划。其中，2001—2003年为调研、思考阶段；2004—2008年为分步启动、全面推进阶段，首先在部分学校试点启动，然后总结提升，

在全县范围内推广；2009 年进入深化提高阶段，重新制定了深化课程改革的规划，明确了基础教育各个学段的课堂教学改革重点，进一步总结经验教训，提高课堂教学的实效性，丰富课改内涵。2009 年，普通高中进入课程改革，制定了普通高中课程改革三年规划。

县委、县政府努力做好课程改革的保障工作。一是改善办学条件，落实对课程改革的物质保障。根据学校标准化建设、农村寄宿制学校发展、城乡统筹发展、城镇化建设进程等需求，按照“小学向场镇中心校逐步靠拢，初中向镇所在地引导收缩，高中向城区相对集中”的原则，进一步优化教育资源配置，科学调整学校网点布局规划。全面落实农村义务教育经费保障机制，依法做到“三个增长”，确保义务教育阶段公用经费不低于中央规定的基准定额标准，确保预算内教育经费支出占财政支出的比例逐步提高，确保财政性教育经费支出占 GDP 的比例逐年提高。县政府每年拨出专门的课改经费，用于课程改革的课题研究。县政府预算奖励资金，设立了十佳课改示范校、十佳课改教师、课改优秀科研成果等奖项，定期召开会议进行表彰奖励。二是落实对课程改革的师资保障。綦江县每年补充 200 名左右的教师，近年来共补充教师 1 200 多名，占教师总数的七分之一，极大地缓解了教师紧缺的困难，改善了教师结构。制定了全县教师培训中长期规划，以五年为周期，对全县教师进行一次全员培训。加强教师教育基地建设，充分发挥教师进修校的牵头作用。保证按教职工工资的 1.5% 和学校生均公用经费的 5% 用于教师培训。制定了走教、支教、骨干教师送教等制度，保障边远学校师资。以课改需求为导向，制定全县教师培训中长期规划，认真组织“国培”“市培”，以五年为周期，实施了新教师岗前培训，实施了体艺、小学英语、综合实践、高中通用技术、心理健康等紧缺学科培训，以及村小教师专项培训和新课程专项培训。轮训骨干教师，对所有教师进行了全员培训。大力实施“1121”工程，培养造就 10 名在全国有影响的教师、10 名市内有影响的校长、200 名在市内有影响的教师、1 000 名县级骨干教师，并设立培训专项经费予以保障。三是落实宣传保障。县宣传主管部门充分利用各级新闻媒体，特别是《綦江报》、綦江电视台，面向社会、学生、家长，广泛宣传课程改革。县教育行政主管部门还利用《綦江教育》、《綦江教研》、教育网、教研网等媒介，开辟课程改革专栏，宣传课改进程和成功经验。积极配合中央电视台、重庆电视台、《光明日报》、《中国教育报》、《中国教师报》、《今日教育》等媒体宣传课改取得的成效。舆论宣传营造了课程改革的良好氛围，争取到了家长、学生和社会的理解、支持。

（二）在綦江教育发展过程中，人大政协的监督、评议功能得到了充分发挥

县人大发挥监督作用，督促政府履行职责。县人大常委会定期开展课程改革评议，形成反馈报告支持课程改革深入推进。县人大教科文卫工委定期组织人大代表调研课程改革，形成调研报告和提案，督促政府扩大教育资源、解决大班额问题，引导社会正视课改推进过程出现的问题，正确认识课程改革的价值。县政协充分发挥参政议政作用，联系教育的副主席组织政协委员深入学校、深入课堂，了解课程推进情况，形成调研报告、社情民意、议案和提案，提交政府决策时参考。

政府主导下綦江教育的振兴，优化了教师和学生的学校生活状态，推进了城乡教育均衡发展，提高了政府的课程改革领导力。

（三）綦江的教育发展呈现出积极的变化，取得了阶段性的成效

1. 学生幸福成长

自主的课堂变革了学习方式，丰富的课程资源激发了学习兴趣，多元评价给予了发展自信。学生由胆怯、封闭、自卑、厌学变得大胆、开放、自信、乐学。敢于质疑，发表见解；敢于超越教材，挑战教师；敢于探究，创造性地解决问题。幸福地享受着新课程带来的快乐。统计数

据显示，义务教育阶段学生辍学率由近 3 个百分点降到 0.2 个百分点，初中毕业学生入读高中比例达 92% 以上，学生学业成绩大面积大幅度提升，动手能力与创新精神明显增强：130 名小发明家获政府奖金 60 余万元，綦江小学生囊括 2012 年市中小学机器人竞赛小学组一等奖，多名学生获“全国李四光少年儿童科技奖”、“第七届市科技创新市长奖”、“全市首届科技节 20 名小发明家”荣誉。2012 年的近两万学生参加的问卷测算数据显示，学生喜欢学校、学习感到比较轻松、对课堂教学方式比较满意的比例均超过 90%。学生的身体素质不断增强，全程摄像，连年零投诉的初三体育考试满分的学生有 800 余人，占参考人数的 10%。体质达标以上的学生达 8 000 余人，占参考总人数的 95%。

2. 教师快乐工作

教师普遍树立了新课程教材观、教学观、评价观、学生观，对素质教育的认同度高达 91%。教学能力普遍提高。一大批农村教师提高课程执行力，开设国家三级课程；能够改变知识呈现方式，采用启发式教学，创造出了适合学生的新型有效课堂；让每位学生找到属于自己的学习起点，解决属于自己的学习问题，分享同伴的学习成果，获得充分的情感体验，大大提高了课堂教学效益。教研能力不断提升。坚持撰写文章的教师占 78%，比五年前提升了 53 个百分点；教学问题研究成为工作常态的教师达 65%，比五年前提升了 34 个百分点。全区有 20 多项优秀教研成果得到了推广应用。造就了近 100 人的在全国、全市都有一定影响力的名师、名校长群体，到四川、云南、贵州、广东、海南等 10 多个省市向数万名教师上展示课、作专场报告。涌现出“全国优秀工作者”“全国优秀教师”“全国优秀教育工作者”等先进典型。对近三万名学生的的调查显示，学生对现行的师生关系满意度达 88%，对课堂教学的满意度达 86%，对教师的满意度达 88%。学生的幸福成长让教师享受到从教的快乐，新课程的探究激发了教师工作的激情，反思、互助促进了教师的专业发展。教师流失大幅减少。课程改革不仅成就了学生，也成就了教师。

3. 提高了政府的课改领导力

县级政府如何领导推动课改，在基础教育课程改革层面还是一个新课题。綦江在多年的实践中，就县级政府如何领导课程改革形成了一套行之有效的经验和做法。一是必须深化课改认识。课程改革关系到国家兴衰、民族未来，县级政府是落实党中央、国务院教育大政方针落地的关键一环，县级政府的课改领导力，直接关系到区域课程改革的顺利推进。地方政府应该有这样的使命感、责任感，将推进课程改革作为政府的重要职能加以落实。二是必须系统构建工作体制。綦江探索出的县政府主导、教育行政部门主管、学校主体、各职能部门参与、人大政协监督的政府推动课改工作体制，对县政府领导推动课程改革起到了机制保障。三是必须创新工作制度。綦江建立了课程改革联系会议、课程改革专项评议、教育质量评价、教师专业发展增量评价等制度，构建起了系统的推进课程改革的制度体系，保证了课程改革的长期、有效、深入推进。

4. 城乡教育均衡发展

农村学校落后的教育观得到了优化、更新，校长确立了先进的办学理念，教师树立了符合素质教育要求的教育观，家长树立了正确的成才观。教育观的转变促进了教育方式、教育手段的更新，农村学校立足现有条件，改革课堂教学，开设校本课程，充分发挥远程教育功能，构建起了新的课程文化，办学特色逐步彰显。优质教育资源不断增加，均衡分布在各镇街。城乡学校学生学业水平合格率均达 90% 以上，课改前的 42 所农村薄弱学校已有 30 所获得过教育质量增量评估一等奖，成了硬件不优但教育质量优的学校。全区 80% 的小学有了自己的办学特色，60% 以上的初中成为优质初中，均衡分布在各镇街。2009 年 11 月，綦江被评为 92 个“全国推进义务教育均衡发展工作先进地区”之一。

三、探索与措施

綦江教育发展主要采取了四大行动。

（一）课程建设行动

綦江根据实际情况，创造性地落实国家、地方、学校三级课程，努力为学生提供适合的课程。全面落实国家课程设置和各学科课时。采用走教方式解决村小缺乏体艺、科学教师难题，由区教研人员牵头，指导学校对教材进行删减、拓展与整合，分层次编制适合本校学生发展需要的“导学案”，从而将国家课程校本化、生本化。全区有选择、有计划地开设地方课程，如法制教育、环境教育、民族教育等，九年统一规划，分年级、分阶段实施。整合体育、艺术、科技、劳技等课程资源，课内与课外相结合，选修与必修相结合，统一实施 2 + X 项目，编写校本教材，培养伴随学生终身的两项体育运动技能、一项艺术特长、一项科技特长，每期培养学生一项劳动特长。全区所有学校统一开展 40 分钟大课间活动，必选项目和自选项目相结合，形成大课间课程，保证常态化实施。践行“阅读先行，海量阅读”理念，实施海量阅读计划。建设 10 个综合实践基地校、提供课程资源，保证体育、艺术、科学和综合实践活动等领域课程的实施。

【链接 1】东溪镇永久小学整合师资保证村小开齐开足课程

一是紧缺学科教师“走教”。制定了《永久小学教师“走教”工作制度》，保证“走教”质量。音乐、体育、美术、英语等紧缺学科教师，每周在中心校三天、在村小两天，采取集中排课、学科错天“走教”。二是骨干教师巡回“送教”。定期组织 12 名校级骨干教师到各村小巡回“送教”，每月至少一次。针对薄弱学科，积极争取县教委、学区派出骨干教师“送教”，近几年达 50 多人次。三是城区教师定期“支教”。县教委每年都按计划选派城区教师到乡镇学校“支教”，根据教师紧缺情况及时提出计划，积极争取，近几年到我校支教8人、分配特岗教师1人。四是教师跨年级、跨学科“任教”。制定跨年级、跨学科教师培训规划，积极组织中青年教师参加县进修校组织的音体美等紧缺学科的转岗培训和语、数、科学、英语等学科多岗培训，学校采取“以老带新”、“以专业教师带非专业教师”的方式，加快提升教师任教多门学科的专业素质和技能。近几年我校为村小培训“一岗多能”教师18人，缓解了村小专业教师短缺的问题。

【链接2】陵园小学“七彩校本课程”

必修类：一是励志修身类课程。升旗课，每周一第一节课，40分钟。班队活动课，开展生命教育、环境教育、安全教育、感恩教育等系列活动。夕会课，师生共同评价当日学习生活情况。传统节日主题教育活动课，对学生进行传统美德教育。二是学科延伸类课程。版画课，学校配备专职版画教师，配置专用版画教室、创作室、陈列室，自编教材，每周开设一节版画课。经典诵读课，每天一节25分钟的经典诵读课，对学生进行传统文化教育。器乐课，每节音乐课安排5—8分钟进行器乐训练，到六年级毕业，让每个学生至少会简单演奏三种以上的乐器。形体课，自编形体教材，配备专职形体教师，每周开设一节。三是实践探究类课程。每学年安排一至二周的时间，进行郊游、参观工厂、科技基地等并撰写科技小论文。四是健身活动类课程。间操课，每天一节，40分钟，设计20多个活动项目供自主活动选择。五是学校主题节日活动。每学年有科技节、艺术节、版画节、体育节、夏令营等传统活动。

选修类：一是七彩俱乐部课程，利用每周四下午半天时间，由体育、艺术、科技、劳技四大类内容组成，设置32个项目，组建60个活动小组，学生自主选择。二是七彩宝贝社团，抽选优秀学生组成七彩宝贝合奏队、合唱团、小版画家、文学社、少年消防警校，利用课余时间和节假日开展活动。

【链接3】古南中学“导学图”的开发与运用

开发“导学图”。一是主备采集信息，筛选编制雏形。教师人人都是主备，在备课组统筹下老师自选课程开发内容，学校搭建和开放教学资源平台，教师广泛采集和占有教学资源，建立自己的信息资源库，依据教学任务，筛选优化信息，按照编制要求设计“导学图”初稿。二是集体互动研制，整合修订成型。主要采取事前人人阅读初稿，人人有备发言，主备即时回应，集思广益，执笔修改，对“导学图”不断加工提炼。三是学校审核补充，统一编制印发。学校对备课组集体研讨修订的“导学图”认真审核，可作必要的删减和补充。四是学情信息反馈，调整施教策略。提前一天发放导学图供学生预习使用，再根据学生预习信息反馈，适时调整课堂教学策略。五是健全保障机制，助推资源再生。建立健全了“三三一”全程校本教研制度。主备人一备“导学图”雏形，备课组集体讨论修改，二备导学图，课前针对学生预习反馈及教师个性三备导学图；施行备课组每周三次教研活动制度；必须有一次课后反思，采取补救措施，修订导学图，写好教学后记，二度再生课程资源。

运用“导学图”。一是学生使用坚持三原则：主动性、主体性、合作性；教师使用坚持“九让”原则：实验让学生做、情景让学生想、图形让学生画、问题让学生提、思路让学生找、错误让学生析、是非让学生辨、异同让学生比、好坏让学生评。二是用好导学指南，规范教学行为。课前学生运用“导学图”结合教材自主学习，教师加强预习监控，指导学生独立思考，小组交流，写出预习反馈，教师针对反馈信息，再次调整教学策略。课堂教学中，以学生预习导学图中的重点问题为先导，以全员互动为基本动力，以小组活动为基本形式，教师巡回指导，点拨释疑。学生在小组同学的鼓励、帮助和推荐下，大胆发言，充分展示自我，师生根据展示情况进行点拨和互评，从而让学生在展示中张扬个性，在点拨中得到提升。完成导学图上的课堂测试，及时发现问题，纠正问题，确保学生人人过关。课后结合导学图上的拓展延伸练习，让学生在实践体验中运用知识，形成创新与实践能力。师生在完成课堂教学后共同进行总结反思，产生新问题，并在课外通过观察、实验、查资料和访问等形式去解决问题，由课堂延伸到课外。三是师生评价反馈，二度整合资源。使用导学图后，师生根据学生课堂表现，对学习小组和学生个体学习行为和效果进行多元评价，学生也要对导学图的编制质量和教师的教学行为进行综合评价，为将来对课程资源进行二度整合提供重要的参考和素材。

（二）区域推进课堂教学改革行动

区教委制定课程改革行动计划与验收计划，有序推进，逐年验收，用行政管理手段促进课改的落实。课改之初，分别在南、北部的乡村和城区各选择一所改革愿望强烈的学校，通过外出考察学习、加强业务指导和师资培训，打造为课改基地校，辐射带动周边地区实施课程改革。以学区为平台，组织学区内学校开展课改观摩会、研讨会、推进会，逐步在学区内学校全面实施课改。城乡学校建立各类联盟，搭台子，接对子，互相交流、学习，促进课程改革的全面实施与深化。对课改推行不力的校长，教委运用干部管理调控手段，强调“课程改革势在必行，先换思想再换人，多换思想少换人，不换思想就换人”，保证课改在每所学校得到有效落实。

各校根据新课程理念，借鉴全国典型课改成功经验，如先学后教、以学论教、多学少教、兵教兵等，结合学校实际情况，根据师资、生源、硬件设施等实际情况进行本土化改造，将传统与现代、继承与创新结合起来，探索出适合本校实际的基本课堂教学范式和标准，提供给教师借鉴，当教师课堂教学达到一定境界时就可去模式化。这样既保证基本教学要求的落实，也能在课堂教学改革实践中帮助教师建立新教学常规，逐步提高新课程教学能力。将课前预习、课堂教学、课后练习三个阶段整体设计，合理安排；将教材、教案、教辅资料校本化、师本化、生本化，生成学案或教学案。让每位学生找到属于自己的学习起点，解决属于自己的学习问题，分享同伴的学习成果，获得充分的情感体验。

【链接 1】隆盛中学“四段六步”课堂教学方法

四个阶段是：自主预习阶段——根据教师的引导和学习目标自主预习，通过预习交流熟悉文本，进一步明确目标，完成基础性知识或准备性知识；合作探究阶段——针对重点任务，教师以多种形式进行安排、分配，小组内合作探究，达成共识；展示提升阶段——各小组展示组内合作探究阶段的学习成果，其他小组进行质疑、补充、纠正、点评，进行知识的迁移和拓展延伸；检测反馈阶段——反思和校正，以练习、问答、回想、小结等多种形式进行回归性检测，注重突出“弱势群体”，反馈学生知识掌握情况。

六个步骤是：预习引导，明确目标；自主预习，组内交流；分配任务，合作探究；展示质疑，拓展提升；穿插练习，全面巩固；达标检测，反馈校正。

自主学习阶段的设计，主要是充分留给学生时间和空间，让学生独立阅读教材，获得体验，产生问题、见解，为下一阶段作准备，同时也培养学生学习的主动性、自觉性和学习责任感。

合作、探究阶段的设计，要求小组按“独立思考—代表发言—其余组员质疑、补充、修正—统一意见—形成共识”程序进行，使小组合作学习、探究学习有序高效开展，让所有学生都真正参与进来，让学生成为学习活动的真正主体和主人。他们或交流、或讨论、或探究，生生互动、同伴互助去获得知识，去享受学习的过程，去习得学习的方法，同时，使之懂得如何表达、如何倾听、如何交流、如何合作，培养其团队意识、民主价值观、科学态度、探究精神和人文素养。

展示提升阶段的设计，主要是满足学习是互相沟通、积极对话、互相欣赏、共同提高的过程的这一需求。把黑板、粉笔变成学生的学具，把教室变成学堂，把原本属于教师的讲台变成学生展示的舞台，让小组展示他们讨论、探究的成果。学生质疑、补充、修正、点评，教师适时适度引导点拨，生生互动、师生互动，知识得以巩固、生成，能力得以提升，思维得以拓展。

检测反馈阶段的设计，主要是反馈学生知识掌握情况，及时校正。

【链接 2】隆盛中学辐射带动三角学区整体推行课程改革

三角学区是綦江的 9 大学区之一，共有各级各类学校 12 所，学生近 10 000 人。隆盛中学是其中的一所初级中学。三角学区抓住隆盛中学课改成功这一典型，在全学区通过组织学校到隆盛中学召开课改现场会、隆盛中学派教师到各校巡回指导、强化课程改革考核等措施，及时推广隆盛课程改革经验，各校在学习的基础上加以创新，探索出了适合自己校情、学情的课改模式。三角中学形成了以导学案为载体的课堂教学改革，形成了“三段七步式”的课堂教学模式；三角小学以打造书香校园为办学特色，开展了 40 多项“2＋X”拓展性课程，学生全面发展，学校连续五年获县办学水平综合评估一等奖。永城中小学将国家非物质文化遗产“永城吹打”引进课堂，传承地域特色文化，丰富学生文化素养。课程改革在三角学区的全面推广，促进了该学区教育质量的整体提升和均衡发展，三角学区连续两年获区办学水平评估一等奖。

（三）评价制度改革行动

一是实施中考制度改革。为导向课程改革推向深入，綦江实施了“指标全部到校、综合素质评价、多元录取”的高中招生录取制度改革，将高中学校计划内招生指标划分为综合录取、特长录取、诚信推荐录取三类，各占 88%、10%、2%。普通高中综合录取计划内指标 100% 均衡分到初中学校。从 2005 年开始，全区组织统一的特长生认定测试，2012 年设定了近 30 个项目，八分之一的学生参加了测试。从 2011 年开始，实施英语人机智能对话测试。历史学科实行开卷和闭卷相结合的方式，政治学科实行开卷考试。2012 年开始还在部分初中学校试点，将三年的指标提前下达给了学校，由其制定规则推荐给高中学校录取。

二是建立学校绿色教育质量指标评价体系。旧有的评价体系是用分数衡量学校，实际上是生源制胜，严重挫伤了生源基础差的农村学校办学积极性，也导致了学校围着少数几个优生转，不利于大面积提高学业成绩，不利于教育公平，不利于深入推进课程改革。为了改变这一现状，綦江建立了学校绿色教育质量指标评价体系。该体系分为五个维度，第一个维度是教学质量发展性增量评价，“以入口定出口”，“从起点看变化”，用增量考核学校的学生学业成绩大面积的变化趋势。第二个维度是学生学习生活问卷测查，了解学生学习的快乐度和对学校教育的满意度。小学与初中毕业年级学生与高一学生全员参与，无记名直接在机读卡中参加问卷调查，作为评价学校教育质量的重要依据。第三个维度是教育教学过程管理评价，以学区为平台，对学校教学管理从计划、实施、评价、改进四个方面进行监测评估。第四个维度是教师专业成长增量评价，分类设定学校专业发展指标，每年规定增量要求，对学校进行考核，涉及学历提高培训、全员培训、骨干培训、紧缺学科教师培训等。第五个维度是综合素质标志性成果认定，对师生在体育、艺术、科技、文学四大节上的获奖成果以及各级各类所获表彰进行认定。五个维度分别占40%、20%、20%、10%、10%，从根本上扭转了分数制胜、生源制胜的质量评价倾向，关注了学生的全面发展、学校的可持续发展。

三是建立办学水平综合性多元评估制度，在教育质量标准和评估办法上进行了改革。第一，教育质量评价指标多元化。以往评价学校的教育质量一般主要评价学生的分数，新的评价指标有学业成绩、思想素质水平、劳动与科技素质水平、体育技能与水平、艺术素质与水平、身心健康水平，其中学业成绩仅占总分的四分之一，全面反映了学生的综合素质培养情况。第二，评价对象多元化。评价对象有家长、学生、职能科室和站所，全面反映社会和学生对教育的满意程度。第三，评价方式多元化。有动态，有静态，过程性评价与终结性评价相结合。各职能科室和站所定期公布学校的管理情况，促使学校注重过程管理，实行精细化管理。办学水平评估的结果直接与校长和教师的绩效考核挂钩，导向学校全面实施素质教育。

【链接 1】中考制度改革唤醒学校生命

2005 年綦江县教委采取了两个措施，逐步推进普通高中招生制度改革。一是不再用联招上线率考核学校，而是用“以入口定出口”“从起点看变化”的“教学质量发展性增量评价制度”监测评估所有学生的学业变化情况。二是为了引导学校开齐开足课程（特别是体艺、劳技等课程），鼓励学校开设校本课程，全县统一组织高中学校招收体艺、科技等特长生。

2007 年綦江市教委中招办下达文件实施重点高中 30% 统招指标到校，綦江县制订了“30% 指标到校、多元录取（统招 5% 特长生、录取校长诚信推荐生占统招计划的 1%）”方案，得到重庆市教委大力支持，并在全市高中招生会上介绍经验。

2008 年，綦江市教委下发文件，鼓励部分区县“先行先试，自主办中考”，经县政府同意，市教委审批，綦江县中考实行自主命题、自主考试、自主录取，“指标全到校、综合评价、多元录取”的高中招生录取制度应运而生。

录取制度的要点如下。

一是将各高中学校统招指标切分为“提前批诚信推荐类、第一批特长类、第二批综合类”三大类，综合类占统招计划的 88%，特长类占 10%、诚信推荐类占 2%。

二是提前录取诚信推荐类。各高中学校将诚信推荐类指标全部投放到诚信度高的初中学校，由校长署名向高中学校推荐，高中学校选择录取。

三是第一批次录取特长生。首先是各高中学校上报项目和计划，经审核后向考生公布，计划又分“特招”和“特长加分数”录取两类，据统计全县共有体育、音乐、美术、科技创新、播音主持等 20 多个项目，有的项目又分为若干小项，如体育就有足球、篮球、田径、射击等小项。第二，县教委中招办统一组织测试。第三，高中学校现场考查，直接录取“特招”学生。第四，按“特长加分数”录取。特长生如落榜，可继续参加第二批次的综合类录取。

四是采取“指标全到校、综合素质评价硬挂钩”录取第二批次综合类。首先是向农村学校适当倾斜投放综合类全部指标。将高中学校划为城区和乡镇两个大类，由于全县各区域均有学生前往就读，而乡镇高中主要是邻近区域学生就读，因此，分配指标时采用了“城区高中面向全县，乡镇高中就近投放”原则。城区高中分 30%、30%、40% 三步投放指标，30% 按初中学校生源数、另 30% 按县教委上一学年对生源学校教学质量发展性增量评价结果，由县教委中招办计算后硬性投放，余下的 40% 由高中学校按学生入读情况、志愿填报分布情况投放。乡镇高中就近投放 70%，按生源数、教学质量发展性增量评价结果各投放 25% 共 50%，30% 由高中学校按学生入读情况、志愿填报分布情况向非邻区域的初中学校投放。第二步，向学生、家长、社会公示，无异议后下发文件确认。第三步，中考成绩出来后录取，一个一个初中学校录取，如录取 X 初中的学生，全部高中都按投放指标录取，Y 高中投放指标 100 人，按分数扩大 10% 考生入围，于是就有 105 位考生入围 Y 高中，最后以综合素质评价去掉扩大的 5 人，综合素质评价就与录取硬挂钩了。

五是进一步扩大学校的推荐权和录取权。2011 年綦江县以两所学校为试点，将三年后的升学指标下达给学校，由初中学校与高中学校共同制订方案，初中学校推荐、高中学校确认的方式录取学生，彻底铲除“应试教育”的枷锁。

六是扩展考试内容，把综合实践课、理化生实验操作成绩纳入中考，把初二年级的生物、地理结业水平考试成绩纳入中考总成绩，语文、英语学科综合考查学生的听、说、读、写能力。丰富考试方式，尝试实施开卷与闭卷相结合、纸笔与非纸笔测试相结合和多次考试取最佳成绩制度。

新的录取制度带来了学校教育的全面变化。学校有了特色发展空间，学生有了个性发展时间，教师有了专业发展机会。学校充满生机，学生充满活力，教师充满幸福。还原了教育生态，唤醒了学校生命。

首先，指标全到校推进了教育公平、有利于城乡教育的均衡发展。以 2009 年为例，师资配备差、硬件设施差、偏远农村学校的孩子上綦江中学比城区学生少了 40 分，受益于此项政策的学生占到了总录取计划的近 10%，那些每天要步行三小时上学的孩子有了入学机会的公平；初中择校之风得到有效遏制，用生源优势制造所谓的优质学校的做法没有了市场，大多数学校教学质量趋于均衡，促进了城乡教育的均衡发展，2009 年綦江县被教育部表彰为“全国推进义务教育均衡发展先进地区”。

其次，多元录取促进了初中学校的课程建设。各初中学校开齐开足了国家课程。拓展人才培养渠道，整合体育、艺术、科技、劳技等课程资源，课内与课外相结合，满足学生个性、特长发展需求，优化课程设置，全县统一实施了 2+X 项目，即培养伴随学生终身的两项体育技能、一项艺术特长，培养学生科技创新兴趣、劳动和阅读习惯。各中小学校根据办学理念和特色发展需要，立足本土资源和学校实际，传承学校办学优良传统，尝试开设了一些校本课程，供不同层次的学生选修，全县三分之二以上的学校都开设了校本选修课程。学生个性发展、特长发展效果明显，参加认定高中特长生的人数由 2005 年不到 200 人上升到如今的 1 000 人以上，2010 年全县共招收了 700 多名特长生，占到了统招总计划的 10%。

最后，综合评价改变了学校教育工作的被动局面，学生不再“死读书”，教师不再“教死书”，全面育人的功能正在实现，学生的社会责任感普遍增强，学校的德育工作焕然一新。

【链接 2】扶欢中学深化评价制度改革，促进学生全面发展

一是中考制度改革催生学生评价多元化。依照区教委中考制度改革导向，开展学生的多元化培养，以适应初中毕业后的多元评价与录取，

开好体育艺术科技等特长培养课程，重视科学学科实践操作环节，加强语言学科听说能力的训练，落实个别学生在管理、社交等特殊领域内的锻炼。为了达到更好的效果，学校还想尽办法外聘兼职教师，拓展资源。在这样的学生发展环境下，传统意义上的评价形式已经完全被打破，记在纸上的分数是评价，写在簿上的评语是评价，露在师生脸上的赞许同样是评价，诚信推荐的公示也是评价，百花齐放的活动都会有各种各样激励学生不断成长的发展性评价。二是开发学生潜能创新发展评价标志化。在县教委中考高中录取指标到校的背景下，开展了学生“素质发展标志性成果量化考核”评价，将学生在体育技能、艺术审美、科技创新、劳动成果、社会活动（含小组合作学习）五个方面的标志性成果进行量化评价，通过征求教师、家长、学生以及社会意见，拟订了量化评价细则，建立了一套激发学生全面发展主动发展的机制。在试行期间，运用公开透明的成果认定方式，不断强化这项创新评价机制。按照县教委批复及方案规定，所有学生三年来的成果量化评价，均将纳入中考推荐的依据之一，作为与中考学科同等重要的科目纳入总分。每一期学生都将要求将自己的标志性成果资料装订成册，这也是学生成长档案袋中的重要内容。三是学生发展需求促进教育评价过程化。评价不仅是目的，更重要的是过程导向。在传统的甄别与选拔性评价中，评价不仅主体单一，而且内容单一、形式单一。在新课程理念指引下，我们运用自评、互评、教师评等形式，开展了渗透到教与学各个细节上的过程性评价，课前自学情况有评比，小组合作状况有考核，课堂参与有评价，当周有评价小结，月月有考核激励。多样化的过程性评价，让教师既保留着传授者的必要角色，也让教师更多地实现着组织者、引导者的角色，课程中的三维目标也得到了更好的结合与实现，评价的育人功能得到了更好的体现。学生在不知不觉当中，已经在过程性评价的引导下，养成了良好的学习习惯。

评估教学质量是教育测量工作的核心，其客观、公平、公正性受诸多因素的影响，传统的静态评价方法不利于推进素质教育和新课程改革，亟须进行探索和改革。因此，綦江县教委推出的“教学质量发展性增量评价方案”通过近5年的实践，调动了各类层次学校办学的积极性，彻底摒弃了片面追求升学率做法，让学生、班级和学校在原有的基点上获得进步，促进了区域教育的均衡发展。

（四）构建区域教研体系行动

结合深化课程改革的需要，綦江与建设各种教师培训制度，抓好教师全员培训相结合，构建起了“二三三”区域教研工作体系，促进了教研工作的系统化，校本化，有效化，为深入推进课程改革提供了有力的师资保障。

一是抓好“二线”，实现全员教研。“二线”就是两条工作线。一条工作线是构建了“县—学区—学校”三级教研网络。县级层面成立了高中、初中、小学、幼教等各学段覆盖全学科的中心研究组，由教研员牵头组织全县性学科教研活动，并指导学区各学科中心组开展工作。学区成立了学科课程改革指导组，组织学区内各学科的教研活动，并指导学校教研组开展校本教研活动。学校以学科教研组或备课组为单位，广泛开展群众性校本教研活动。另一条是“县教科所—学校”的直接指导工作线。县教科所在实施新课程过程中，为了及时了解课堂和教师出现的问题，有针对性地解决这些问题，在教研工作中实施了三项转移：教研重心下移、教研中心转移、教研阵地前移；采取了三环节工作步骤：准备教研、开展教研、反思教研。根据工作需要和学校需求，实施“菜单式”加“订单式”的服务方式，组织教研员和学科中心组成员深入学校解剖“麻雀”，开展面对面指导。通过这两条工作线，构筑起点、线、面无缝对接的扁平教研工作网，全县学校呈现出校校是教研基地，教师人人是教研人员的教研工作新局面。

二是突出“三课”，打造精细教研。“三课”就是课堂、课例和课题。

组建了以县教研员和中心组成员为骨干的本土专家团队，广泛搜集和整理全国知名的教改范例近 20 种。通过认真研究、对比和分析，形成了近 10 万字的研究报告。在借鉴和吸收这些先进思想的基础上，通过问卷调查、课堂调研，提出了新课程课堂的基本范式，再选择学校试点，总结成功经验后向其他学校推广。以课例研究为载体深入开展校本教研，指导学校广泛开展一人同课多轮、多人同课异构、多人同课同构、跟踪式听课等行之有效的课例研讨方式，让教师在真实的课堂教学中发现问题、研究问题、解决问题，通过实践—反思—再实践—再反思实现更新教学理念，改善教学行为，提升教学水平，促进教师成长。大力实施“330”工程，即从全区各学段、各学科遴选出 330 个优秀课例录制为光盘和上传到教学资源库，供全区教师学习、研究、借鉴。广泛征集教师在课程改革中遇到的问题，通过归类、梳理，整理出 268 个小问题作为校本教研的课题，让教师研究自己的问题，增强了教育科研的针对性和实效性。

三是强化“三动”，共享优质教研。“三动”就是城乡联动、学区互动、基地学校带动。城区学校优秀教师、骨干教师相对集中，在推进课程改革的过程中，我们采取“送教下乡”、“骨干支教”、蹲点跟踪指导、学校结对帮扶等方式，促进城乡学校共同发展。每学期由学科教研员和骨干教师组成送教下乡讲师团，巡回在各乡村学校开展送教下乡活动，将先进的理念、有效的方法带到乡村学校，让山区教师零距离接受本土名师的指导，促进专业成长。同时，送教的老师也能受到启发，通过互动交流，从山区教师那里感悟艰苦条件下对教育质朴追求的精神。实行蹲点帮扶制度，开展有效跟踪指导。初中、小学各学科的教研员一人联系一个片区，一人帮扶一所弱校，并且每学期至少在联系的片区和学校蹲点两个星期以上，与老师们一起备课，一起上课、一起研究问题。在蹲点时间以外，保证每周与蹲点学校联系一次，了解他们的需求，将情况进行汇总，再由教科所根据学校需求进行针对性的指导。相邻学区组建教研协作体，开展联片教研，针对共性问题进行研讨，实现资源共用，成果共享。充分发挥教研科研基地学校的示范、辐射和带动作用，每学期组织基地学校举办教研开放周、教师论坛、现场会等，为其他学校开展校本教研起到了示范和带动作用。

四、经验与启示

綦江教育发展的启示意义主要表现在如下几个方面。

（一）推进课程改革是县级党委、政府的重要职责

课程改革是国家行动、政府行为。21世纪初，国家启动了新一轮基础教育课程改革，全面贯彻党的教育方针，全面推进素质教育。新课程实施以来，有很多成功的学校典型，鲜有县域成功的案例。县级层面是落实国家方针、政策的最重要环节之一。县域推进课程改革必须落实党委政府的教育管理责任。优先发展教育是党委政府的重要职责，县委、县政府的教育执政能力和方式影响课程改革的决策，课程改革中的宏观规划、整体布局、经费投入、督导评估等重大问题及县级相关部门履行职责，需要县政府加强统筹。县域要推进课程改革，单靠教育主管部门和学校努力是难以实现的，必须要落实党委政府的责任。

（二）推进课程改革必须坚持正确的教育政绩观

教育的核心是育人，促进人的全面发展和终身发展。教育的效果不应只由高考、中考升学率等冷冰冰的数字来体现。綦江县课程改革，始终坚持关注学生未来发展，培养学生的社会责任感、创新精神和实践能力；坚持教育面向大多数，促进教育公平，促进城乡学校均衡发展；坚持引导教师树立科学的教学理念，追求人生价值，享受职业幸福；最终

实现学生健康快乐成长，主动发展，全面发展，个性发展。

（三）推进基础教育课程改革就是全面实施素质教育

綦江县教育的底子薄、观念落后，一直没有找到实施素质教育的好方式和载体。新课程改革顺应了国际教育发展的潮流，全面体现了党的教育方针，是实施素质教育的核心，是实践素质教育的最好渠道，新课程的教育质量观就是素质教育的质量观，素质教育只有进入到课程改革层面，由课外进入课堂，才能取得实质性进展。农村地区尽最大限度实施好新课程，就是最大限度地实施素质教育。

（四）推进基础教育课程改革就是推进特色学校建设

办出特色是教育发展的较高层次，办学理念是学校办出特色的灵魂，推进课程改革促使校长再思考办学理念，办学理念的升华和提升为特色学校建设打下了坚实基础。新课程校本课程和综合实践课有利于发挥学校办学的主动性和积极性，有利于学校结合自身实际办出特色。新课程采取多元的评价方式，发展和张扬学生个性，主张学生多方面成才，为学生个性发展、特长发展提供了可能。我们坚信区域扎实推进课程改革可以促使大面积的学校办出特色。

（五）推进基础教育课程改革能够统筹城乡教育发展

城乡教育发展不均衡主要表现在两个方面：一是办学条件等硬件指标；二是办学水平等软件指标。随着“以县为主”教育管理体制的实现，真正免费义务教育的实施，农村地区学校的办学条件得到了很大改善，要进一步缩小学校间硬件指标的差距，主要靠政府投入。缩小城乡学校办学水平的差距主要靠教育改革。推进新课程改革，建立并完善农村学校校本培训、校本教研、评价体系、新课程课堂教学管理制度等现代学校管理制度，提高农村学校教育质量，是缩小城乡学校办学水平差距、统筹城乡教育均衡发展的有效途径。

（六）课程改革可以在农村区域推进并取得成功

超大容量班额和落后的教育硬件是课程改革不容忽视的制约因素，农村落后的师资队伍更是课程改革的瓶颈。课程改革不能“等”、“靠”、“要”，有条件要上，没有条件创造条件也要上。探索适合农村地区的新课程课堂教学方式、策略，以课堂教学改革实践促进教师专业发展，以教师的专业发展促进课程改革的深入推进，以课程改革促进学校提高教学质量。全国名校洋思中学、东庐中学、杜郎口中学就是很好的证明。我县部分学校通过课程改革也取得了跨越式发展。实践证明，新课程改革可以在农村区域推进并能够取得成功。

五、结　语

课程改革十年，有许多成功学校的典型，鲜有区域成功的案例。全国下阶段推进课程改革的难点在农村地区、重点在县域推进。没有县域推进的成功，就不可能有全国推进课程改革的成功。而要在县域取得成功，必须要有政府主导，在多个方面予以强有力的保障，才能保证课程改革的顺利实施。綦江在“以县为主”的管理体制下，政府主导推进课程改革形成的理念、机制、制度和做法等，适宜于农村地区县域整体推进课程改革，为县级政府如何主导在农村地区有效实施课程改革提供了可资借鉴的样本。

经济欠发达的农村区县，教育的底子薄、观念落后，能否实施素质教育，摆脱落后状况，一直困扰着农村教育。新课程改革顺应了国际教育发展的潮流，全面体现了党的教育方针，是实施素质教育的核心，是实践素质教育的最好渠道。近年来綦江县各中小学以课程改革为载体，全面实施素质教育，取得明显成效。素质教育思想深入人心，面向全体学生，促进学生全面主动发展，培养学生创新精神和实践能力得到践行。体艺、科技、劳技得到强化，学生每天锻炼 1 小时得到普遍落实，综合素质明显增强，表现出较强的创新能力和实践能力。綦江经验证明，农村地区尽最大限度实施好课程改革，就是最大限度地实施素质教育。

务本求实 多措并举 深入实施素质教育

——吉林省通榆县县域实施素质教育的探索与实践

【引言】2004 年，吉林省通榆县委、县政府审时度势，确立了“深化教育改革，实施素质教育”的总体战略和“1234”思路：立足一个中心，以促进学生全面发展为中心；把握两个重点，以深化课程改革和规范办学行为为重点；创建三个满意，以建学生满意教师队伍，创家长满意学校，办社会满意教育为宗旨；着眼四化目标，以实现学校建设标准化、学校管理规范化，办学效益优质化，学校发展特色化为目标。按照这样的总体战略和工作思路，通榆县进行了不懈努力和实践探索，目前通榆教育呈现出各类教育结构合理协调发展、教育质量稳步提升的局面。近年来，作为国家义务教育均衡发展先进地区和改革试点县，通榆县在推进县域义务教育均衡发展的过程中，进一步深入实施素质教育，让更多的孩子享受到了公平、优质的教育，为孩子的健康成长、快乐学习、全面发展提供了有力的保证。

一、域情与教情

通榆县隶属于吉林省白城市，位于吉林省西北部，科尔沁草原东陲，分别与乾安、长岭、内蒙古科右中旗、洮南和大安相邻，全县总面积 8 496 平方千米。辖 1 个经济开发区，8 镇 8 乡 6 个国营畜牧（林）场，172 个行政村，人口 36.4 万人。客观地讲，通榆发展的自然条件较差，不利因素较多。一是区位条件差。位于东北腹地，吉林西部不发达的经济带，远离大城市，远离大的消费市场，发展外动力不足。二是资源条件差。通榆县是以农牧业为主的县份，东碱西沙，十年九旱。民间更有“一年两场风，从春刮到冬”之说。无大江大河，地上地下水资源匮乏，生态环境较为脆弱。三是开发晚，工业规模小，市场发育迟缓。正是由于这些不利因素的严重制约，导致通榆县与发达县（市）横向比较存在巨大的发展差距。在 20 世纪 90 年代末期，通榆县每年全县财政收入不足 5 000 万元，连续多年位列全省末位，一直是全国扶贫开发工作重点县，属欠发达地区后发展县。

通榆县现有中心校以上学校 40 所，其中包括独立高中 2 所；职业学校 1 所；独立初中 9 所；小学 14 所；九年一贯制学校 12 所；十二年一贯制学校 1 所，独立国办幼儿园 1 所（含 2 个分园），此外还有村级小学 33 所；共有中小学生 3.45 万人；教职工 4 185 人，其中拥有本科学历的 2 680 人，拥有专科学历的 1 217 人。全县学前三年入园率 85%，九年义务教育完成率 98%，高中毛入学率 85%。全县现有校舍总面积为 28.06 万平方米，校舍楼房化比例为 91%。农村小学科学实验室、农村初中理化生实验室配备率达到 100%。义务教育学校图书达到生均 39.8 册，满足了学生需求。音乐、体育、美术器材装备完成率达到 87.5%。

二、亮点与成效

受自然条件和经济基础的双重制约，通榆县是 1998 年全省最后一批通过“两基”验收的县份之一。在当时，无论是办学条件还是办学水平，通榆县都要远远落后于省内其他县份。在新的历史时期，通榆县委、县政府把教育摆在优先发展的战略地位，举全县之力发展教育事业，使全县幼儿教育、义务教育、高中教育均达到全省前列。

（一）遵循幼儿成长规律，科学发展学前教育，促进幼儿习惯养成和智力开发

通榆县按照以公办园为主体，民办园为补充的幼儿教育发展格局，解决了幼儿入园难、入园贵的难题，满足了幼儿入园需求。在县城，实施公办幼儿园集团化办学，以省级示范园—县实验幼儿园为依托，实行名园带动战略，主园与分园资源共享，统一管理，统筹师资，共同发展，办优质普惠性幼儿园。在农村，坚持高标准建设乡（镇）幼儿园。在人口 2 万以上的乡（镇）建独立建制的国办园，其他乡（镇）建设小学附设幼儿园。制定了《幼儿园工作常规》、《幼儿教育指导手册》等规章，科学合理地安排幼儿一日生活，提升办园质量，加强规范管理，杜绝了幼儿园“小学化”现象。县实验幼儿园成为吉林省首批示范性幼儿园，多次在全省学前教育工作会议作典型发言。通榆县相继承办了全省农村幼儿教育现场会和全市农村中心园建设现场会。

（二）推进义务教育均衡发展，为实施素质教育奠定坚实的基础

通榆县通过整合资源，调整布局，规模办学促均衡；多措并举，加大投入，改善条件促均衡；加强管理，规范办学，提高质量促均衡；均衡配置师资，提高队伍素质促均衡；城乡联动、共同发展、以强扶弱促均衡；将优质高中公费生 80% 分配到各初中，以高中招生政策促均衡等举措，全力办好每一所学校，确保每一名学生接受平等教育。全县教育呈现出无超级大校、无超级大班，更无“改制校”、“校中校”、“重点校”的良好局面。全县城乡学校之间基本无择校，更无因择校而收费的现象，原来进城择校的学生逐步返乡回读。据统计，近三年有 518 名中小学生

从县城返回乡镇就读。针对这种现象，2012 年 2 月，《中国教育报》记者深入采访，刊发了《这里的学生为何争相回流——吉林省通榆县教育均衡发展提升农村办学质量》的文章，报道了通榆县全面实施素质教育所取得的骄人成绩。《人民日报》、《中国青年报》、《吉林日报》、中央电视台、吉林电视台等多家主流媒体也对通榆教育进行了专题报道，引发了社会上的强烈反响。

（三）探索高中多样化办学改革，为学生全面而有个性发展提供更多的选择

通榆县的三所高中在办学中注重优势互补、特色发展、多样化办学，为学生发展搭建了广阔舞台。第一中学是全省首批示范性高中，多年来，既注重基础性教育，也注重选拔性教育，重视学生综合素质、创新精神、实践能力和发展潜能的培养，致力于为国家培养高质量、高层次的人才奠定基础。实验高中着眼于为国家培养应用型人才，致力于探索“体艺见长、普职融通、初高中艺术教育相衔接”的办学模式改革，形成了“班班有特色，人人有爱好”的文化特色。学生在发现了自己的真正爱好和特长后，能够发展这种爱好和特长，更多地掌握适应社会的本领和技能。蒙古族学校立足民族教育，培养民族团结人才，探索全蒙班、加蒙班、汉蒙班并存的办学模式改革。该校被评为全国民族中学示范校，两次被国务院授予民族团结进步先进集体。

三、探索与措施

（一）坚持德育为首，突出育人实效

“缺少德行的人就像生长在悬崖边上的树，越是枝繁叶茂越容易坠

下山谷”，这已经成为通榆教育工作者的共识。本着坚持育人为本、德育为先和从大处着眼、小处着手的原则，通榆县在做好常规德育工作基础上，以养成教育、家庭教育、校园文化建设为切入点，注重德育工作的实效性。

1. 探索路径，养成教育具体化

“天下大事必作于细，天下难事必成于易。”德育工作不落实到具体行动中，就成了虚工，就走了过场。基于此，通榆县把德育目标分解成有梯度的分段目标，提出了养成教育具体化的管理思路，出台了实施意见和评估标准，提出了“一年起步，二年规范，三年见成效”的工作步骤，让工作具体可行有抓手。

通榆县选择了 3 所学校作为试点，包括 1 所小学、1 所九年制学校和 1 所初中学校。三所学校各有侧重，针对小学学段、初中学段和寄宿制学校学生的不同特点，制定各自的养成教育目标。通榆县及时总结了养成教育具体化管理经验，形成了五种养成教育模式，即评价激励模式、文化熏陶模式、自主教育模式、故事教育模式、序列教育模式。出台了《养成教育具体化评估标准》，由组织实施、重点突破和特色品牌三大部分组成，涉及了 18 个一级指标、36 个二级指标、86 个三级指标，其中在学校管理环节方面提出了 36 个具体目标，在学生三大习惯上提出了 50 个具体目标。养成教育具体化管理在全县各级各类学校全面铺开，取得了很好的效果。近两年，通榆县又坚持开展养成教育先进校创建活动，以创建促创新，不断创新育人模式，各学校均取得了较好的效果。实验小学展示的创新游戏大比拼活动，将童趣歌谣、安全知识、古诗词融入到课间的游戏中，既愉悦了身心又巩固了知识。第一小学以小品、朗诵、三字经表演、拍手歌等多种形式，阐述了“诚信做人”的道理。第八中学通过舞蹈、快板、小品等形式，展现了学校文明礼仪的风采，促进文明礼仪成为一种习惯。十花道学校开发了《快乐成长》养成教育校本教材，以“快乐成长”为主要设计理念，根据不同阶段、不同时期的学生年龄特点，确定培养习惯目标和习惯内容：小学低年级学生以“学会书写、学会倾听、学会文明、学会整理、讲究卫生、完成作业”六个习惯为主；高年级学生以培养“学会阅读、诚实守信、勤俭节约、善始善终、学会交往、坚强自信”六个习惯为主。

2. 优化环境，校园文化建设特色化

通榆县重视校园环境建设。从2003开始，以“三一一”文明校评比（三风：校风、教风、学风；一训：校训；一个办学特色）、花园式学校评比为契机，大力加强校园文化建设，提高学校管理品位和办学水平，推动校园文化建设工作的深入开展，形成健康向上、朝气蓬勃、各具特色的校园文化氛围。第一小学以发展为主线突出“办学思想系列”，全面展示本校的校训，校风、教风、学风，建立了德育展室，成为学生思想道德建设和才能展示的场所；第七中学以“秉承传统文明，弘扬民族精神”为主线，突出“传统教育系列”，通过橱窗、板报、校报、手抄报、网络、广播等形式向学生宣传民族精神、环保理念、安全知识、日常行为规范等，让学生学会尊重、懂得友爱、遵守规则；第二小学以“播种良好习惯，收获健康人生”为主题突出“养成教育系列”，主要是在显要位置呈现人生格言、名人名言、箴言佳句，让学生养成遵纪守法、言行规范、文明自律等全面发展的良好习惯；实验小学以“陶冶艺术情操，展示技能特长”为主题突出“成功教育系列”，以师生书画艺术作品、学生的小制作、小发明展示为载体，使学生感受到成功的喜悦、品味实践的快乐、憧憬美好的未来。通过评估验收，12所学校获得了全县校园文化建设先进学校称号。4所学校获得了市级绿色学校称号，2所学校获得了省级绿色学校的称号，很好地发挥了环境育人的作用，感染、熏陶和激励广大师生不断追求真善美、远离假恶丑。

3. 家校联合，开展务实的家长教育和家庭教育

通榆县提出了“为了学生的终身幸福——家校携手，共育人才”的家庭教育目标，努力让家长成为学校教育的同盟军，形成教育合力。每所学校都办起了家长学校，成立了家长学校委员会，实行例会制度，定期举行家庭教育会议。家长学校委员会积极参与学校的民主管理，监督学校的教育教学工作，维护学生的合法权益，实施家庭教育资源的开发等。学校积极帮助家长树立正确的教育观和人才观，与家长共同分析和探讨家庭教育中的疑难问题，想家长之所想，急家长之所急，引起家长的共鸣和好评。县教育局开展了以提高家长教育能力为目的的“百千万”系列活动及教子有方优秀家长评比活动，引领家庭切实改变重智轻德的倾向。组建了由34位有名望的、具有长期培训经验和高超演讲艺术的家庭教育专家组成的县级家庭教育讲师团，三年共举办60场家庭教育公益性巡讲活动，获益家长达到两万人次。城镇家长受教育率达到95%，掌握家教知识率达到80%；农村家长受教育率达到90%，掌握家教知识率达到50%。

通榆县坚持家校互访。建立了校长接待日制度，设立了家长联系热线和家长教师联系卡，确保畅通联系渠道。校长、班主任对典型学生，如：学困生、贫困生、特优生等进行特访。学校一方面鼓励家长访校，对学校工作提出合理化建议；另一方面把学生在校情况及时与家长沟通，争取家长的支持和配合。各校在研究设计开展的系列教育活动中，让家长积极参与，充分发挥其优势，服务于学校教育。为了提高家庭教育的针对性和实效性，解决一些家长因农活繁忙或外出务工而无暇走进家长学校学习的困难，各学校都创办了家教小报，传播家教方法。乌兰花小学的《家教阅读》、蒙古族学校的《家教指南》、第一中学的《家庭教育报》等，设有“家教知识介绍”、“家教格言”、“教子心语”、“家教经”、“疑难解答”、“给家长的建议”、“讲给孩子的故事”、“校园内外”以及健康、安全知识等十几个栏目，内容十分丰富。通过从形式到内容上的创新，既传播了典型的家教经验，又在家校之间架起了一座交流和理解的桥梁。

（二）深化课程改革，促进学生全面发展

2003 年 3 月，通榆县被省教育厅批准为基础教育课程改革实验区。从 2003 年秋季开始，全县中小学起始年级实施新课程计划，使用新教材。在多年的课程改革与实践中，各中小学校长及广大教师以极大的热情和责任感，积极投身到基础教育课程改革实验中。通榆县采用多种形式，利用多种渠道，在学习中实践，在实践中探索，在探索中研究，在研究中提高，按计划、有重点、全面而卓有成效地实施新课程改革，特别是 2006 年和 2009 年先后召开了两次全县基础教育课程改革工作会议，将通榆县的课改工作不断引向深入，取得明显成效。

1. 加强课程管理，研究解决新课程的热点问题

其一是组织校本课程开发与实施研讨。新课程改革的一个主要方面就是课程权力下放，实施三级课程。通榆县经过调研发现，各中小学在校本课程实施过程中面临着开发不规范、不系统的问题以及对三级课程认识不够、内容设置不合理、无专职教师、课时浪费现象严重等问题。为此，通榆县就如何开发校本课程下发了具体的文件和规定，并组织全县校本课程资源开发与使用系列研讨，通过搭建平台，展示成果，专题讲座，相互交流，调动了学校开发利用课程资源的积极性，推动了三级课程的有效落实。

其二是认真实施综合实践活动课程。新课程赋予综合实践活动课程开发与实施的权利和义务，是由国家设置、地方管理、学校开发的一门凸显三级管理模式的综合课程，也是唯一一门没有教科书的课程。这一方面让课程有了更大的发展空间，另一方面也制约课程向常态发展。通榆县出台了中小学综合实践活动课程的意见，加强了综合实践课程管理，每学期初对学校上交的课程表进行认真的审理，严格执行三年级以上每周 3 节课的学时数，并采取随机检查的形式对其进行监管。面对综合实践活动课程无教材这一特殊情况，通过组织集体教研、课程探讨等形式边实践、边反思、边总结、边改进，不断开发和精化课程。特别是明德

小学摸索开发的四段八步教学模式不仅在全县深受教师们的青睐，在吉黑两省也得到了普遍的认可和推广。

通榆县将原向海乡希望小学改建成素质教育实践基地，作为学生综合实践活动开展的重要场所，先后投入数百万元购置、完善了接待学生的基本物质条件。按照实践基地的整体规划，建成学农劳作、农家生活、拓展训练、多功能展示、安全教育五个实践区。特别是在学农劳作区建设上，将原有希望小学40亩校田地，作为学农劳作基地，种植玉米、大豆、绿豆等作物，供学生实践。基地启用后，每年4—10月都组织开展以“走近自然，体验成功，保护环境，热爱家乡”为主题的实践活动，每期三天，可容纳学生200人，培养了学生的合作、分享、进取的意志品质，充分发挥了基地的育人功能。

2. 积极探索高效课堂，提高课堂教学质量

通榆县开展了中小学各学科“本色课堂”、“高效课堂”的教学研究活动，举办了全县各学科高效课堂教学研讨活动。通过对“高效课堂”教学研究，为广大教师和学校领导抓好新课程课堂教学提供了可借鉴的经验，为全县中小学课堂教学逐步走向规范化、真实化、本色化奠定了坚实的基础。2010年，通榆县结合义务教育均衡发展试点研究的目标任务，确定了20所实施“高效课堂”教学研究试点学校，先试点，再推进，探索高效课堂教学模式。即，一切以学生为中心、以轻松学习为根本。高效课堂的四项策略：预习先行，自学后教；互动交流，双向了解教情学情；注重质疑解疑，评价重构；注重当堂纠错，反馈提升。

3. 推行“三查一评比”和质量监测，促进教学工作“中心”地位的落实

一是落实《教学常规》，促进教育教学质量的提升。通榆县重视中小学《教学常规》的学习与落实，组织教师认真学习中小学《教学常规》，学校依据自身实际制定科学、可操作的备讲批辅考要求。推行教学管理“三查一评比”制，即学期初教学工作检查、过程检查、年末目标责任书检查和学期末常规教学管理与基础教育课程改革先进校评比。“三查一评比”以学校年度各项工作计划的拟定与执行、课程计划的执行、校级检查监测的执行、教学常规的落实、教学活动的开展、课程改革、素质教育的实施等方面内容为评价指标，量化赋分三次检查评比结果记入对学校的总体评价中。各学校实行例会制，领导全员参与、指导教学；设计了具有本校特色的检查记实表册，对教师的检查注重鼓励性、创新性、改进性；学生作业设置与批改注重了量与质的提升，注重了评价的多元化。通过加强常规教学的全过程管理，管理品质得到不断提升。

二是开展“质量监测”，提高教育教学质量。通榆县教育行政部门每学期都要组织力量深入部分城镇、农村小学校开展教学质量监测工作，进一步了解全县中小学校教学质量现状，加强教学质量过程管理，引导学校树立正确的学生观、教学观和科学的质量观，帮助教师将课改理念真正落实到课堂上去。监测采取试卷抽查的方式，监测后及时对试卷进行评阅，撰写出试卷分析，制发监测情况通报。通过质量监测，有力地增强了学校务实抓教学的责任感和使命感，教学质量明显提升。

4. 务实开展教研活动，引领课程改革

一是广泛开展中心教研组活动。为充分发挥教研员和学科骨干教师的引领作用，促进城乡中小学课程改革健康发展，通榆县教师进修学校与中小学相关的各教研部全都成立了学科中心教研组。立足于基层学校，立足于教学实际，根据学科教学实际需要，各学科中心教研组活动贴近教师生活，具有很强的针对性和实效性，为学科教研提供了可以借鉴的模式和经验，有效地促进了校本教研活动顺利实施。

二是认真实施“蹲点”教研活动。为深入调查了解课程改革过程中基层学校在教学工作和教师专业化成长中的实际问题，增强教学研究和指导的针对性、实效性，强化“学习、研究、指导和服务”意识，提高学科教学专业引领的能力，本着“教研重心下移基层”的工作思路，通榆县开展了全体教研员深入基层“蹲点”教研活动。教研员每个学期初要深入到一所学校“蹲点”教研两周。教研员要与一线教师一起上下班，一起参加学校开展的校本教研活动。与一线教师同备一节课、同说一节课、同上一节课、同评一节课，直接面对面，共同研究怎样将新课改理念落实到课堂教学中。教研员利用随堂听课、跟踪指导、登台示范、课题研究、案例分析、交流研讨、专题讲座、咨询答疑等多种方式，及时帮助教师解决在新课改中遇到的新情况和新问题。

三是持续开展送课下乡活动。新一轮课程改革的重点和难点在农村，为了使全县课程改革实验工作均衡发展，通榆县每年都有计划地组织“送课下乡”活动。通过运用新理念、新方法、新手段，课堂示范引路，面对面交流和指导，帮助农村教师转变教育观念，提高农村教师的教育教学实践能力。几年来，全县共组织 10 批次送课下乡活动，为农村中小学送课 61 节，受益教师 2 900 余人次。

四是开展“五评十课”活动。通榆县开展了两年为一个周期的“五评十课活动”，“五评”即评教学能手、科研名教师、教学新秀、专家型校长、十佳青年教师；“十课”即示范课、观摩课、研究课、领导听课、评课、集体备课、会课、学生评课、拜师学课、汇报课。“五评十课”活动开展至今，历时四年，共两个周期，全县共有 200 余名教师分别被授予县级教学能手、县级科研名教师、教学新秀和十佳青年教师称号。其中 12 名被评为市级教学能手，8 名教师被评为市级科研名教师，5 名教师被评为省级科研名教师，有 5 名教师被评为省级教学新秀。

5. 加强艺体教育，促进学生健康发展

一是扎实开展“阳光体育运动”，让学生在阳光下成长。2007 年，教育部、国家体育总局、团中央号召开展“亿万中小学生阳光体育运动”，通榆县全面启动了中小学生校园“阳光体育”活动，并将体育工作纳入政府督导范围，不断加大其赋分权重及督导检查力度，就阳光体育运动的组织管理、项目设置、保障措施、工作要求等四个方面进行了明确规定，对学校上好体育课、坚持开展大课间体育活动、保证中小学生每天一小时体育活动时间提出具体要求，向全县中小学发出了“总动员”，学生每天一小时体育锻炼活动立即在全县中小学全面铺开。几年来，通榆县中小学生身体素质有了普遍提高，全县中小学体质健康情况逐年向好：2006 年全县学生体质健康合格率为 90.5%，优秀率为 29.8%；至 2009 年，合格率提升至 96.7%，优秀率为 41.3%；2010 年合格率为 98.3%，优秀率为 45%；2011 年合格率为 99%，优秀率为 51.2%，学生肥胖率和近视率也逐年下降。2010 年，通榆县教育局被教育部评为 2010 年学生冬季长跑活动优秀组织奖。阳光体育运动也推动了全县体育竞技项目的发展。多年来，享有“长跑之乡”美誉的通榆县曾经涌现出王平、邵影、李月、王秀艳、张桂香等一批又一批在全国中学生运动会、世界中学生越野赛乃至北京国际马拉松等重大赛事获奖的运动健将。2010 年，通榆县实验高中在吉林省高中生田径运动会上取得了男子团体第五名的成绩，夺得 3 000 米、5 000 米、400 米栏三枚金牌，同时打破了其中两项纪录。

二是开展丰富多彩的大课间活动，增强学生体质。自 2008 年起，通榆县重新制定了学校作息时间表，统一全县中小学大课间时间，探索建立完备的体育课间活动体系，实施独具特色的大课间活动，逐步形成了与季节、天气相适应的三种课间操：夏季课间操、冬季课间操和室内课间操，全县统一实行“3 + X”大课间模式。在夏季，“3”就是广播体操、武术操和校园集体舞，“X”为各类夏季特长项目，每个学生都要在大课间活动中至少选定一个自己感兴趣的项目加入集体锻炼。在冬季，“3”就是冬季长跑、特色短跑与跳绳，“X”是各类冬季特长项目。不论夏季还是冬季，遇到雨雪天气，各学校组织学生进行室内课间操，活动内容主要是手指操、棋类等益智游戏活动。

丰富多彩的大课间活动为每个学生提供了个性展示的舞台和体育锻炼的平台。目前，通榆县各中小学都有各具特色的“大课间”活动，每所学校基本都有一套自编的校操，包括韵律操、棒操、绳操、球操、课间舞等，深受广大师生欢迎。每到大课间时间，师生共同运动，项目丰富多彩，充满活力与欢乐。通榆县明德小学的竹竿舞，第二小学的搏击操，实验小学的跳跳球，乌兰花小学的腰鼓舞，以及其他各校的篮球、排球、足球、轮滑、呼拉圈、跆拳道、空竹、毽球、皮筋、花样跳绳等，均是学生喜闻乐见的活动形式。2010 年 5 月，通榆县承办了白城市中小学生“每天锻炼一小时”活动经验交流会，与会人员现场参观了 8 所中小学校的大课间体育活动，对通榆的大课间活动给予了高度评价。

三是推进“体育艺术 2 + 1”项目，发展学生特长。通榆县积极推进“体育艺术 2 + 1 工作”，各学校通过开设社团或兴趣小组等形式，积极培养学生的综合素质。全县各中小学根据本校实际，成立了书法、国画、素描等 30 多个方面的体艺社团。学生依据自己的兴趣和特长自由选择社团，真正做到“我喜欢、我选择”。每到课间活动或自习课时，从各自教室里走出来的学生们投入到自己喜欢的社团活动中，在辅导老师的组织下学习技艺，组成了校园内完美的交响乐，学生综合素质有了很大提高。

手指跳动，竖笛传来动听的旋律；挥毫泼墨，毛笔字在宣纸上龙飞凤舞；音乐响起，小舞蹈家们身着民族服装翩翩起舞；跃起投篮，运动健儿们在篮球场上身姿矫健……这就是通榆县开展“体育、艺术 2 + 1”活动中的一组镜头。孩子们优美的动作、敏捷的身影、灿烂的笑容，向我们传递着无穷的活力。近三年来，在国家、省、市各类书画比赛中通榆县获奖的学生共 756 人；在各类艺术表演竞赛中获奖的学生共 396 人。

6. 全面推进中小学生综合素质评价工作，完善科学的评价机制

通榆县重视学生综合素质评价工作，在本县教育发展规划纲要中提出了“改进中小学生综合素质评价工作”的要求，注重过程性评价和综合性评价，用综合性评价代替一次性考试，注重过程评价和学生成长记录，建立了学业水平考试、实验实践技能考查、综合素质评价相结合的综合评价机制。各中小学实现了“三个做到”。一是明确了五步操作程序，即建立组织机构，制定评价标准，分级开展培训，实施评价工作，接受咨询申诉。二是确定了六种评价方法，即建立学生成长记录袋，学生自评，学生互评，家长评价，评价小组评定，评价验收。三是评价结果得到有效的运用。综合素质评价达到良好以上的毕业生，才有资格报考重点高中。综合素质评价合格以上的毕业生，可报考一般高中，并公示评价结果。全面推进中小学生综合素质评价工作，推动了全县基础教育课程改革向纵深发展。

十年的课程改革，通榆县走过迷茫，经过艰辛的探索与跋涉，课改硕果累累，催人振奋。教师教育观念有了质的飞越，由片面追求升学率转变为追求适合的教育，逐步形成了更加科学的学生观、质量观，教学方式明显改变，课程资源得到丰富。课程改革促进了学生的健康成长，学生思想道德水平、科学文化素质、身体素质、艺术素养明显提高，得到全面发展。

（三）规范办学行为，切实减轻学生负担

前些年通榆县学生负担过重的现象较为突出。在调研中发现有四个现象。（1）学校为了给考试学科让路，音、体、美三门课程只有课表，实际却用来补习语数外。有些学校虽开齐课程，却不能开足、上好每节课。任课教师也都是些年老体弱的教师。（2）每当临近考试部分教师和学校便展开题海战术，推迟放学时间，甚至节假日也不准休息。（3）对学生评价在形式上是等级制，而实质上仍是百分制。学校仍以分数论英雄，用一把尺子衡量学生、衡量教师。（4）家长不管经济条件如何、不管孩子的成绩如何都要给孩子找辅导班，请辅导教师。这种恶性方式已经延伸到了小学。在一所小学看到一个戴着近视镜瘦瘦的四年级孩子，背着像个大包裹的书包蹒跚地走进学校，打开他的书包，辅助学习资料竟有十几本。当被问及：“这些书都是你喜欢的么？”孩子摇摇头说：“我喜欢动画书，就是老师和妈妈不让看！”在一次问卷调查中，85%的学生在“你最不喜欢的课”一栏中填上了语文数学或外语，而在“你最喜欢的课”一栏中却有95%的学生填写了音乐、体育或综合实践课、科学

课等非升学考试学科；一位初三教师曾笑谈道：当我向学生宣布下一节体育课要补习数学，整个教室立刻鸦雀无声；当我向学生宣布下一节音乐课照上不误，立刻就会听到雷鸣般的掌声。针对存在的突出问题，通榆县先后下发了《各级各类学校管理基本规范》等系列文件，采取强力措施，严格规范办学行为。

1. **规范教学行为**

一是做到“五个坚持”。第一，坚持按标准课时开课，不随意增减课时；第二，坚持按课程设置开课，不随意增减科目；第三，坚持按课程标准要求教学，不随意提高或降低教学难度；第四，坚持按教学计划把握进度，不随意提前结束课程和搞突击教学；第五，坚持按规定的要求考试，不准随意增加考试次数。为落实五个坚持，每学期初要求各义务段学校上交学校课程总表并对其逐个审查，对课程编排有偏差的学校进行调整。每学年组织召开中小学业务校长座谈会，就认真落实国家课程标准，按照国家规定的教育教学内容和课程设置开展教学活动，积极实践课程改革理念以及不随意增减课程门类、提高或降低难度，不随意赶超教学进度提前结束课程等热门话题进行有效研讨，并将好的经验在全县范围推广。目前，通过用制度管理课时，全县所有学校做到了课程无偏差。

二是严格控制中小学生在校活动总量和作息时间。在校总活动时间，小学生每天不超过 6 小时，初中生不超过 8 小时，高中生不超过 10 小时。小学和初中上午上课不早于 7：30，均不上早晚自习。每天睡眠时间，小学生不少于 10 小时，初中生不少于 8 小时，高中生不少于 7 小时。坚决杜绝占用法定节假日、双休日和寒暑假组织集体补课、提前上新课。严格控制学生作业量，严禁用增加作业量的方式惩罚学生，切实减轻学生过重课业负担。不推荐学生参加社会上举办的培训班，学校不为社会办班提供场所。不组织、不参加未经市级以上教育行政部门批准的各种统考、联考或其他竞赛活动。

三是严格控制作业量。小学一、二年级原则上不留书面家庭作业，其他年级书面家庭作业量不超过 1 小时。初中作业总量每天不超过 1.5 小时。双休日及节假日不加大作业量。教师能根据课改的要求，精选作业内容，不布置机械性、重复性、难度过大的作业，学生作业量基本上适中。另外通过各类教学活动促进课堂教学的高效，提倡向课堂要质量，促进了课程计划和作息时间的有效执行。

2. 规范招生行为

通榆县制定下发了《规范招生行为的若干意见》、《关于农民工随迁子女入学的有关规定》等文件，明确规定义务教育实行免试入学制度，坚持按学生户籍所在地划片招生，免试、就近入学，确保服务区适龄儿童、少年全部入学接受义务教育。通榆县积极进行重点高中招收指标生均衡分配到初中的改革与探索，不断完善重点高中招收指标生政策，将重点高中公费生 80% 分配到各初中。在名额分配的计算上采取了更为科学、合理、符合县情的措施。一是合格生指标。中考总分 360 分以上的考生为合格生。按各校符合指标生条件的合格生占全县合格生总数的比例下拨公费指标生。二是巩固生指标。按各校中考参考人数占全县总参考人数比例下拨公费指标生。重点高中招收指标生的政策，有利于农村学校稳定生源及成绩的巩固提高，有利于抓巩固率和提高毕业率，在促进县域内义务教育均衡发展方面发挥了积极的导向作用。义务教育学校分班，通榆县采取全程公开、电脑随机派位办法进行分班。杜绝学校设立实验班、快慢班。确保小学班额不超 45 人，初中不超过 50 人，高中不超 56 人。对学校规模严格控制，小学不超过 30 个班，初中不超过 24 个班，高中不超过 36 个班。对超过规定班额、学额的学校和校长在评先选优时实行一票否决。通榆县目前无一个超级大班、无一所超级大校。

3. 规范教材使用

学校使用的教材均为省教育厅公布的中小学教学用书目录中，经过所在市教材选用委员会选用的教学用书。不准组织学生统一购买规定之外的学生用书，不准向学生推荐各类教辅材料。同时严禁教师对学生实行有偿家教、有偿补课，教师也不得组织学生统一征订教辅材料。对有偿家教及统一征订教辅材料的教师，采取“一票否决”的办法予以处理，年度考核直接定为不合格。并通过家长学校引导家长正确看待学生的课业辅导，还给学生成长的空间。通过采取有力措施，有效打击并遏制了教师乱办班、乱收费、乱定资料的“三乱”现象。

4. 深化考试评价改革

通榆县始终坚持把考试评价制度改革作为减轻学生课业负担、实施素质教育的重要突破口。面向全县征集建立科学的学生评价体系、科学的教师目标管理体系的意见和建议，在深入调查研究，反复研讨的基础上完善评价制度。通过对学生的过程性评价和综合素质评价，引导学生自觉提升探究、创新和实践能力，充分发挥评价的激励功能。建立有利于促进教师职业道德和专业水平提高的科学的教师评价体系，不单纯以教学成绩评价教师。坚持内容全面、主体多元原则，综合考虑师德表现、工作态度、专业发展、工作量、工作难度和工作实绩等方面科学评价教师工作。通榆县实施了教学质量监测工作。在客观分析学生情况下，评价教师教学质量，综合考查学生完成课程标准要求的程度，不以考试成绩给教师排名次、定业绩。严禁公布学生考试成绩及按成绩排列名次，更不得按考试成绩给学生安排座位。实行学生学业成绩与成长记录相结合的综合评价方式评价学生。

规范办学行为的成效显著。在通榆，校长不再绞尽脑汁为招生、为提高分数发愁，可以放开手脚去研究建设一个学生成长的乐园；教师不再被无休止的辅导、加班和千方百计提高分数拖累得身心疲惫，有了充足的精力去钻研业务、调理生活；学生能够真正健康、快乐成长。

办学行为的规范使家长和社会对学校的满意度越来越高。通榆县成立了“家长监督委员会”，实施了“家长开放日”，形成全社会关心、参与、支持规范学校办学行为的良好局面。现在家长抱怨高薪辅导孩子、逼孩子考高分的现象少了，因不满而状告学校的现象不见了。

几年的风雨历程，在一路探索、一路收获中让通榆教育人深切感受到：遵循教育规律，规范办学行为，给孩子成长带来了一片广阔的天地，给社会各界带来了满意的期盼，更给通榆教育事业的发展注入了新的活力。

（四）加强队伍建设，为深入实施素质教育提供人才保障

通榆县把强化队伍建设作为深入实施素质教育的关键环节来抓，着力打造一支“素质高，能力强，有活力，善钻研”的教师队伍。

1.“强化培训，完善考核”，用激励机制和考核机制提升队伍整体素质

在培训方面，通榆县一方面实施“请进来”“走出去”工程，另一方面，强化“县本级”培训，充分发挥县教师进修学校基地作用，开展系列培训。“请进来”是邀请专家学者来县内讲学、指导，先后邀请了北京等地多位专家到县内对校长和教师进行面对面的讲学、交流。“走出去”是创造机会，让更多的校长和教师到县域外考察学习，开阔视野，每年都选派百余名骨干教师参加域外教研培训活动，学习先进经验。

县级培训主要包括如下方面。一是教育技术能力培训。通榆县启动中小学教师教育技术能力培训工程。自 2010 年 3 月至 2013 年 12 月，在四年时间内完成全县 4 000 余名中小学教师的全员培训任务。目前完成了 50 期 2 500 人的培训任务，并成功组织了考试工作，合格率达 94%。二是网络研修培训。通榆县各中小学幼儿园均建立了网络研修领导与管理组织；校园门户网站建设普及率已经超过 60%；在各类省级、国家级组织的网络研修活动中，通榆县中小学获得集体和个人奖项近千人次；多次在国家、省、市组织的培训活动中作专题经验介绍。三是骨干教师培训。88 名教师被命名为学科教学名师，70 名教师被确定为第二周期待培对象；举办多期县级学科骨干教师、科研骨干教师培训班，近几年培训

县级骨干教师800人，造就了一批在素质教育实践中能真正发挥带头、示范和辐射作用的骨干教师队伍。

通榆县注重通过考评促进教师队伍素质整体提升。2005年，通榆县启动了为期五年的新课程课堂教学质量评估，教育局下发了《通榆县中小学新课程课堂教学质量评估方案》，每年都有近700名专任教师参与评估。同年，通榆县启动了“中小学教师文化水平业务能力考核工程”，每年对全县3 000余名中小学教师进行一次文化水平、业务能力考核，2011年，又启动了新一轮“中小学教师文化水平业务能力考核工程”，提高了全体教师业务能力，激发了主动工作的热情。通榆县还启动了“中小学教学副校长和教导主任教育教学基本功考核工程”，从2007年开始到2009年每年对全县100余名初中、小学教学副校长和教导主任进行一次教育教学基本功考核。通过考核，一批优秀的后备干部脱颖而出，走上了校级领导岗位。2012年，又启动了“中小学领导干部教育教学基本功考核”工程，该工程将进一步提高全县德育工作者业务素质和工作能力。

2. “三制一交流”，抓好校长队伍建设

早在2006年，通榆县就制定出台了《教育系统中层以上领导干部任用管理暂行规定》，全面实施了校长及中层以上领导干部公开选拔制、聘任制和任期制以及校长交流机制。在县委组织部和纪委、监察局的参与监督下，通过公开职位、自愿报名、竞聘演讲、当场亮分等环节，公开选聘了49名校长，其中5名县城副校级领导竞聘到农村中小学任校长，11名校长进行了异地交流。122名副校级领导、213名中层领导也通过竞聘走上领导岗位。2010年，第二轮中小学校长及中层以上领导干部公开选拔聘任中，有6名城内优秀的副校级领导干部竞聘到农村学校任校长。2012年，通榆县教育局面向全国招聘第二实验小学校长，按照报名条件，通过局党委初审，有4名人选参加竞聘演讲和答辩，最后优胜者被聘为校长。通榆县还在农村学校选派8名有发展潜质的副校长到城镇中小学校任副校长进行挂职锻炼，每月至少到城镇学校工作一周，通过参与教育教学管理来提高各方面的能力和素质，把城镇先进管理经验带回学校。

在选好校长的同时，通榆县还对校长实行严格的年度考核和任期考核，实行考核领导小组测评（考核领导小组测评前，全县所有校长都要集中到教育局进行年度述职）和学校教职工民主测评“双测评”机制，即在考核中领导小组测评不称职率达到30%、学校民主测评不称职率达到20%的，对其进行诫勉谈话；领导小组测评不称职率达到50%、学校民主测评不称职率达到40%的，予以免职或解聘。连续2次诫勉谈话的也给予免职或解聘，有力地提高了校长队伍的整体水平。

3. 及时补充，切实提高教师队伍活力

尽管通榆财力困难，但从未间断过新教师的补充，每年都公开招聘30—50名大学本科毕业生充实到农村学校。实行特岗教师政策后，共招聘451名本科学历的特岗教师、硕士毕业生教师和“三支一扶”教师，并全部充实到农村学校任教。县政府还对每年委托白城师范学院分院定向培养的60名农村体育、音乐、美术、英语、计算机等学科教师进行考核，成绩合格者全部充实到农村学校。这些教师有效缓解了农村教师年龄老化、学科短缺、专业不对口的实际问题，进一步缩小了城乡教师整体素质的差距，为通榆全面推进素质教育提供了优质的师资保障。

（五）改善办学条件，为深入实施素质教育提供物质保障

要深入实施素质教育，改善办学条件是基础。通榆县地广人稀，2003年以前，学校布局比较分散，下伸办学点多，在历史上曾起到过积极作用。但近年来，随着人民群众对优质教育需求的提高和交通环境的改善，原有学校布局已不适应全面推进素质教育形势发展的需要。通榆县委、县政府痛下决心，在财政特别困难的情况下，加大投入力度，举全县之力全面改善办学条件，为实施素质教育打牢基础。

1. 整合资源，优化布局，以规模办学来保障素质教育的有效实施

为了提高教育质量，实现办学的规模效益，通榆县积极稳妥地调整

中小学校布局，让每一个孩子都能享受到优质的教育资源。在实地勘察和深入调研的基础上，通榆县提出了明确的整合思路：一是逐步撤并村小和下伸点，把每个乡镇中心校逐步全部建成寄宿制学校；二是保留大乡镇独立初中，对规模较小、靠近县城或大乡镇的中学并入县城或大乡镇中学；三是对规模较小、距县城或大乡镇又较远的乡镇的中小学进行合并，建立九年制学校。通过有效的资源整合和布局调整，全县义务教育段中心校以上的学校由51所减少到现在的35所，累计减少学校16所。在实现规模办学的过程中，采取群众自愿，积极稳妥的原则，尊重学生家长的选择和要求，全县无一例因资源整合而上访的现象发生。

实现规模办学后，全县各寄宿制学校实行动态管理，能够统一严格执行省定新课程计划，开全课程上满学时，同时在教学和生活安排上更加关注寄宿制学生全面、健康的成长。为了让每一个孩子都能上得起学，上得好学，县教育局认真落实国家农村义务教育阶段营养改善计划这惠民工程，启动了“政府主导，部门联动、公司运营”的公司化校车运营模式，全力落实好国家对生活困难寄宿学生的“一补”资金，解决了学生上学难、上学贵的问题，群众反响很好。

2. 加大投入，集中建设，以改善办学条件来推进素质教育的深入实施

通榆县以项目为载体，全面启动了义务教育学校标准化学校建设工程，改善学校办学条件，为学生的健康成长创造良好的空间。

在改善条件进程中，通榆县始终坚持三个原则。一是坚持统筹兼顾，科学规划，不搞小而散的工程，将各种资金捆绑使用，力争建一所达标一所的原则。二是坚持坚固、安全、实用、经济的原则，不搞“豪华”的形象工程。三是坚持立足现实，着眼长远，促进均衡的原则。在征得上级部门的支持下，通榆县创造性地将农村标准化学校建设工程与中小学布局调整工程、农村初中改造工程、薄弱校改造工程、明德项目工程、逸夫项目工程、中小学校舍安全工程、中小学现代远程教育工程、农村初中“四室”（理、化、生实验室和计算机信息室）建设工程、义务教育学校图书、农村小学科学实验室装备项目、中小学校校园安全保卫设施建设项目等相结合，高起点规划，高标准建设，努力发挥项目资金最大效益。目前，全县中心校以上学校楼房化比例达到了 91%。农村标准化学校建设完成了 87%，成为全市典型。校安工程于 2011 年 100% 完成，成为全省典型，并逐步更新了理、化、生、微机等仪器设备装备，办学条件得到了突破性改善，为全面推进素质教育提供了坚实的物质基础。

（六）完善督导评价体系，为深入实施素质教育提供机制保障

强化督导检查，完善评价体系是实施素质教育的重要保障。通榆县根据教育形势的不断发展变化，对学校素质教育的督导评价机制也在不断调整。

一是不断完善教育目标管理责任书体系。通榆县分别制定了普通小学、独立初中、九年一贯制学校等九个目标管理责任书指标体系，更具有针对性、操作性。

二是改革完善义务教育学校督导评估指标体系。通榆县制定了“三 A”学校评价指标体系：对“学校建设标准化、办学效益优质化、学校管理规范化”三方面均达到优秀等级的学校授予“三 A”学校荣誉称号，存在问题的学校下发督导整改建议。通过这项改革，使学校在加强硬件建设的同时，更加注重了细节管理和教育质量的提高。

三是针对教育热点难点问题开展随机督导和专项督导。为切实保证每个孩子都能完成九年义务教育，通榆县每年开展“控辍”工作专项督导；结合每年的教育热点问题开展规范办学行为、常规教学、阳光体育、非升学科目等专项随机督导，推进素质教育的深入实施。

四是建立和完善乡（镇）政府履行教育职责的评价办法。为促进乡镇政府履行教育职责，县政府每年都和乡镇政府签订教育目标管理责任书，制定检查指标体系，在督政之前发出专项通知，要求各单位先自检自查，然后再到当地通过听汇报、查资料、看账目、个别走访、开座谈

会多种方式，实施督导评价，并把检查结果报到组织部，作为评价乡镇政府工作的重要依据。

四、经验与启示

从“两基”验收时的落后县成长为国家义务教育均衡发展先进地区，通榆县教育发展具有启发意义。

（一）教育改革是政府行为，必须由政府强力推进素质教育

通榆县实施素质教育取得如此丰硕的成果，是与县委、县政府的高度重视和社会各界的大力支持分不开的。尽管通榆县经济基础比较薄弱，县委、县政府改变落后面貌，发展教育的决心却日益强烈。县委、县政府每年都定期召开会议，专题研究教育工作的重大问题，确定了教育工作发展思路和保障措施。每年都召开教育工作会议、教师节庆祝表彰大会，营造尊师重教的舆论和氛围，社会各界也对教育发展给予了大力支持。县领导坚持实行联系学校制度，经常到联系点工作，帮助解决工作中的困难和问题，特别是学校重大活动必到校，为基层学校解决了大量实际困难。县政府在保证及时拨付各项教育专项资金的同时，采取减、免、返等各项政策支持学校办学条件的改善，对学校建设工程实行行政性收费全免，服务性收费减半，并将校舍建设的施工企业税收县级留用部分全部返还教育用于投入学校建设中。县政府在财政极端困难的情况下，坚持每年为教育补充一定数量的教师，为特岗教师预留了编制。政府的强力支持和政策保障，为深入实施素质教育提供了有力的保证。

（二）实施素质教育必须更新观念、转变方式

实施素质教育首先要解决的就是观念问题。通榆县在素质教育实施过程中致力于“三个树立两个转变”。即树立科学的人才观、教育观、质量观；树立“行行有作为，人人能成才”的新的人才观；树立以培养创新精神和实践能力为重点，德、智、体等全面发展的社会主义建设者和接班人的教育观。致力于两个转变，一是转变教师教的行为，教师由课堂教学的主宰者变为课堂教学的主导者，同时改变师生的关系，还学生平等交流的机会。二是改变学习方式，摒弃机械训练，重视良好学习习惯养成，大力倡导自主、合作、探究的学习方式，鼓励学生大胆求异、敢于探索、动手实践，让学生在感悟、体验、实践中获取知识与技能。正是由于观念和教、学方式的转变，促进了学生的全面发展，使素质教育实施收到了显著成效。

（三）实施素质教育必须从实际出发，注重实效

实施素质教育必须立足于县情，从实际出发。过去，通榆县的教育现状是学生基础知识不扎实、特长不突出，实践能力和动手操作能力弱。在实施素质教育进程中，通榆县继承和发扬了注重基础知识、精讲精练、启发式教学等好的经验和做法，同时不断探索实施素质教育的新途径和有效办法。没有追求形式上的热热闹闹，课堂上的轰轰烈烈，而是针对应试教育存在的弊端，找准实施素质教育的切入点，抓实课堂教学，从培养学生的兴趣、爱好、特长入手，培养学生的创新精神和实践能力。充分挖掘学校、社会、家庭等方面的育人资源，促进学生全面发展，努力提高育人实效。全县上下团结一心，勇于承担，把实施素质教育当作促进经济社会振兴发展的责任，不等不靠，超前谋划，主动实践。县委、县政府多次组织教育战线的领导和同志们到先进地区考察学习，举办培训班、报告会、经验交流会，多措并举汲取营养，推进素质教育实施，取得了丰硕成果。由原来默默无闻的教育弱县成为全市领先甚至在全省

和国内都小有名气的教育强县，在全面实施素质教育的道路上留下了探索者坚实而又闪光的足迹。

五、结　语

全面推进素质教育，是一项系统工程。校园硬件建设、教师队伍建设、教学方式变革、教育督导评估等工作环环相扣，任何一个环节不容马虎。通榆县教育发展的历程，就是认真抓好每一项工作、扎实办好每一所学校的探索历程。当记者来到通榆县最边远的农村学校时，他们无不为眼前的标准化楼房校舍、科学规范的管理、学生文明向上的风貌而感到震惊。

教育是国计，也是民生；教育是今天，更是明天。均衡发展蓝图鼓舞人心，“四化三满意”目标催人奋进。通榆教育人勇担重任，坚笃信仰，在各级党委政府的正确领导和指导下，在各级教育行政部门以及社会各界的关心和大力支持下，愿意不断探索素质教育的有效机制、灵活措施，用饱满的热情进行长期不懈地努力，促进义务教育均衡发展；并且，我们坚信，通榆教育的发展必将带动全县各项事业蓬勃发展，为后人创造一个更加自由健康的成长环境。

改革创新　稳步推进素质教育
成就学生健康成长
——四川省成都市青羊区创新素质教育方式方法的探索与实践

【引言】青羊区教育局围绕“教育高位均衡化、率先现代化、充分国际化”的目标，制定了教育发展的“四大战略”、“九大工程”；成立了全省首个教育评估事务所，初步实现了教育工作“管、办、评”分离；在全区开展新课程教学竞赛，狠抓质量，聚焦课堂，教学水平不断提升；创建了“新星少年俱乐部”，学生广泛参与到体育、科技、艺术、生活技能的学习活动中，并以五星少年评比的方式改革了传统的评价体系，进一步促进了学生综合素质的提升；建立、健全了社区教育“区—街—居”三级网络，形成了被誉为“青羊模式”的社区教育发展方式，全区终身教育体系基本形成。

一、域情与教情

青羊区位于四川省成都市中心，并向西延伸，是成都市五个中心城区之一，是成都市党政军机关的集中地、现代服务业发展的聚集区、文化旅游资源的集聚地，区域政治、经济、教育相对发达，历史文化积淀深厚，总部经济和高新技术产业强势崛起，区域综合竞争力连续三年居于四川省前三位。青羊区区域面积 66 平方千米，共计 14 个街道办事处，75 个社区居委会，户籍人口 55.40 万人，流动人口 32.20 万人，人口密度 7 926 人 / 平方千米，为成都市五城区之首。

青羊区具有良好的经济基础。2011 年全区实现地区 GDP 584.54 亿元；2011 年，青羊区财政总收入首次突破 100 亿元大关，完成 109.69 亿元；城镇居民人均可支配收入 24 846 元，农民人均纯收入 15 885 元，人均生产总值达到 70 501 元。

青羊区具有雄厚的产业基础。服务业以“骡马市商圈”、“太升路商圈”和“光华 · 金沙商圈”为载体，中西部区域金融中心、区域性商务中心和区域性商贸中心正在形成，服务业占 GDP 的比重达 71.9%；工业总部基地初具规模，航空工业基地、模具产业基地、税源总部基地等正加紧建设；宽窄巷子、文殊坊、锦绣工场等文化旅游产业重点项目建成开街，丰富的文化旅游资源优势逐步显现。

青羊区有着厚重的历史底蕴。区域内有太阳神鸟之巢金沙遗址、中国诗歌文化中心杜甫草堂、道教圣地青羊宫、第一都市禅院文殊院、古风悠扬的宽窄巷子、浪漫温润的琴台故径、民族之魂“辛亥秋保路死事纪念碑”、民俗文化聚集地“锦绣工场”以及商代船棺遗址等，成为名扬中外的历史文物、名胜古迹、旅游景点的密集区和重要的宗教文化分布区。丰富的旅游资源形成了青羊区文化旅游业极具竞争力的产业优势和经济优势。

青羊区具有良好的发展环境。区域内交通四通八达，在建的成都地铁一、二、四号线均贯穿区境；人居环境优美，有浣花溪风景区、天府广场、人民公园、文化公园、百花潭公园、浣花公园、绿舟公园、东坡体育公园等一批园林景点；开发建设的“光华东坡高尚文化居住区”、“清波高尚生态居住区”、“金沙古蜀川西民居高尚居住区”，已成为“新成都生活样板区”。

青羊区丰富的历史文化资源和良好的发展环境为青羊区教育的发展提供了难得的教育教学环境、氛围和资源。有效利用本土资源，对于提升青羊素质教育品质，打造青羊素质教育品牌，开拓青羊素质教育资源有着不可估量的影响。

青羊区现有公办中小学、幼儿园 52 所。其中小学 35 所、中学 12 所、九年一贯制学校 1 所、职业中专学校 1 所、公办幼儿园 3 所，社区教育学院 1 所，直属单位 10 个。截至目前，全区公办在校学生 57 592 人，在职教职员工 4 117 人，有高级职称教师 721 人，占总数的 17.5%，本科学历以上教师 3 458 人，占总数的 83.9%，省、市骨干教师 335 人，有 10 余位校长获得全国教育创新杰出校长、成都市特级校长等荣誉称号。近年来，青羊区以优质教育为特色的公共服务一直保持领先发展的态势，先后成为全国基础教育改革实验区、全国现代学校制度研究实验区、中国教科院教育综合改革实验区、全国数字化教育先行区、全国青少年普法教育实验区、全国优秀家长学校研究实验区，并被表彰为全国教育改革创新先进区、全国社区教育示范区、四川省义务教育示范区。

二、亮点与成效

青羊教育始终把改革作为发展的突破口，依据教育发展规律，进行了一系列卓有成效的改革和实践，在全国产生了一定的示范和引领作用。

1996 年，青羊区被中国教育学会确定为全国首批教育改革实验区，进行区域教育均衡发展进行探索。

2001 年，被教育部确定为全国社区教育实验区，进行创建学习型组织、促进全民学习活动开展方面的尝试。

2003 年，被教育部和中国教科院确定为中西部地区唯一的全国现代学校制度研究实验区，承担实行政校分开，教育局聘任校长（民管会公推直选校长），学校领导班子由校长组阁等方面的实验。

2006 年，首批通过四川省义务教育示范县评估验收。

2008 年，成为“全国基础教育综合改革实验区”、被表彰为首批“四川省义务教育示范区”和全省唯一的“全国社区教育示范区”、“四川省基础教育工作先进城区”。

2009 年，青羊区政府与中国教科院签署“青羊教育综合改革实验区”合作协议，正式发布了《成都市青羊区中长期教育改革和展规划纲要（2010—2020 年）》，明确提出要坚持“城乡统筹、质量领先”的发展战略，实施“四大战略”和“九大工程”，积极推进城乡教育一体化，通过“三个满覆盖”推进全区教育发展“做精、做亮、做强”，促进义务教育高位均衡发展。

四大战略：即深层次的均衡发展战略、长期性的内涵发展战略、多样化的特色发展战略和全方位的协调发展战略。

九大工程：即创新人才队伍建设工程、教育信息化建设工程、教育国际化工程、现代学校制度建设工程、素质教育区域推进工程、学校特色发展工程、区域教育集团发展工程、终身教育工程和区域教育质量监测体系工程。

2011 年，青羊区成立区域教育质量监测中心，科学诊断区域教育质量，系统推进教育质量发展。

2012 年，青羊区确立了“高位均衡化、率先现代化、充分国际化”的奋斗目标，并加快了“三化”发展的进程。

近年来，国务院总理温家宝在中南海接见了青羊区校长代表，并亲笔回信文翁实验学校学生；国务委员刘延东在成都听取了青羊学校素质教育的汇报并在北京人民大会堂亲自为青羊科研成果颁奖；顾秀莲、陈至立、柳斌、陈进玉、周济等领导都曾亲临青羊视察指导。

三、探索与措施

近年来，在各级政府和上级教育行政部门的指导与关怀下，青羊教育始终把全面实施素质教育——减轻中小学过重课业负担作为核心工作深入推进，从思想引领到实践探索，步步为营，环环相扣，逐步形成了具有一定特色的素质教育方法新链条。

（一）均衡新主张——助力素质教育轻快发展

继 2009 年 6 月成为中国教育科学研究院中西部唯一的综合改革实验区之后，青羊提出了“素质均衡”这个崭新的概念，用均衡提升素质，让素质更加均衡。让每一个孩子平等享受优质的教育，让每一个孩子享受适合自己发展的教育。

基于这一思路，近年来，青羊区以“三个满覆盖”的模式，深入推进“素质均衡”，基本完成了“半小时入学圈”的构想。

首先是硬件提升满覆盖。2011 年教育经费总投入由 2008 年的 4.4 亿元上升到 2012 年的 7.4 亿元，增长 68.18%；生均公用经费由 2008 年的 1 420 元上升到 2012 年的 2 155 元，增长了 51.76%。2012 年涉农地区学校与 2008 年相比，生均装备值平均增幅达到 545.51%，生均图书平均增幅达到 111.80%，生均运动场地平均增幅 38.64%，生均建筑面积平均增幅 50.57%，全区师机比达到 1 : 1，生机比达到 6.5 : 1，多媒体教学系统班级覆盖率 1 : 1。现在，青羊最美的建筑是学校，学校中最美的是涉农学校。欧式风格的实验小学西区分校、田园风格的泡桐树小学绿舟分校、简约明快的实验小学明道分校……一批新校风姿各异，不可方物，被媒体誉为“西三环外的珍珠链”。

其次是优质资源满覆盖。通过“流动机制”、“成长机制”两大机制，优化师资结构，涉农学校名优教师数量从 2008 年 47 人增加到 2012

年 296 人，所占比例从 3% 提升到 21%；本科及以上学历从 976 人上升到 1 549 人，所占比例从 74% 提升到 96%；骨干教师的生师比从 157 : 1 提升到 55 : 1。通过“加盟式”、“连锁式”、中小无缝衔接教育联盟”、“艺术特色教育联盟”四种集团发展模式，让全区学校根据自身的生长特点自主选择、抱团发展。现在，八大教育集团齐头并进，集团学生数占全区义务教育学生总数的 81.54%，基本实现了优质教育资源的满覆盖。

最后是文化建设满覆盖。用文化的力量影响和感染身处其中的每一位学子。

如果将均衡教育看作前提和手段，那么素质教育就是宗旨和目标，让每一个孩子拥有平等享受优质教育的权利，才可能实现快乐学习全面发展。机会的均等是教育最重要的公平，让孩子处在同等的发展平台上，素质教育才能真正地开花结果。青羊硬件、软件、文化三管齐下，有效地实现素质均衡，为更好地实施素质教育奠定了基础。

【链接】实验小学西区分校的快速崛起

“快！动作快！加油！”这是紧张而激烈的全国青少年奥林匹克竞赛的比赛现场。在一个长约 6 米的场地上，中间有四个栏杆和一个小坡，机器人选手们正轮番上场，各展跨栏技巧，进行紧张的跨栏比赛。成都市实验小学西区分校的参赛选手们全神贯注地盯着自己设计的机器人，裁判们在计时的同时也为选手们捏了一把汗，跨栏成功了也情不自禁地为他们呐喊助威。“农村的小孩子玩机器人”、“还能通过选拔参加国际比赛”，这是青羊教育从实践层面对素质教育做出的独特解读。

有着欧陆风情的实验小学西区分校位于成都市三环外，原本是一所普通的村小，学校教师编制不到 30 人，并且由于地处城乡接合部，农民工子女占绝大多数，学生流动性非常大。2008 年，该校被纳入青羊区名校集团化发展工程，经过不到三年的发展，实小西区已成为成都教育界的“新兴名校”。实小西区 300 多名学生中，大部分都来自已撤销的培风小学，他们更是感受到“名校西移”所带来的巨大变化。汪绪、杨晓岚等同学对新学校感触最深的是："我们现在上课的设备，好多都是'高科技'——电脑、实物投影仪器、背投电视，好方便哟！""我们的老师太好了，不仅课讲得好，还很关心我们！"

学生家长谢智慧是随丈夫工作一起来成都的农民工。说起儿子，谢智慧滔滔不绝："孩子春节回老家，与原来的小伙伴聊起自己的学校，特别自豪，学校一年级就开设了英语课和电脑课——娃娃总是纠正我该叫'信息技术课'，而我们老家的学校都没有。"谢智慧的孩子春节回老家还给小伙伴"吹牛"："我们学校有乒乓球馆，还有'罗马议事厅'，可以到'魔幻厨房'学做西餐，还可以和国际友好学校的老师、小朋友用英文交流……还有，还有，校长和老师都是从成都非常有名的实验小学过来的，在家门口就能读上这么好的学校，可真是想也没想过的事呢！"得意之情溢于言表。

实验小学西区分校的快速崛起，作为青羊区城乡教育均衡的一个缩影，这滴水折射出青羊以均衡为弓，以素质教育为箭，石破天惊的勇气和决心。

（二）文化新浸润——铸就文化育人新境界

素质均衡不是浅表的整齐划一，而是特色鲜明、个性突出，能够满足不同学生的不同需要。这就必然要求以文化内涵为依托，实现错位发展，百花齐放。在推进素质均衡的过程中，青羊按照"一校一品，一校一景"的思路，以文化影响人、以文化发展人，基本实现全区学校没有好差之分，只有远近之别，全区所有学校都找到了自己的立足点和增长点。比如实小西区的"生态文化"、泡小绿舟的"绿色文化"，康河小学的"川剧文化"、万春小学的"剪纸"、实小明道的"陶笛"特色课程、文翁实验的国学特色、草堂小学的诗歌文化、实验小学的"雅文化"、泡桐树小学的"和谐文化"……它们都依据自己的脉络成为独一无二的所在，形成"一校一品"的场域，成为影响学生、培育学生的无形教育力量，和而不同，各美其美。

教育部门曾经将各校学生描写校园环境的若干篇习作进行对比，发现从学生不同的文字中你便能够感受到文化对他们的浸润，你更能够分辨出他们是哪所学校的学生，因为他们的身上已经悄无声息地刻上了“一品”的精神气质。

【链接】青羊区各所学校气韵姿态各异，意蕴有别

实验小学——“小学校、大雅堂”：笔直的绿色长廊，枝繁叶茂的大榕树，爬满青藤的绿墙，挺拔的罗汉松，还有那蕴藏了无数故事的小果园，红红的樱桃、金黄的枇杷、黄澄澄的橙子、成串成串的芭蕉交替着为大家带来惊喜……如果你不曾亲自走进过实小，你一定无法想象在繁华的都市中心，竟然会有这么一个雅致的地方，润得老师也儒雅、学生也文雅，怎一个“雅”字了得。

草堂小学——“学堂诗缘、文韵流长”：“浣花溪畔曲水流觞，杜甫草堂文韵千年。”在这里，“诗文化”作为学校独具特色，弹奏着校园文化润物无声的清音。“诗路花语”、“好雨轩”、“一上间”、“桃李书斋”、“碧草书屋”、“若思城”……校园的每一个角落甚至卫生间，每一面墙壁甚至楼梯，都传达着诗的语言，处处流淌着浓浓的诗意。

尚宽学堂、朝闻园、初听阁、小雅筑……不是观光景点，是老师们的办公地。桃李书斋、碧草书屋、归来亭，学生安坐在苹果状的小屋里、蘑菇状的桌椅上，享受阅读，心灵乘着文字的翅膀去旅行。“人谓浣花好，文宗百代高。草堂留圣迹，小学传大道。”（草堂小学李小我）、“秋高气爽雨未停，路上游人把伞行。望江楼上望江流，薛涛观看薛涛井。竹林荷塘遥相应，诗人才情犹至今。长江后浪推前浪，少年努力报国心”。（草堂小学罗竞轩）……随处可见的是孩子自由创作的诗歌。

文翁实验学校——“国学启蒙，文翁书院”：书院飘香，漫步其间，仿佛回到那遥远的读经年代。学校大门正上方的“文翁书院”匾额；校园内的众多楹联、出自经典的指路牌；教学楼墙上的《弟子规》、经典美

文，让人口齿留香；早晨的“晨曦琴韵”，午间的“子午书简”，音乐的陶冶让人沉醉其间；读书长廊散发着浓浓的书香气息，国学堂内，汉砖、漆画、书案、线装古书，一派古风……

“一笔一画学写字，一生一世学做人”。孩子们学书法也学做人；“博学于文、约之以礼”，这些地处青羊城郊结合部的农村孩子从懵懂无知到彬彬有礼，从约束自己到影响他人，真正实现了一所学校带动一方文明。

金沙小学——“追逐梦想，从心绽放”：解放每一个孩子的心灵桎梏，追逐美好的梦想。在金沙小学，儿童永远是主角，校园里所有设施都是针对儿童的生理和心理特点设计的，文化墙、小脚印、七彩的梦、成长的高度、开放式图书馆、开放式艺术馆……没有讲台的教室，通透的教师办公室让教师与儿童拆除了心灵间的“围墙”，专业的各种功能区实现了信息的最大化，使用效率的最大化。在这个没有围墙的学校，“太阳公民”们，充分发挥主体精神和创造潜能，为童年的美好生活和未来打下心灵亮丽的底色。

文化是人类智慧的宝库，素质教育决不能有文化缺失。学校不光是教会孩子应试的技巧，关键是要传承文化、创造文化。青羊教育近几年大力倡导学校文化建设，“一校一品、一校一景”成为响亮的口号。每所学校都注重整体着眼，加强精神文化、制度文化、行为文化、物质文化等方面的建设，促进内涵发展，以良好的学校文化熏陶人、培养人，直接促进了学生的健康成长。

（三）轻松新课改——实现教学模式多元实践

2009 年，青羊提出“现代课堂”之初，也曾遭遇过不小的质疑与阻力：“什么是现代课堂？标准是什么？核心是什么？特征是什么？”“怎样才能实现现代课堂？”“课改搞了这么多年，难道都不现代？白搞了？”“无非是抛个新概念罢了。”理越辩越明，借助这些疑问一场关于“现代课堂”的大讨论自下而上地悄然展开了。许多老师非常热情地带着对课改前一阶段的困惑和下一阶段走向的探讨自发地参与到这场讨论中来，许多还没有来得及想清楚的问题在这场讨论中得到了阐释和提炼。

“现代课堂”最大的特征是实现了“三个转变”：学生从参与转变为主体；教师从经验型转变为反思型；课堂从单一到各具特色。看似简单的转变却蕴含着把课堂还给学生的魄力和勇气。

【链接】树德协进中学每周一节阅读课

新学期伊始，“四川省高中新课程改革样本学校”之一的树德协进中学的学生们就得知一个新消息，“新课改”从该校高一每周的5节语文课中“挪用”了一节开设成阅读课，不仅如此，新开的阅读课上课地点还从教室“搬”到了图书阅览室。“不用笔记、无须分析段落大意，不用听老师唠唠叨叨讲个没完，更爽的是还没有作业，超棒！”树德协进中学的刘真言同学一脸兴奋地说。这样上课行吗？一开始这个改革就遭到了家长强烈质疑。

“放养，不等于不养。核心在于以学生为中心，调动他们参与的积极性。事实上，每次课学生们都是带着任务的。每个月都有个阅读研究主题。比如，余秋雨是本月‘主打’，这个月的阅读课学生都要研究他的作品。其中，喜欢《文化苦旅》的学生可以组成一组，就文中他们感兴趣的话题进行讨论，形成报告。”该校语文教师李昌龙说，光是写还不够，每个小组还要出一名代表，在其他同学面前阐述自己的观点和想法，接受“检验”。阅读课的开设也是对“研究性学习”进行的尝试。通过一阶段的学习，有的学生做出了幻灯片向大家介绍自己的读书心得，还有的像模像样地做了本小册子，“你看，你看，很精美，就像真的出版的书一样！”

学生们在课堂上表现得活跃而又有序，他们操作实践、交流研讨、探究发现、情境体验……教师提倡学生理解的多元，鼓励学生自圆其说的一家之言，学生从课堂中获得了尊重，获得了豁然开朗、创造发展的愉悦，养成了合作分享、探求真知的习惯。在这样的课堂教学中，学生成长为学习的主体，得到了应有的尊重，教师不再是高高在上的权威，从过去经验转化为自我反思，真正实现了“教学相长”，这就是现代课堂的价值与要义。

在这样的观念激发下，青羊区中小学设立了20个关于“现代课堂”研究的子课题，成立了3个研修协作团队，以学校学科教研组为单位承研的学科小课题65个。这些课题作为校本教研活动的重要载体，将构建现代课堂的问题细化到学校内部，开展实地研讨，为区域推进现代课堂提供了众多生发点、支撑点。于是，越来越多的课堂呈现出与学校文化相匹配的特色与魅力。石室联中的“生本课堂”、树德实验的“双主体互动课堂”、三十七中的“行知课堂”、实验小学的“活动课堂”、泡桐树小学的“谐动课堂”，红光小学的“灵动课堂”、胜西小学的“生态课堂”等，多元的课堂风貌展现着青羊教育共同的追求——铸就青羊区域课堂文化风格，为培养具有现代素养的国家公民奠定坚实基础！

课堂是教育的主阵地，高效优质的课堂意味着学生更低的负担。现代课堂不仅仅是传授知识的地方，更是师生人文精神、人文情怀充分体现与释放之所在。素质教育中最大的均衡或是公平，一定是在课堂，在每一天的规定动作中，在每个教师清晰的认识里，坚定地“执行”中。

（四）轻负新方式——创设学生自主减负载体

青羊区针对一段时间以来学生压力大、教师负担重、学校自主管理受约束等问题，从学生、教师、学校三方面入手，大胆探索“减负提质”，既认真做好“减法”，减掉学生过重的课业与心理负担，减掉学校和教师的无限责任，更做好“加法”增加综合实践的时间与空间，提高课堂教学的质量和学校管理服务的水平。

【链接1】彩虹小学的作业超市

“亲：今天，你去逛作业超市没”、“能选择作业，真好！”，这是彩虹小学孩子们的流行语。2011年4月，彩虹小学首次尝试开设作业超市，作业超市将学生作业从课前、课中到课后拓展都进行了分类，包括课前服务台区、课中加工储存区、课后辅助区和课外休息区。其中课前服务台区作业设计主要体现探索性，课中加工储存区作业设计以消化理解当堂课的知识为主，课后辅导区以巩固性作业为主。如今，孩子们在超市里自由选择作业套餐已成为彩虹小学一道亮丽的风景线。

【链接 2】青羊实验中学的《导学讲义》

熟悉青羊实验中学的人都知道，这个学校每个孩子的书包里都会多“一本书”——该校老师集体编撰的《导学讲义》，但孩子们的书包不仅没有增重，反而平均减轻了 2.5 千克。

该校老师赵本华说，《导学讲义》是分科目编写的，免费地发给学生，可配合教材使用。学生可以根据免费发放的《导学讲义》的指引预习，课堂笔记也只需在上面简单批注。特别受到学生欢迎的是“课后练习”——每一课后最多 4 道作业，且只有 2 道题是必做的。这些题都是大家集体精选出来的，而且分层次安排。九年级学生江天对作业的评价则是“舒服”。他说，原来需要做好几本书上的练习题，现在练习题少而精，感觉学习轻松，当然“舒服”了。

《导学讲义》的使用带来的变化不仅是作业少了，学生的书包也轻了许多。江天说，以前书包里装满了各种辅导资料，书包重 5.5 千克左右，现在上学都不需要了，只要带上薄薄的《导学讲义》就可以了。他称了自己的书包，“现在只有 3 千克，比原来轻了 2.5 千克！”他感受更深的是，由于《导学讲义》上明确了需要预习的内容，自己的精神压力也小了不少，“原来不晓得预习什么，一看书就紧张，现在都养成看书的好习惯了！”

青羊实验中学校长陈梅介绍，以前初中学生完成家庭作业一般需要 1.5—2.5 小时，自从该校启用《导学讲义》以来，学生们完成家庭作业只需要 10—30 分钟了。而该校八年级一年前与同档次某学校成绩的对比是各科总平均分多 0.1 分，数学平均分多 2 分，采用《导学讲义》后，今年这个年级同比数据是各科总平均分超出对方18分，数学平均成绩比对方多8分。

这只是青羊教育深入推进减负提质工作的一个缩影。从“书包减重”（将中小学生书包重量限制在学生体重的10%以内）、“作业限量”（将学生作业量最大控制在2小时以内，针对学生需要，设立无作业日和作业投诉“110”）、“活动保障”（保证学生参与艺术、科技、体育、社会实践活动的时间大大增加）、“行政松绑”（解除了学校升学率指标、行政干预等压力）到“班主任统筹协调作业制”（由班主任对学生作业进行总量控制，避免学生作业过多）、“质量提升”（提高课堂效益，注重内涵发展，全面提升教育教学质量），青羊教育努力让教育充满人文情怀，让学校充满自由空气，让学生享有快乐时光，开创素质教育新局面。

（五）监测新手段——准确把脉学生课业负担

从2010年开始，青羊区集合中国教育科学研究院青羊实验区专家力量、省市区教研系统专家力量，研制出了青羊区课业负担监测指标体系，并将其作为青羊对区内中小学校进行课业负担监测的重要载体。同时，依据该指标体系，青羊采用定期与不定期相结合的方式，通过调查问卷、监测抽样等形式，对不同学段、不同年级的中小学生开展课业负担监测，重点对涉及学生身心健康成长的指标开展有效监测，例如学生的作业时间、睡眠时间、在校时间、近视率等8个大项20余个指标。经过连续两年的监测，形成了青羊学生课业负担监测数据库，准确掌握了区内中小学校学生的负担情况，为制定有针对性的减负措施提供了第一手翔实准确的资料。

教育行政部门、教研部门、学校等依据监测结果从区域层面、学校层面、具体指标等维度对学生的课业负担情况作出了全面的分析，提出了针对不同维度的减轻学生过重课业负担的具体措施，让监测结果更好地作用于学生课业负担的减轻，更好地作用于对学生综合素质的培养。

2011年，在基本完成了监测工具研发、监测数据库建立、监测流程规范的基础上，青羊区专门成立了学生基础教育质量监测中心，更加全面和系统的推进区域质量和课业负担监测工作，并着手建立更加公开和透明的课业负担公示制度，让学生的课业负担能够在科学的指导下得到实实在在的减轻，也随时提醒和警示负担过重的学校及时改进教育方式，优化教学模式，让减轻学生过重的课业负担不再是一时兴起，而是长效而为的躬身实践。

【链接】2011年5月，在青羊教育局会议室，全区52所中小学校的一把手校长正在参加一次特别的会议。这次会议将全区52所学校学生的课业负担监测情况通过报告的形式，向各个学校的校长进行了及时的通报。在拿到报告的那一刻，校长们不约而同地首先去翻看属于自己学校的那一部分，校长们的表情也各有不一，有作沉思状的、有感觉不可思议的、更多的是显现出沉甸甸的责任和压力。

（六）评价新思路——每一位学生都是难得的可塑之才

世界上没有完全相同的两片树叶，也没有完全相同的两个人。每个人都有长处，都有缺点。学校教育总是说要有针对性，要因材施教，要扬长避短，但是怎样才有针对性？怎样才能扬长避短？青羊在探索实践过程中，以综合评价作为理论支撑，让尊重学生的个体差异不在是一句空洞的口号，呈现出生机勃勃的教育发展生态。

【链接】春天开学后的一天，青羊实验中学的告示栏上张贴出了“春令营”公示名单。这次春令营，是学校组织的第一次大型“远游”实践活动，以“奖励优秀”的形式出资。

公示吸引了全校所有学生和教师的眼球。排名靠前的“冉吉”引起了不少争议。有一些同学纳闷了：“怎么冉吉在50名以内？他成绩平平，成绩排序决不在年级前50名。他怎么可以优先参加春令营？”

面对这样的疑问，校长给出答案：这次春令营的入营标准，不仅仅看重成绩，还看重学习的态度、学习的过程、学习的方法、学习的投入程度和学习的结果。像冉吉这样具有“强势能力”的同学，在优先入营之列。

七年级三班的冉吉，成绩不突出，他的“强势能力”是“玩”四驱车。今年一月的成都市青羊区中学生四驱车比赛中，他获得了“超级直线立交跑道”竞赛冠军。

春令营回来，冉吉课堂表现得到改善，成绩也从班上 12 名升到第 7 名。像冉吉这样，作为“强势能力”学生入选春令营的还有 6 位。“跳高能手”吴潇也从班上 10 名进步到了前 3 名。

不仅仅以学业成绩论英雄，源于青羊实验中学的“素质教育三维评价模式”，即从“学业成绩分 + 学习素质分 + 品德操行分”三个维度对学生给予评价。根据学校每学期开设的选修课与活动课，学生可自由选择一至两门。每选择一门，可获得“参加分”；坚持一学期修完一门选修课或活动课，可获得“过程分”；最终参加选修课、活动课考评，可获得“结果分”；如果参加了全国、省、市、区一级竞赛有获奖，还可获得“强势能力”加分；以上分数合在一起，构成“学习素质分”。

评价是导向，更是手段，有时倒推回去，它甚至影响着教育发展的进程。改革固有的评价模式，不用一把尺子去衡量富有个性的学生，不用整齐划一的标准去桎梏各具形态的学生，是评价改革的核心。由此以“四个转变”为特征的综合评价改革出现了。

一是由单边评价向多边评价转变。“太好了，现在老师给我们打分，我们也可以给老师打分了，这样才公平”，泡桐树小学的刘林子嘉同学激动地说。青羊的评价一改以往老师说了算的传统，师生互评、家长互评、同学互评，这种转换评价主体的方式，不仅让孩子们更多地认识社会性的自己，也让学校更全面地了解多样性的孩子。

二是由静态评价向动态评价转变。在青羊每个孩子从入学的第一天起就有了一份属于自己的“成长档案”，每一次进步，每一次学期末同学的评分、老师的评语都无一例外地记录在这个神奇的“X档案”里，评价不再仅仅是某次考试排名多少，考多少分，而是时刻关注学生点点滴滴的成长过程。

三是由绝对评价向增值评价转变。“今天的我比昨天的我进步了多少？”这是许多学校改革评价的新思路。不能要求所有的孩子都到达同一个标准，但是可以看到他每天的进步。为此，金沙小学有了不断升级的“银太阳”、“金太阳”公民，草堂小学有了“好习惯连锁店”，青羊实验中学有了“超越进步奖”……

四是由单一评价向多元评价转变。改变以往只重智育、只重分数的习惯，更加注重学生的综合素质和特长。全区以“新星少年”为评价标准，取代“三好学生”的评价方式，只要一方面突出，都会受到鼓励。

虽然评价学生的方法有多种多样，但是目标只有一个，那就是让每个学生都成功，都有成就感，都有奋斗目标。多元评价就是要让一张张凝聚大家激情与期待的红花、小星星与喜报，潜移默化地影响学生的情感、情趣与情操，影响他们对世界的感受、思考与表达，并最终积淀成学生精神世界中最深沉、最基本的要素——人生观与价值观。

（七）激励新妙招——“新星少年”让所有学生感受成功体验

青羊改革“三好”评选，各具特色的激励方式推陈出新，这应该是青羊教育在学生激励方面最为大胆的改革。“三好”的评选一是有名额限制，大多数孩子得不到激励，二是三好要求过于全面，只有“一好”的孩子该如何来激励呢？三是由于传统的三好评选中，成绩好往往成为重要的衡量标准，客观上往往助长了学校、家长甚至是学生自己形成合力一味要求埋头苦读，造成学生特长的抑制和创造意识的泯灭。

为此，青羊率先提出了改革“三好评价”，一石激起千层浪，霎时间引发了一场激辩，赞成的有之，反对的有之，认为是创新进取的有之，上纲上线认为违背党的教育方针的有之。青羊区顶住重重压力，先行先试，推出了“新星少年”的评优体系，并制定了“新星少年”的评价标准。

“新星少年”星级评价是在了解学生过去，重视学生现在，着眼学生未来的发展观的基础上提出的，结合德育评估的复杂性、动态性、开放性的特点，“立足过程、关注全面、多元评价、促进发展”。在具体实施过程中遵循发展性、激励性、主体性和个别差异的原则，评价内容涵盖了美德、文明、学习、劳动、艺术五大领域，并由成长快乐营、快乐点滴、星光大道三个依次递进的组成部分记录学生争卡夺星的全过程。

青羊区推出的“新星少年”是面向全体学生的，让评优成为与每个学生都相关的事情，不设置严格的名额限制，每个学生达到五星的评比要求，就能够在“新星”中找到自己的位置，努力成果就能够得到认可。“新星少年”评选尊重了儿童的主体性，这不仅体现在新星的名称和评价标准是经过学生讨论、修改和认可的，而且新星的申报是可以选择的，学生可以根据自己的特点，选择其中的一项或者多项。在小学六年中，学生只需要获得四次校级“新星少年”表彰，就可以自主申报相应的区级“新星少年”。允许失败，鼓励成功。针对每个学生的发展背景、智力成熟水平、兴趣爱好方向的差异，在评选的过程中更加强调学生的纵向比较，强调努力的过程，增强评价的激励功能，弱化评价的选拔功能。

【链接】2011 年 9 月 1 日，在青羊实验中学附属小学舞台中央，一群群阳光、自信的学生成为了开学典礼上绝对的主角，舞台下面的同学都以充满羡慕和敬佩的眼神注视着台上的同学。原来，即将举行的将是一年一度的“新星少年”授星仪式，而台上的同学就是获得本年度新星少年称号的各位同学代表。在这次授星仪式中，200 余名学生分别获得美德星、智多星、健康星、才艺星、启明星的称号，约占学生总人数的四分之一。其中有一位学生受到了同学们的广泛热议，他就是就读于青羊实验中学附属小学四年级二班的张珀瑞，这位文化成绩平平，甚至还达不到班上的中等水平的学生，但是因为他在音乐方面的独特天赋和勤勉努力，本次被授予了才艺星的称号。

这次授星仪式其实就是青羊探索学生激励方式，充分调动学生积极性和主动性的真实写照。

（八）快乐新体验——减负不光只是做减法

从2009年开始，青羊开始试水将原有的学生科创活动、体育竞赛活动、艺术展演活动进行进一步的挖掘和提升，使之能够成为更广大学生所喜闻乐见的节日活动，并成为充分展示和激发学生创造力和想象力的素质教育大舞台。经过认真的推究和广泛的征求意见，确立了在区级层面推行以三年三大节为载体，高水平、高起点提升学生综合素质的行动计划。三年三大节，是指按照三年一个轮回的原则，每年轮期举办学生体育节、科技节、艺术节，全方位提高学生体育、艺术和科技修养，培养学生的个性特长，挖掘学生的创造潜能。青羊的三节教育作为对开展“2+1+1”项目的很好检验，它不光只是从显性的角度去发掘和培养学生的兴趣爱好，而是系统地、深入地开展对学生人格塑造、习惯培养、品性养成的无形浸润。现在青羊三节素质教育实践模式成为展示青羊素质教育成果的重要窗口。

三年三大节，让素质教育的内涵变得更加的丰满，让素质教育在学生的思索、汗水和笑脸中得到淋漓尽致的展现，科技发明对于学生而言不再是遥不可及的梦想，而是一次又一次的生动实践；艺术不再是少数学生的天赋和特长，而是更多学生的爱好和习惯；体育不只是强身健体的形式和手段，而是美感和智慧的合奏。减负不光只是做减法，增加学生的快乐体验也是对减负的一种正面诠释。

【链接】青羊区的学生科技创新

雨点落下，家里没人，窗子却自己关上了，这是成都市泡桐树小学四年级六班学生崔玺萌发明的“下雨无人关窗器”，“雨水落到感应器上，就能激发电机转动，拉动固定在窗户上的链条，窗户就能自动关上”。说起自己的发明，崔玺萌一点都不含糊，他是一个特别爱动脑筋的孩子，平时没事就喜欢搞点小发明，新点子特别多。“这是一个雨水收集器，只要在里面倒一点水，窗户就能自动关上。”崔玺萌的“雨水收集器”是一个用废塑料瓶做成的“漏斗”，下面有一块嵌满锡点的电路板。当雨水接触到电路板时，就能激发电机带动齿轮，从而带动固定在窗户上的链条，使窗户迅速滑动，关闭。这个装置还有总开关和辅助开关，能调成待机和运转两种状态。

“这是我们学校的特色：风、光互补发电系统。”彩虹小学校长张涛正在向大家介绍，目前学校有两个一年级教室的照明用电就是完全靠这个系统来供应的。在科技节彩虹小学的展区，一个约两米高的“大风车”和两块太阳能板出现在眼前。风能和太阳能通过这个系统储存到 4 个蓄电池里，能将电流输送到各个教室、办公室……这些生动的场景都出现在 2011 年的青羊区中小学生科技节展示现场。

时隔一年。2012 年 5 月，正在上海出席“第三届世界职业技术教育大会”的联合国教科文组织总干事伊琳娜·博科娃女士，收到了两件来自青羊东城根街小学的特别礼物。是什么样的礼物能够触动见多识广的总干事，让她欣然接受呢？这次所赠送的两件礼物均为青羊中小学生艺术节美术作品展上的参赛作品，是学生独立构思、独立创作完成，具有较强的艺术价值和收藏价值。

（九）成长新途径——开启学生的个性化成长空间

早在 2007 年，青羊区教育局就作出了一个新规定：全区小学每周五下午都不开设文化课程，而组建“星期五俱乐部”，让学生在健康快乐的活动中成长。2008 年“星期五俱乐部”升级为“新星少年俱乐部”，“新星少年俱乐部”设总部和分部，总部设在区青少年宫，分部设在各学校，总部负责设计俱乐部活动规程，制定总体活动计划，指导各分部根据自身实际和特色开展活动，并按照计划轮流到各分部开展校内活动，同时组织学生到校外开展活动。各分部可以根据自己的办学理念自主确定特色活动，活动内容涵盖文化、艺术、科技、体育、社会实践和团队班会等方面；活动时间将不再限定在星期五下午，有条件的学校可以一周开展数次。

作为“新星少年俱乐部”的总部，青羊区青少年宫十分注重活动品质的提升，针对不同兴趣爱好的未成年人的发展需求，开出活动菜单，把学生喜爱、学校需要的活动和专业人员送入学校。在活动项目的选择上，重点推出了遥控式航模、海模、击剑、跆拳道、编织机、生存拓展训练等学生平时接触机会较少的项目，孩子们十分喜爱。活动开展以来，2 万余名未成年人直接参与了流动课堂活动，特别是所到的涉农地区学校，专业的团队和高超的教育技艺受到了广大师生，包括家长的热烈欢迎。

“新星少年俱乐部”成员学校根据自身情况，把众多教育专业人士和素质教育资源整合成了一个完整的系统，深度开发了以体验式、探究式学习方式为主的新课标实践体系，将国学、历史、自然、生物、地理共冶一炉，开辟了一个没有围墙的学校。在俱乐部辅导员的指导下，学生们“怀揣鸡蛋”度过一天，体验到呵护一个生命的艰难；家长带着自己的孩子当了一天养蜂、放蜂人，在油菜花地里听老师讲解十字花科的知识，亲身体验养蜂酿蜜的生活；在蒲江县的茶园里，孩子们和家长一起采茶，接触传统农业；住在军营操练、认识古鱼凫国、热火朝天的“秋收大挑战”、大气污染与秸秆焚烧的调查、水稻和水果的收获、使用镰刀、锄头、风箱……

素质教育的实施呼唤因材施教的教育理念，承认学生的个体差异，鼓励他们的优势特长优先发展，这就需要给他们提供体察个性的学习时间、空间、师资和评价等专项教育服务，让他们根据自己的兴趣爱好自主选择，让学生在某一方面的天分、兴趣充分有效发展。通过“新星少年俱乐部的实践和探索，学生获取知识的渠道由原来单一的书本渠道向实践渠道转变；对待知识的态度由原来的被动接受向主动获取转变；知识的接受方式也由理性的讲解变为真切的体验，当一切学习的形式成为学生所乐于接受和愿意实践的活动时，学习活动也就不称其为负担。

【链接】“叮铃铃”，上课铃响了。实验小学西区分校的同学们走进教室准备开始接下来的活动。这次上课同学们并没有按照自己所在的班级进入教室，而是三三两两、有说有笑地走进了不同的实践活动室。原来，接下来将是同学们最为喜爱的新星少年俱乐部活动时间，在实验小学西区分校，学校共建有十余间特色学生实践活动室，供学生参加新星少年俱乐部时使用，学生可以根据自己的爱好和兴趣选择不同的俱乐部项目参加活动，学生可以在“儿童之家”尽情地感受童真的美好和可爱；可以在“原色画室”尽情地书画自己的感观和体验；可以在“炫彩跑道”肆意地挥洒活力和激情；可以在“重塑生命”的体验过程中感受生命的珍贵和美好……

（十）健康新经验——心理健康教育全程护航学生成长发展

几年来，青羊区心理健康教育工作初步形成了良性运转、健康发展的局面，有效地推动了区域内的学校及社区形成重视心理健康辅导、提升青少年心理素质的良好风气，区内各学校都能做到心理咨询成常态、心理健康入课程、心理活动进班级，普遍重视心理健康教育、注重心理师资培养、切实关注学生心理品质提升。2011 年 5 月，作为成都市第一个区域性心理健康教育中心——青羊区心理健康教育中心正式成立，通过设置的正向舒缓室、身心平衡室、潜能激发室、童趣绘本室、沙盘游戏室、团体活动室、个体成长室、心灵滋养室等 9 大功能室的顶尖设施，开展有针对性的未成年人积极心理健康教育的普及与服务，对所有来访者进行全方位的公益开放，让他们在这里放松身心、拓宽视野、获得启迪、丰富生命，真正实现“让心灵，去旅行”。同时，通过中心的成立，将青羊心理健康教育的多年发展从点到面进行整合，深入开发“心海护航”课程体系，完善学校心理健康教育的软、硬件配置，不但推进了心理健康常识在学生、家长、教师及社会人士中的广泛普及，还进一步完善了区域未成年人心理健康教育的工作机制，成为连接学生、教师、家长及社会的沟通“枢纽”与心灵“高地”，拓宽了心理健康教育的范畴，继续引领中西部的心理健康教育。

素质教育不光体现在学生体格的健硕，智力的发育方面，还体现于学生内心的强大和充盈，专注学生的心理健康，就如同撑起了学生起飞的双翼，让学生能够在阳光、积极、向上、乐观的状态下去追寻更广阔的天地。斯于此，素质教育不再只是外在形式上的探索，而是发自内心的以人为本，关注个体的体验感受，让学生从内心深处得到成长的快乐，消除不必要的成长负担。

【链接】小轩同学的一次心理辅导

2012 年 3 月 15 日，小轩第一次来到青羊区心理健康教育中心，表现出很平静的状态，对于沙盘室里所摆放的各式玩具似乎没有表现出和其他小朋友一样的兴奋，而是淡淡地问辅导者（以下简称 Z）：“我们要干嘛？”当 Z 拿起沙具问他是否喜欢，是否愿意来玩沙盘游戏的时候，小轩慢慢地环视周围的玩具，轻轻地点了点头。在 Z 的陪伴和鼓励下，小轩开始了第一次对于沙盘的体验，建构了第一个自己的沙盘世界。

由于是初次见面，在小轩对自己的沙盘世界进行了描述后，Z 与小轩还进行了一些谈话交流，并约好了下次见面的时间。在谈话中，小轩的语言表达较为流畅，思路也较为清晰，但小轩的语言似乎只停留在自己身上，没有对任何人的描述。

2012 年 3 月 22 日，小轩第二次来到心理健康教育中心，这次小轩主动说自己很喜欢沙盘，一直期待着这一天，他表示“玩沙盘比和朋友在一起玩更快乐。”简单地谈了这几天的感受后，小轩用很信任的眼神恳请 Z 继续玩沙盘游戏。

这次小轩和第一次一样，选定了一格玩具，然后不快不慢地从那一格（只从那一格）里依次拿出玩具并依次摆放在沙盘中，首先放了四座高大的楼房在左上角，然后放了一个海底世界在右边，放了十余辆私家车，最后放上了一个休闲的亭子和一座塔。整个过程用时三分钟。

小轩对沙盘世界的描述：这里是很大的房子，我们可以住进去，也可以住很多的人进去，楼下的海底世界是给小朋友们玩的，亭子也是给老年人休息的，停车场的车有很多，有的人正在开着车往外走。这里很好耍，我们在这里很开心。

Z：你说楼房可以住很多的人，那你最希望谁住在里面呀？

小轩：我的好朋友。

Z：他们愿意来住吗？

小轩：当然啦，我有很多的好朋友！

Z：那你可以告诉我你好朋友的名字吗？我想认识他们。

小轩：……（思考了近半分钟）反正我有很多的朋友。

这次之后，小轩的班主任老师告诉Z，小轩从以前对同学的不以为然变得开始想主动交流了。以前的他在没有文具的时候会直接去抢他人的，而最近一次需要用尺子的时候，他想问同学借，但又害羞不知道怎么开口，最后求助老师。愿意主动表达情绪，流露情感。

这个案例只是青羊开展心理健康教育的一个小小的缩影，它折射出了青羊教育对学生健康的深层次认识和思考。

（十一）国际新视野——素质教育发展新要求

从2010年以来，青羊区在学生社团活动比较成熟、规范的情况下，开始通过打造国际化学生社团，培养学生的国际公民意识，先后涌现出了树德协进中学国际关系社团等与教育国际化接轨的社团，让学生更加关心世界，更加懂得用国际眼光来思考问题、讨论问题，磨砺了他们的领袖气质与合作精神。

青羊所理解的素质教育不是单纯意义上封闭的素质教育，不是只着眼于现在，服务于当下的教育，在教育国际化发展如火如荼的今天，素质教育理应具备更宽广的国际视野和更多元的国际要素。青羊通过着力打造青羊教育国际化研究发展中心、青羊教育国际化管理咨询中心、青羊教育国际化信息资源中心，努力实现全区所有学校外籍教师满覆盖，全区所有学校跨国（跨境）教育合作交流满覆盖、全区所有学校国际理解课程实施满覆盖，进一步助推了素质教育的更高更快发展。

教育国际化的深入推进让我们认识到素质教育背景下的人才观应该是具有中国精神国际视野的复合型人才，在扎根民族精神的同时，作为与时俱进的教育人必须慎重审视对素质教育的定义和认识，让素质教育能如春风化雨般充盈丰沛。

【链接】2011 年 5 月 7 日，在树德协进中学学术厅，来自树德中学、石室中学、树德协进中学、四川师范大学附中、盐道街中学以及七中国际部等 11 所学校近 200 名学生齐聚于此，就利比亚危机展开了唇枪舌战。原来，正在进行的是树德协进中学国际关系社团成员和其他学校模拟联合国活动的学生代表扮演各个国家的外交官，按照类似联合国大会的规则和程序，围绕利比亚危机议题正在进行发言、游说、辩论、谈判，国家集团间达成共识，产生决议草案，并按照联合国的表决程序进行投票从而形成决议。

（十二）交流新平台——家校共育构筑学生成长教育场

在探索家校共育的道路上，青羊走过了一条极不平凡的道路，从最初的家长委员会到享誉全国的“三结合”教育模式；从民管会参与学校管理到学管会的全面建立。青羊一直以来都在着力调动各教育关联方，广泛而深入地参与教育活动，形成教育合力，构建起系统的教育场，让学生的教育更加无缝和无痕。几年以来，通过家校共育，在区域内营造了社会广泛参与的大教育环境，构建起了学校、家庭、社会密切配合的育人体系，搭建起了社会各界开展教育交流、合作、发展的对话平台，进一步提升了青羊教育的规范化、民主化和现代化水平。青羊不少学校在探索实践过程中，充分发掘自身特色，在家校共育制度建设、工作开展、工作成效、工作亮点与特色等方面下功夫，形成了很好的经验和成果，例如，石室联合中学借助新颖的新闻联播形式，“直播”学校家校共育工作措施和成果；金沙小学网站公开了家长中心信箱及QQ号，及时处理家长、学生的投诉问题；红光小学的“神秘嘉宾进课堂”让每一位家长都发挥所长成为孩子们的讲师……

学校、教师、学生、家庭是和学生教育最为密切相关的因素，哪一方面的偏颇，都将导致学生教育的失重，只有真正将双方一致的想法落实在一致的行动之上，素质教育的链条才能更好地实现学校向家庭延伸，实现学生教育的双向正面作用。

【链接】泡桐树小学学生家长的博客

周六，我有幸参加了泡桐树小学为新生家长精心准备的“让现实回到梦想”家长重返校园活动，感触颇深。我想用两个字来表达我对这次活动的感受：感动。当熟悉的《运动员进行曲》在耳边响起时，我们这些大“学生”，整整齐齐地排列在操场上。主席台、旗杆、升旗仪式、校长、老师讲话、课间操……时光倒流，仿佛又回到了那无忧无虑的学生时代。

当我们一年级二班的泡爸、泡妈和孩子的老师一起合影留念时，从这一刻开始，我知道，我们就是一个大家庭，为了孩子的教育，我们走到了一起。在他们今后的六年里，我们都将一起陪伴和引领着他们走过人生中这一段重要的历程。

感谢这令人难忘的“开学典礼”！谢谢老师！谢谢学校！

这篇文章摘自一位家长的博客，这是泡桐树小学每年必然开展的特色家长课程：“重返校园”，每位家长都要带上红领巾回到课堂，选班委、班级文化建设、做早操，每一届的家长们都会被这特殊的课程深深吸引、深深感动，“更为难得的是这样的活动是在教育我们要做懂孩子的家长”，泡桐树小学家长张俊辉说。

（十三）社会新课堂——构建全景式育人网络

素质教育要求教育的阵地由课堂向课外延伸，由学校向校外延伸，由重知识向重全面素质发展转变，学校、家庭、社会、区域内一切的人文、自然资源都是学生受教育的场所。在这种认识的支配下，2012年4月，青羊启动了素质教育社会大课堂（以下简称“社会大课堂”）建设，将素质教育向校外延伸，使学校教育、家庭教育、社区教育之间的相互作用，相互依赖，相互促进关系更加和谐、协调，形成一个能够促进孩子健康成长的全景式育人网络。

社会大课堂由教育局联合公安、医院、企业、社区、少年宫、科技馆、博物馆、体育协会等有关部门，整合了社会资源，拓展了青少年教育的空间。通过警校结合，建平安校园；医教结合，建健康校园；企教结合，建开放校园；社教结合，建终身教育；宫教结合，建素质校园；馆教结合，建创新校园；体教结合，建运动校园。不同类型的社会资源优惠或免费服务中小学生参加社会实践活动，并提供相应的教育内容，为学生提供多元的、多样的、自主选择的活动空间，让教育成为社区的文化中心，让各种人文、自然资源成为文化育人、实践育人的有效载体，增强素质教育的吸引力、感染力和实效性。目前，青羊区已成为全国青少年普法教育实验区。

社会大课堂让学校忽然好像没有了围墙，变得异常广阔。社区、甚至社区与社区连接形成的社会环境变得更加优化，为学生的成长营造了良好的大课堂。学习资源也不再显得那么单薄，各个部门的共同参与，使学生视野更加开阔，各项能力发展得更为均衡，让对素质教育诠释变得更加的多元和丰富。

【链接】2011年9月19日下午，树德实验中学260余名学生来到青羊区人民法院审判庭旁听了关于盗窃案的庭审。这是新学期开学后，树德实验中学与青羊区法院在对未成年人进行法制教育的一次新探索——开设现场法制课堂，它不仅以真实案例开庭，让到场的师生切身感受到法律的威严，还通过走进法庭，感受庭审，增强广大青少年对法律的理解，引导广大青少年在遇到危险和困难时应当选择的正确处理方式。在旁听席上，参与旁听的学生认真观看了此次盗窃刑事案件的审判过程。法庭庄重的气氛、公诉人与被告辩护律师精彩的辩论等给到场学生留下了深刻的印象。同学们在旁听中学习了刑事案件审判程序的相关知识，对刑事案件审判程序中的公诉人举证、被告辩护人提议、法庭辩论等环节有了更深的了解。何玉婷是树德实验中学初二的学生，这是她第一次进入法院参观。她说："以前我只知道法院是审理案子的，现在才知道其实法院还在做调解工作，将社会矛盾化解在萌芽状态，这让我对法院的工作有了更加深入的认识。"树德实验中学初三教师姚柯在活动结束后说："在以前，模拟法庭的普法形式比较普遍，但这种形式感觉像在'演戏'，远远没有真实的法庭给人震撼。真实法庭拉近了学生与法律的距离，让学生对法律的实际运作有了更为真切的观感。这样的尝试多多益善，对普及中学生法律知识效果非常明显。"

（十四）师资新突破——造就素质教育优质师资队伍

按照对班主任工作岗位新的要求，到 2011 年年底，青羊所有班主任都必须持有双证（即"青羊区班主任任职资格证书"以及"成都市学校心理辅导员 C 级资格证书"）方能继续从事班主任工作，此后新增班主任也同样需要取得双证后方才准入。

针对素质教育的发展要求和教师的个体发展需求，青羊制定了"源泉"、"成长"、"磐石"、"珠峰"四大教师培训计划，全面提高教师素质，为素质教育的顺利实施提供了人才支撑，为切实减轻中小学生过重的课业负担解除了教师方面的因素。

【链接】成都十一中的张建瑛老师，作为一位有着近三十年教龄、二十余年班主任工作经验的老教师，2011 年，在她临近退休之际，按照青羊区对全区中小学校班主任任职资格的要求，她也和许多刚走出校门、刚踏上班主任工作岗位的年轻教师一起，参加了区教育局举办的青羊区中小学班主任资格培训暨成都市学校心理辅导员C级资格培训会。刚开始，张老师感觉还有所不适，认为凭借二十多年的班主任工作经验，对班主任工作早已烂熟于心、驾轻就熟了。但是越到后面，像张老师一样的老班主任脸上愈加的泛出思索的表情。后来参加培训的张老师在笔记中这样写道："原来我认为不变的老师，流水的学生，将更多的精力关注于学生，就能收到很好的教育效果，现在我明白了，老师也需要真正做到不断学习，不将学习只是挂在嘴边，唯有这样才能让教育智慧深化，炼就一双慧眼，发现每一位学生不同的美和闪光点。"

四、经验与启示

在推进素质教育的过程中，青羊清楚地认识到，素质教育容易产生几种错误的倾向：或是全盘否定应试教育，将"应试教育"贴上永不翻身的标签，群起攻之，一踩到底；或是神化素质教育，将素质教育捧上神坛，贴上虚无缥缈的标签，伪造素质教育的内容和作用；或是故步自封，巧借新瓶，仍装旧酒，做的还是老一套；或是功利焦躁，以为素质教育可以一蹴而就、一劳永逸，喊出"率先实现素质教育"的虚假口号，摆出"天下教育唯我独尊"的虚妄姿态。青羊教育工作者们静下心来，回归教育生活的源头去寻找本真，去整体构思青羊推进素质教育的理念和思路，寻找着适合的科学的根本理念。沿着素质教育"三有三无"的基本思路，青羊教育从操作层面对素质教育作出了独特的解读。

有改革无功利。要给学生创造最适合的教育，必然要去掉教育生活中那些羁绊制约学生成长的东西，过重的课业负担、过短的课外活动时间、过于单一的课程设置、过于武断的评价方式，这就要大胆改革，找准攻关的结点，构建有针对性的素质教育链条。但这种改革是“无功利”的，突出一个“静”字，校长静心办学，教师静心教学，学生静心学习，正如古语所言：静能生慧。教育行政部门的职责就是为校园、为教育创造一个安静平和的环境，就是要为学生的成长营造纯净的乐土，学校里没有经营牟利、没有假公济私，学生愉快地学习；教师安心地教学眼里没有私欲的纷扰；校长静心办学思想里没有为琐事忧虑的焦躁。坚持教育的公益性，落实政府办学主体地位，加大公共财政对教育的投入力度。

有质无痕。“应试”和“素质”在教育领域中的简单二分法是粗糙的、不科学的。素质理应是一个综合的包容性强的概念，应试能力是其中重要的一个组成部分，还有身体的健康、心理的成熟、视野的开阔、品行的端正；要求每个学生在所有能力素质方面等量齐观式的发展是不现实、不科学的错误素质观，因人而异，因材施教，个性发展，差异发展，这是青羊的素质观、质量观。“无痕”就是要让教育回归自然，回归生命本色，于无声处听惊雷，于无意间看浸润。绝不刻意求新、求异、求变，只求真、求善、求实，让学生在德行品性方面合乎自己的内在规律自然成长，个性化生成真实而不虚妄的人，生成有爱心而不麻木的人，生成有独立精神而不苟且附会的人。

有根基无差别。无源之水、无根之木式的素质教育改革是一种投机取巧，只会昙花一现。青羊认为，素质教育的根基应该存在于与生俱来的中国的传承与文化中，在中国式的智慧与思维里。不被这样那样的潮流乱花迷眼，不被这样那样的声音动摇紊乱，这样的根扎稳了才能枝繁叶茂、极目远眺。关注每一个生命，关注教育生活的每一个细节，普通孩子与特殊孩子融合，身体与心理并重，书本与生活结合，学校与社会联结，培养持续发展、全面发展的人。素质教育下的每个个体是有自身差异和特性的，但青羊教育努力为他们提供的教育环境是均衡的、无差别的。学校之间、班级之间、学校里个体与个体之间享用的教育资源是均衡的，以均衡的设备设施、均衡的师资力量、特色的文化氛围推进均衡的素质教育，让学校没有好差之别、唯有远近之分，无论他们来自城市或乡村，无论他们是永久居住还是暂时就读，无论他们身心健康或存在障碍，都一视同仁地对待，引领他们愉快学习、健康成长。

“三有三无”作为青羊全面实施素质教育的经验积累，凝聚着青羊对素质教育更高、更全的认识和思考，顺着这样一个发展的逻辑，青羊在素质教育的实践上开辟出了一系列新的实践路径。

五、结　语

全面实施素质教育，切实减轻中小学过重课业负担，是一项长期性的基础工程，每一个微小的细节都有可能对结果产生不可估量的影响。青羊通过十四项举措串成的素质教育新链条，有力地推动了区域素质教育的全面实施，有效地减轻了中小学过重的课业负担，让学习真正成为学生成长过程中的一段快乐体验，得到了学生、家长和社会各界的广泛认可和肯定。概而言之，主要体现在三个方面。

一是实现从“人人升学”到“人人成才”的转变。在实施素质教育过程中，青羊以推动学生全面发展为目标，切实转变落后的人才培养观，树立科学的教育发展观、政绩观和质量观。“以人为本”面向全体学生，把时间还给学生、把健康还给学生、把能力还给学生，以实现教育“四个回归”，即使教育回归到国家教育方针上来；回归到国家课程计划和要求上来；回归到服务学生全面发展上来；回归到尊重教育教学规律上来，形成青羊教育“不求人人升学，但求人人成才”的境界。

二是实现从“单纯减负”到“内涵发展”的转变。推进素质教育工作的重点不再仅仅看学生书包轻了，作业少了，而是以内涵发展为核心，聚焦课堂，实现“轻负高效”。提高教育教学质量是我们教育教学所追求的永恒主题，它的途径不是在课外补课，而是要探索课堂的高效；不是采取题海战术，而是向四十分钟要质量；不是以牺牲学生的身心健康为代价，而是转变教师的教育教学方法，充分发挥学生学习的积极性和主动性，推动素质教育内涵发展，提高课堂教学效益，进而腾出更多时间和空间，让学生走出校园，走进大自然、走进社会，参与创造、参与创新，参与创业。

三是实现从“学校推动”到“区域联动”的转变。推进素质教育工作，切实减轻学生过重的课业负担不再是某项举措，某个政策的实施和某个学校的工作，而是以“全面提高学生综合素质”为目标，全区一盘棋，用“规范办学行为”营造素质教育发展的公平环境，用“绿色升学率”打通中考、高考素质教育通道，用“科学人才观”构建素质教育良好的社会氛围，形成全区各个部门、学校、家长、学生，全社会全面参与，共同关注素质教育发展的良好局面。

两千年来，由郡守文翁兴学开始所绵延至今的青羊兴学重教之风，让无数的青羊学子感受到了教育的艺术和魅力。在推进素质教育的时代背景之下，青羊人用一颗细腻的心去贴近教育的内在，用一双敏锐的眼睛去探望现代教育的前路。下一步，青羊将全面完善素质教育链条，加强链条之间的链接，发挥整体合力，融链为面，合面为体，立体推进区域素质教育，力求使每一所学校得到提升，每一位教师得到成长，每一个学生享受到最适合的教育。

后　记

本书在编写过程中，得到了北京、上海、山东、广东、浙江、湖南、重庆、吉林、四川等省市教育厅（教委）和山东省潍坊市、湖南省株洲市、重庆市綦江区、吉林省通榆县、四川省成都市青羊区教育局的大力支持。在此，对有关领导和专家作出的贡献致以诚挚的敬意和衷心的感谢。

本书副主编为于长学，朱东斌、刘月霞、李明、陈文涛、刘长海、陆安华参与了编写。

中国教育出版传媒股份有限公司对本书的出版给予了大力支持，《人民教育》编辑部的刘群老师及其同事在书稿修订的过程中提出了宝贵的意见。在此一并致谢。

图书在版编目（CIP）数据

素质教育新探索 / 高洪主编. — 北京：人民教育出版社，2012.9
（中国教育改革发展丛书 / 袁贵仁总主编）
ISBN 978-7-107-25269-3

Ⅰ. ①素… Ⅱ. ①高… Ⅲ. ①中小学-素质教育-中国-文集 Ⅳ. ①G632.0-53

中国版本图书馆CIP数据核字（2012）第216989号

责任编辑 赵云来
装帧设计 吴丽丹
责任校对 王 苗
责任印制 孙云鹏
出版发行 人民教育出版社
联系地址 北京市海淀区中关村南大街17号院1号楼
邮 编 100081
网 址 http://www.pep.com.cn
联系电话 010-58759829
印 刷 人民教育出版社印刷厂印装
开 本 787毫米×1092毫米 16开
印 张 20
字 数 262千字
版 次 2012年9月第1版
印 次 2012年9月第1次印刷
定 价 40.00元